躯体図で学ぶ

施工図の見かた描きかた

「施工図の見かた描きかた」委員会 編著

彰国社

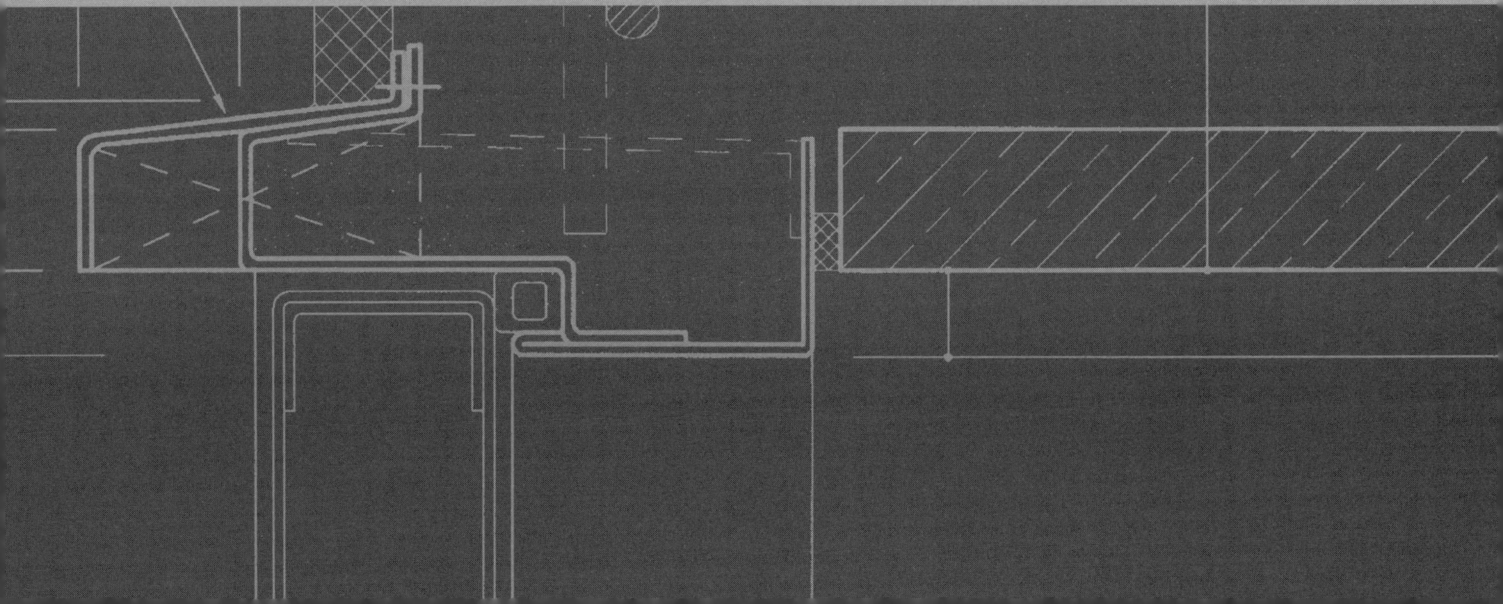

「施工図の見かた描きかた」委員会（50音順）
太田　修（戸田建設東北支店）
段　志信（戸田建設東京支店）
山口智美（戸田建設九州支店）
編集協力：大屋準三（元戸田建設）

装丁・本文デザイン
水野哲也

まえがき

「水は高い方から低い方へ流れる」とか、「水は少しの隙間からでも入ってくる」ということは、こどもでも理解している。にもかかわらず、建物のさまざまな部位で漏水が絶えないのは何故なのか。「水は躯体で止める」という漏水対策の基本が忘れられていることが、その原因の一つに挙げられるのではないだろうか。

「水は躯体で止める」という意識が希薄になれば、「雨掛かり部のスラブを水平にし、仕上げでかさ上げして勾配をとったものの、浸透した雨水が室内に入った」、あるいは「外壁に収縮目地を設けることを忘れ、コンクリートにクラックが生じて漏水した」などの現象につながる。

躯体図に描かれた「コンクリートの形」にはそれぞれ意味があるが、「形」を理解することより「形の意味」を理解すること、つまり「施工図を読む」ことが大切である。施工図を読める技術者が施工図を描き、施工図を読める技術者が描かれた施工図をチェックし、協力会社に適切な指示を行い、工事が施工図に示されたとおりに進められていることを確認する。このような図式で現場が運営されてはじめて、「低コストで確実な品質」が期待できるのである。

本書が対象とする読者層は、建築系施工会社の初心者から中級の技術者であり、書名を『躯体図で学ぶ施工図の見かた描きかた』としたのは、描かれた躯体の「形の意味」を理解するための力をつけることによって、施工図の作成やチェックの能力が向上すると考えたからである。特に、初心者は「なぜ、この梁は下がっているのか」、「なぜ、この壁に欠込みがあるのか」というように、「なぜ、なぜ」と問いかけるよう心がけることを勧めたい。そのような努力が、躯体図を「読む」力を向上させるからである。

2008年9月

「施工図の見かた描きかた」委員会

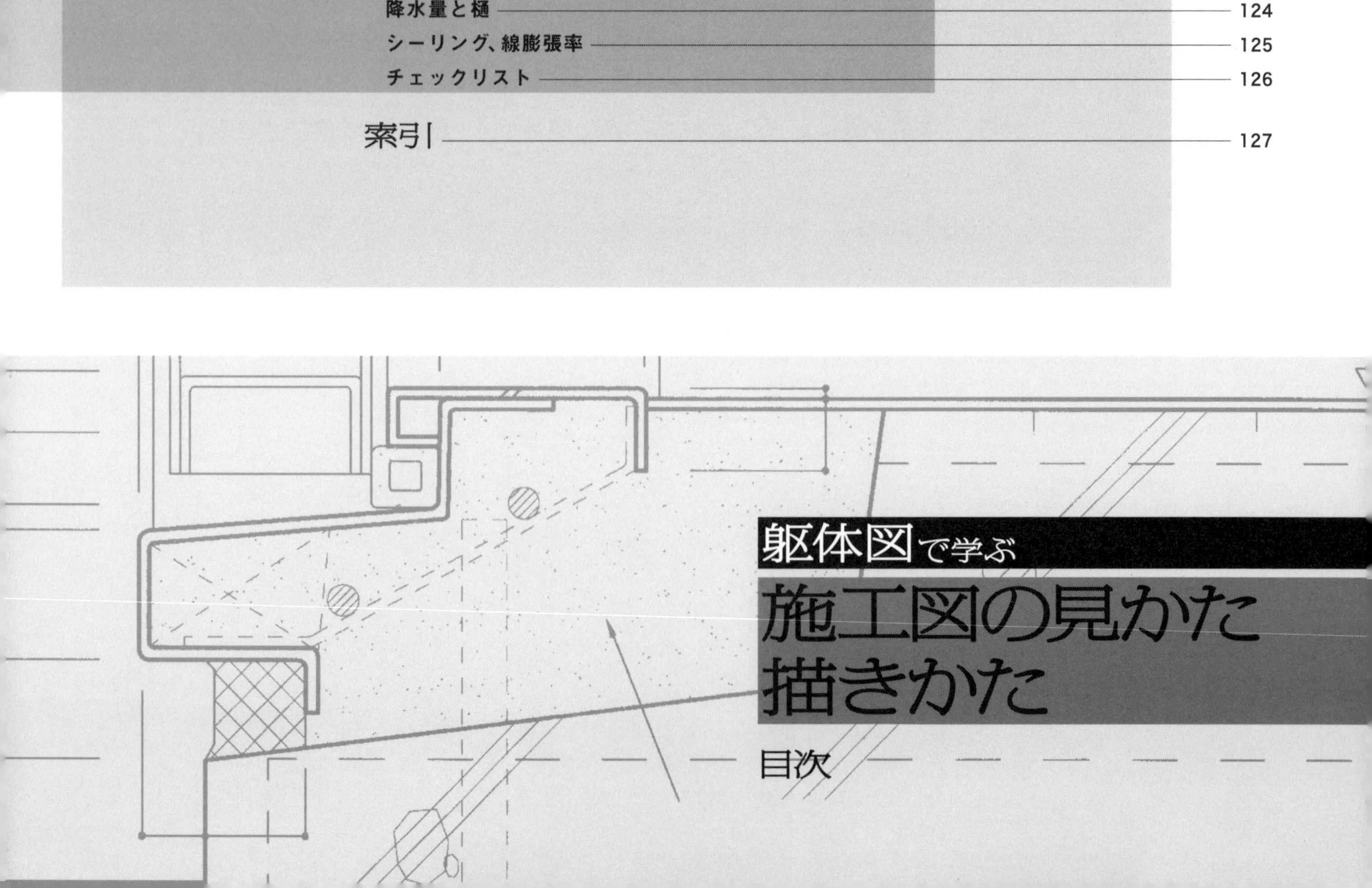

躯体図で学ぶ
施工図の見かた描きかた
目次

躯体図の作成について

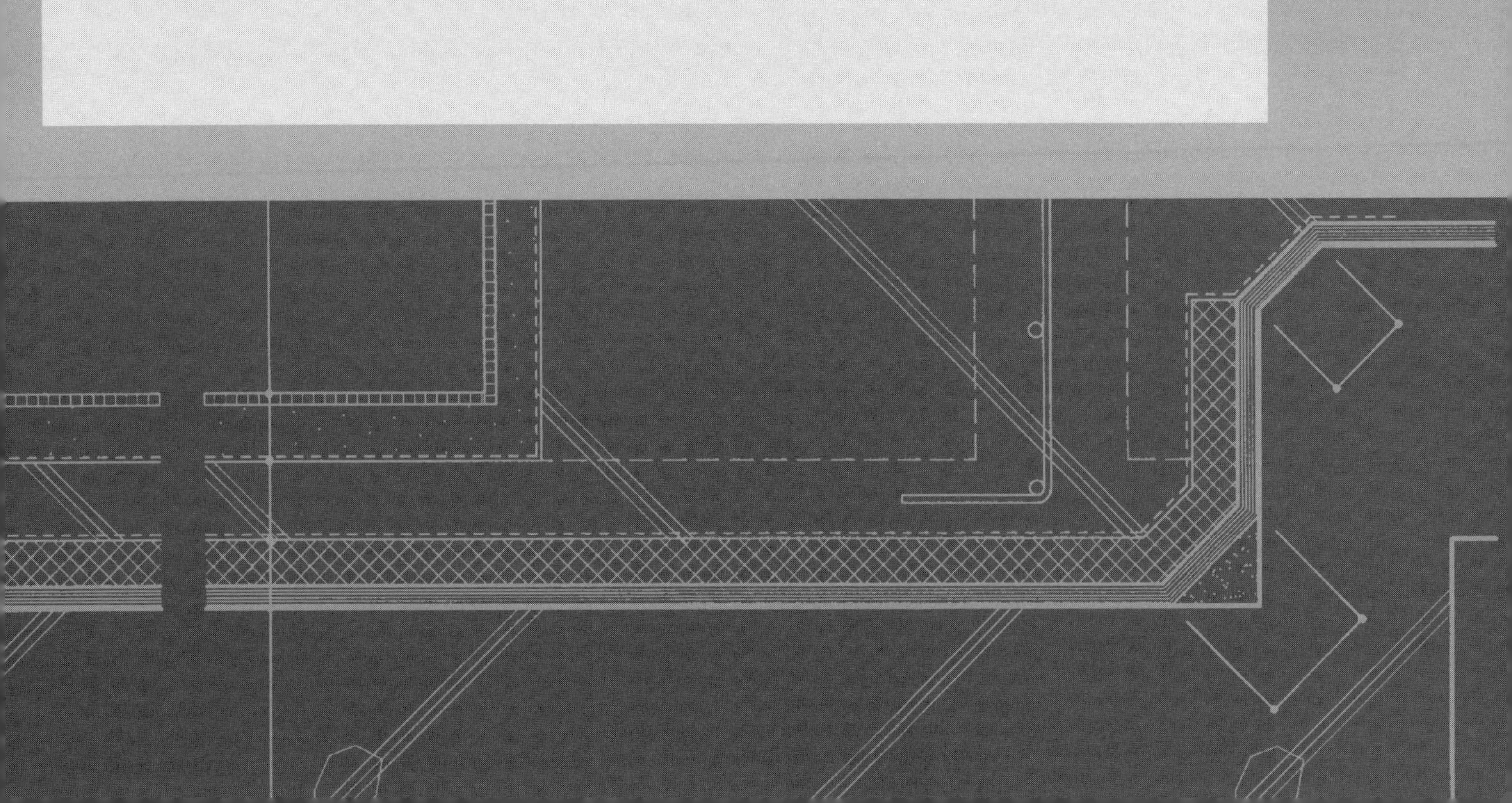

1. 設計図と施工図

建築の需要は、発注者（建築主）の「このような建物を建てたい」という意思から生まれる。その意思を具現するため、発注者は設計者に設計と監理を依頼する。設計者は発注者を代弁して、その意図を設計図書（設計図と仕様書）に表現する。また、施工の状況を設計図書と照合しながら、建物が発注者の意図どおりに造られることを確認する。

多くの場合、施工者への発注は設計者を介して行われる。施工者は工事内容、契約条件、制約条件などを勘案し、施工の方法や手順を施工計画にまとめる。工事全体を捉えた「総合施工計画」であるが、施工の方法や手順が、発注者の意図する建物を具現するための最適な手段であるとの合意に達するまで、設計者と施工者は十分な協議を重ねる。

施工は多様な業種や職種の協力で進められる。施工者は施工計画に基づいて施工管理を行うが、各業種や職種ごとの工事の指示や管理には、総合施工計画に基づいて作成した「工事（工種）別施工計画」や「施工図」が必要である。

設計図は建物の完成時を示したものであり、盛り込まれた情報を伝える対象は、発注者、建築確認を行う機関、施工者などである。施工図は、完成時はもとより、それに至るプロセスも示している。発注者や設計者は当然であるが、直接施工にかかわる多くの業種、職種の技能者（職人）が情報伝達の対象となることに大きな特徴がある。

2. 施工図の役割

「施工計画書」と「施工図」は「描かれたとおりに施工する」ことを指示する文書として、建物の品質を確保するうえで、極めて重要な存在であり、そのような観点から、施工図の主な役割を整理すれば、次のようになる。

①設計図には表現されていない部分の詳細を伝える。
②設計図書の問題点や矛盾点を修正する。
③施工段階に応じて、その部分に必要な情報を、工事目的（躯体、仕上げなど）別に分解する。
④複数の職種がかかわる部位、複数の部品が取り付けられる部位について、品質確保（建物完成後の使い勝手や安全性を含む）や施工効率などを考慮して、作業手順を示す。
⑤二次元情報で示されている対象を、三次元情報に組み立てなおして修正し、再びより理解しやすい二次元情報として表現する（必要に応じて三次元情報として表現する場合もある）。

3. なぜ躯体図か

施工に携わる経験年数が少ない技術者にとって、躯体図に盛り込まれた情報を的確に読みとることは難しい。

躯体図はRC（鉄筋コンクリート）造、あるいはSRC（鉄骨鉄筋コンクリート）造の建物のコンクリート部分の形を示したものであるが、そこにはQCDSE（品質、コスト、工期、安全、環境）などの諸要素について総合的な検討の結果が示されており、それを読みとるには、相応の知識と技術力を必要とするからである。

躯体の形状を決めるには、躯体に影響を及ぼす諸要素についての十分な事前検討が必要であり、当然のことながら、関連する知識を求められるので、躯体図について学ぶことにより、仕上げに関する知識も習得することができる。そのような観点から、数多い施工図の中で躯体図に着目し、解説を加えることにした。

4. この本の構成

本書は大きく、

- 躯体図の作成について
- 作図要領
- 躯体図を描くためのポイント
- 各種仕上げと躯体との関係

で構成している。

「躯体図の作成について」では、躯体図を作成する手順、躯体図の表記方法について解説しているが、躯体図の梁やスラブなどの寸法を示す記号は、ゼネコンや施工図事務所によってさまざまである。また、CADソフトの完成度が急速に高まるなかで、符号の使いかたや線の引きかたなど、いわゆる作図法を示すマニュアルも多様化しているので、これらは筆者の周辺で多用されているものに限定して示すことにし、「作図要領」にまとめた。

「躯体図を描くためのポイント」では、設計図の平面図と完成状態の躯体図を対比し、設計図中に丸で囲んで示したポイントとなる部分について解説し、最終出来型としての躯体図のモデルを示した。

本書の対象と想定した読者は、ゼネコンや施工図を作成する事務所の経験が浅い技術者なので、躯体図作成の手順に従って各部位のポイントを解説しており、その流れに沿って読者が内容を理解し、知識を身につけることにより、いわゆる“理にかなったディテール”が描けるようになることを狙いとしている。

「各種仕上げと躯体との関係」では、躯体の形を決めるために重要な躯体から仕上げ表面までの寸法について、代表的な事例を示している。

また、雨水の排水を確実にするためには、ルーフドレインおよび樋の大きさと数が重要であり、それを決めるために必要な降雨量に関するデータを巻末に掲載している。

材料個々の温度や湿度による伸縮率が異なるため、異種の材料が取り合う部分ではクラックが発生しやすく、シーリングによりそれを吸収する必要がある。また雨水などの影響を受ける場所では、止水のためにシーリングを行うが、躯体を含めたシーリングポケットを設ける必要があるので、関連する基本的な事項を掲載した。

作図要領

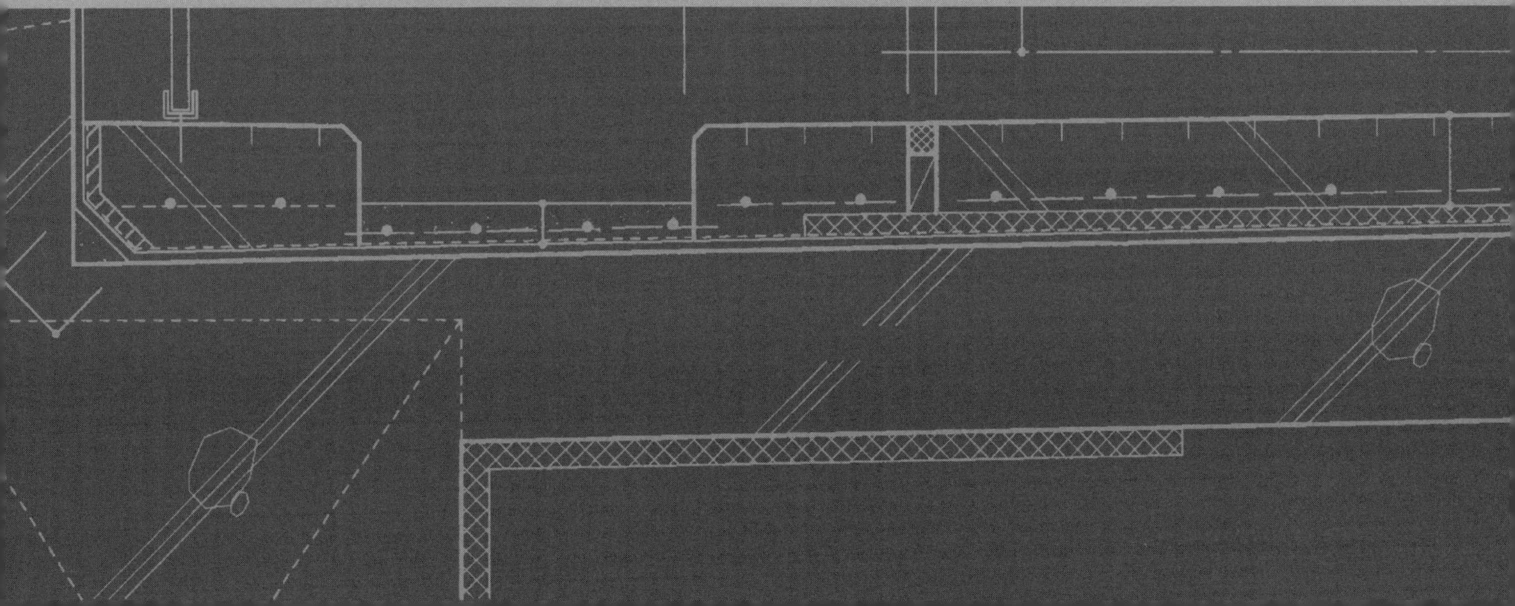

1 躯体図の基本的な作図方法

躯体図は、原則として見上げ図で描く。
ただし、基礎伏図・床伏図・屋上伏図は見下げ図で描く。切断位置は原則として下図のとおりとする。
最下階床伏図は、基礎伏図で判断できる場合には省略してもよい。
また、屋上伏図・塔屋屋上伏図は、それぞれの下階の躯体図で判断できる場合には省略してもよい。

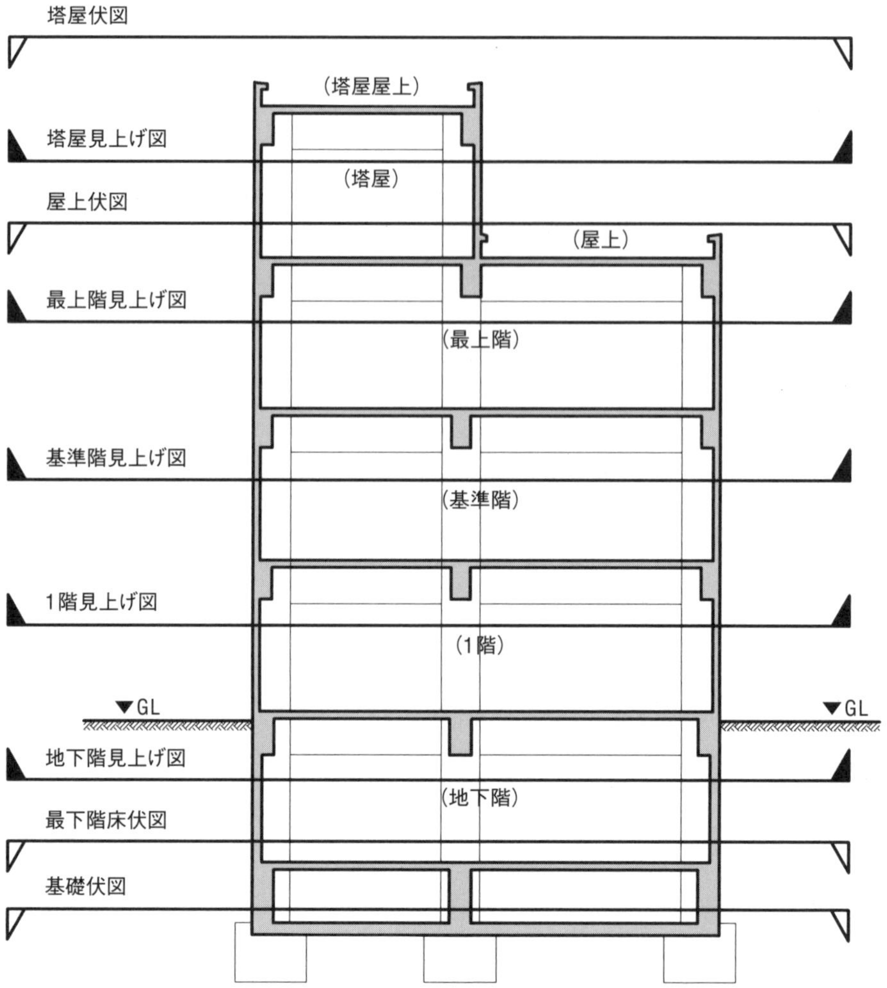

〔地下階がある場合〕

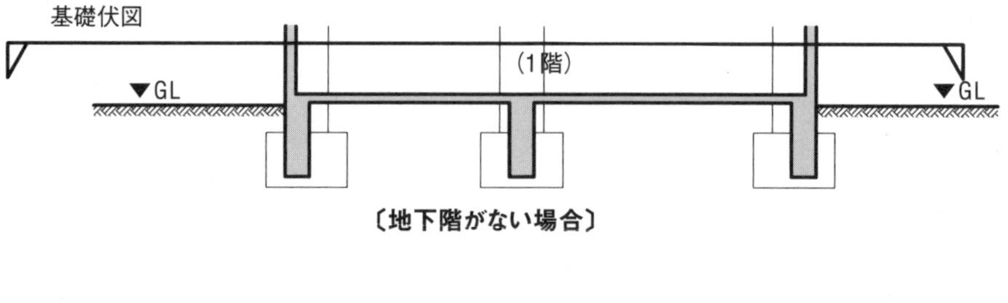

〔地下階がない場合〕

2 躯体図に用いる記号

記号の一般的な基準は存在しないため、本書で記すものは一例であるが、躯体図の目的を達成するために必要な情報は、すべて表現している。

(1) 基礎

基本的な形状の場合

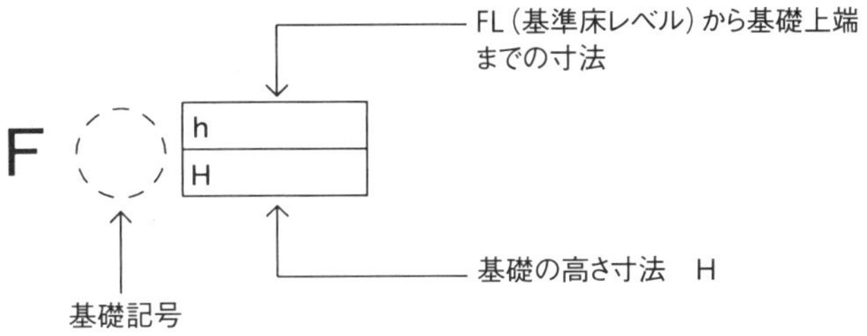
FL（基準床レベル）から基礎上端までの寸法
F
h
H
基礎記号
基礎の高さ寸法　H

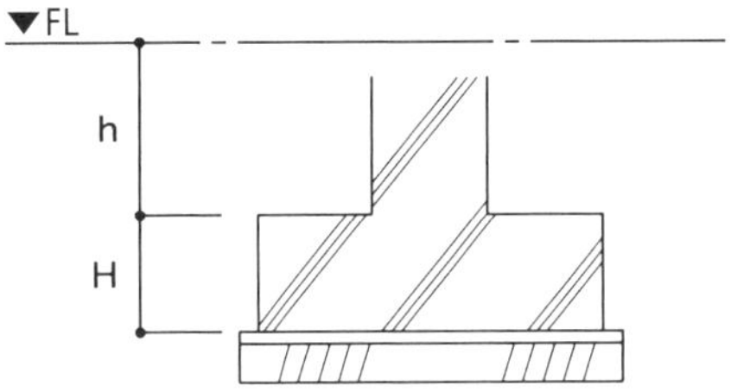

テーパー付きの場合

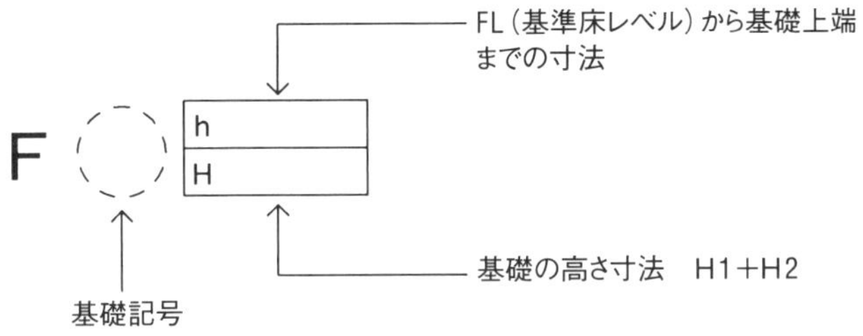
FL（基準床レベル）から基礎上端までの寸法
F
h
H
基礎記号
基礎の高さ寸法　H1＋H2

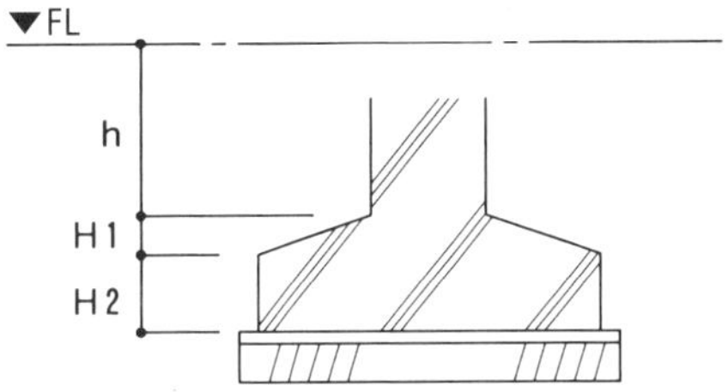

(2) 梁

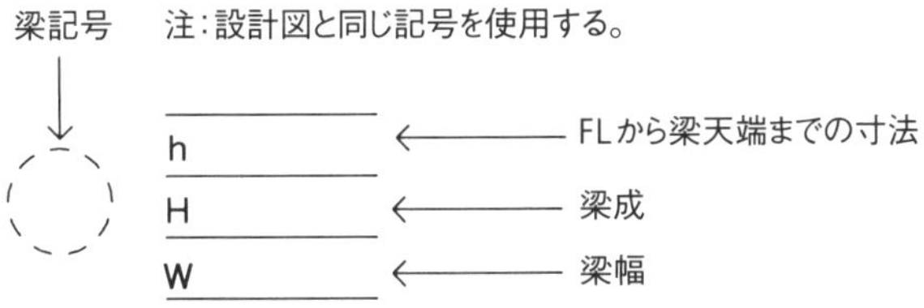
梁記号
注：設計図と同じ記号を使用する。
h
H
W
FLから梁天端までの寸法
梁成
梁幅

さまざまな表示例

①一般的な場合

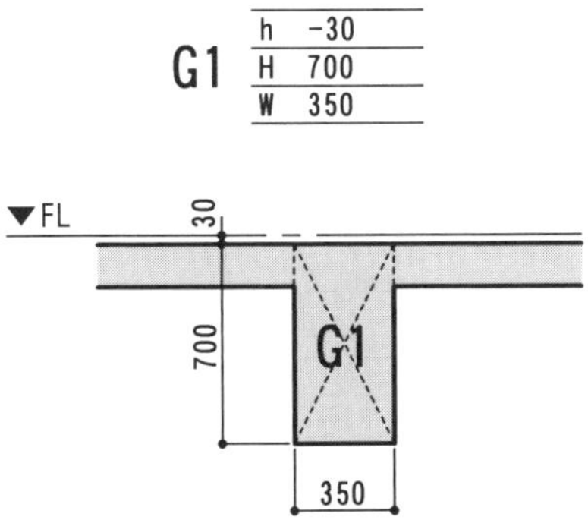

②梁天端が下がっている場合

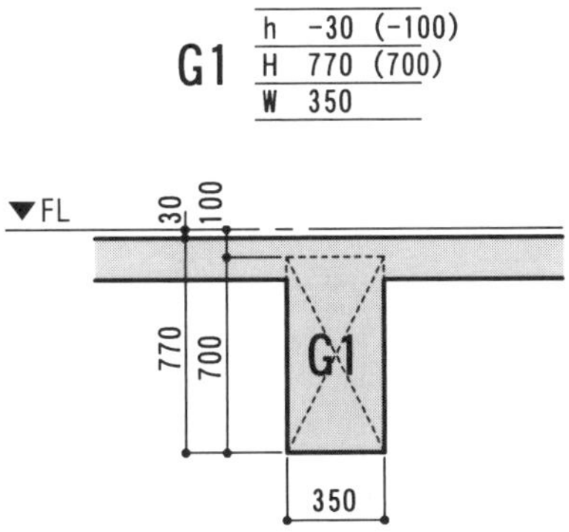

③側面に増打ちがある場合

G1

h	-30
H	700
W	475 (350)

← 構造躯体寸法を（ ）内に記す。

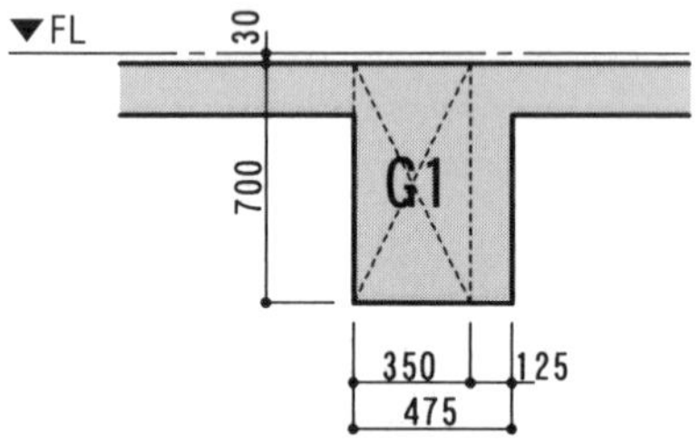

④側面に断熱材を打ち込む場合

G1

h	-30
H	700+25
W	370 (350) +25

← 断熱材の厚さを「+○○」と記す。

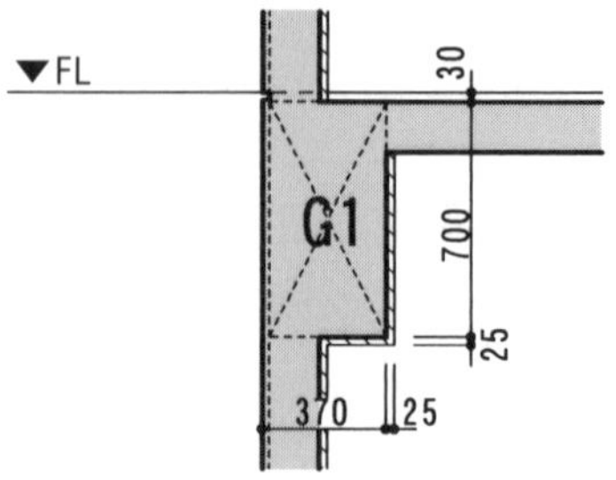

(3) スラブ

h	← FLからスラブ天端までの寸法
	← スラブ記号　注：設計図と同じ記号を使用する。
ア	← スラブの厚さ

さまざまな表示例

①一般的な場合

h −30
S1
ア 150

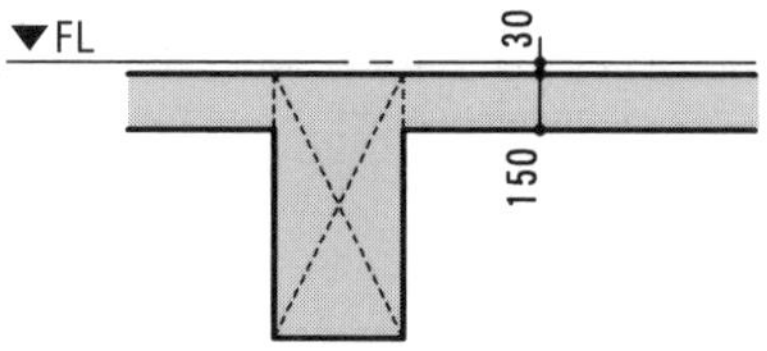

②上部に増打ちがある場合

h ±0(−10)	← 構造躯体の上端寸法を（ ）内に記す。
S1	
ア 160(150)	← 構造躯体寸法を（ ）内に記す。

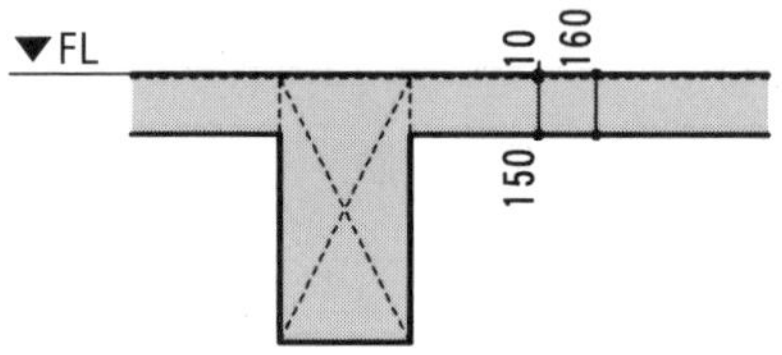

③下端に断熱材を打ち込む場合

h −30	
S1	
ア 150+25	← 断熱材の厚さを「+○○」と記す。

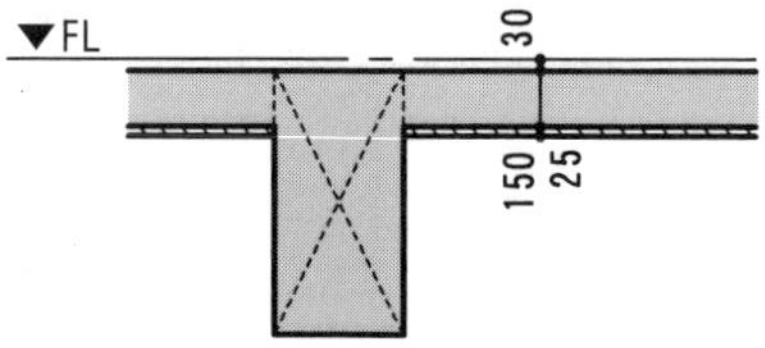

(4) 窓・ドア

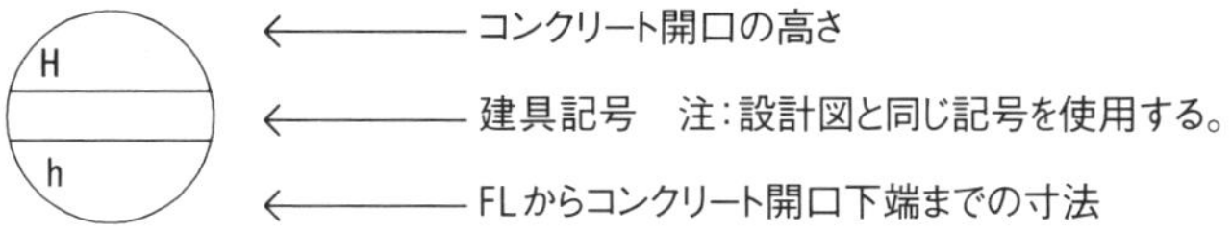

さまざまな表示例

①外壁が打放しでコンクリートのダキがある場合

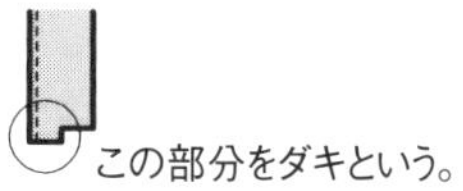

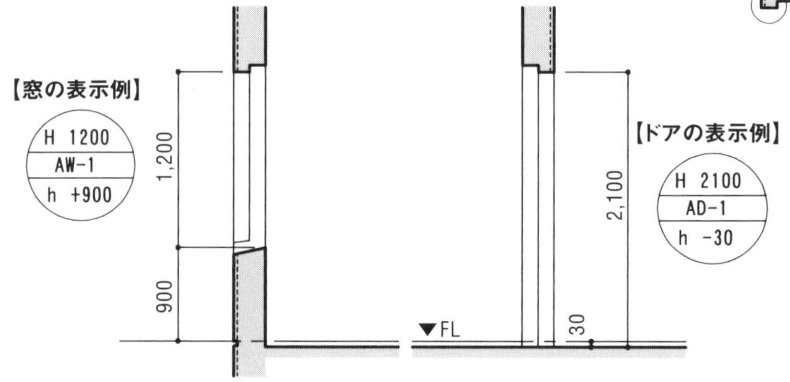

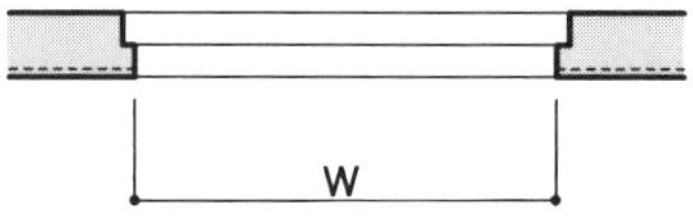

②外壁が打放しでコンクリートのダキがない場合

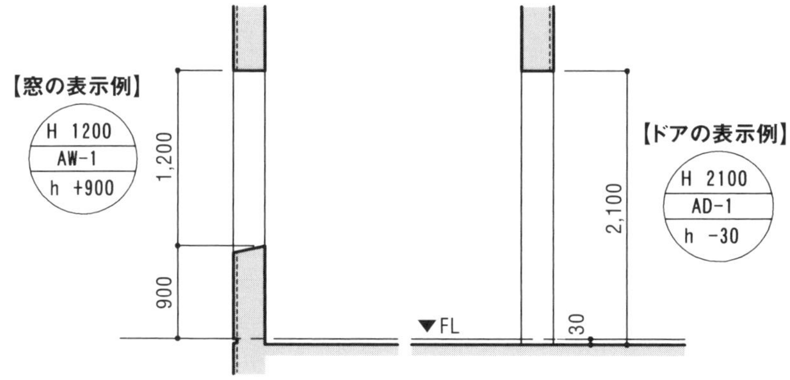

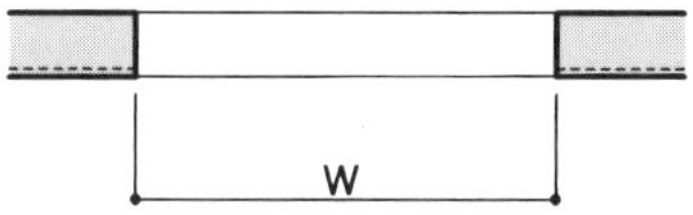

躯体図を描くためのポイント

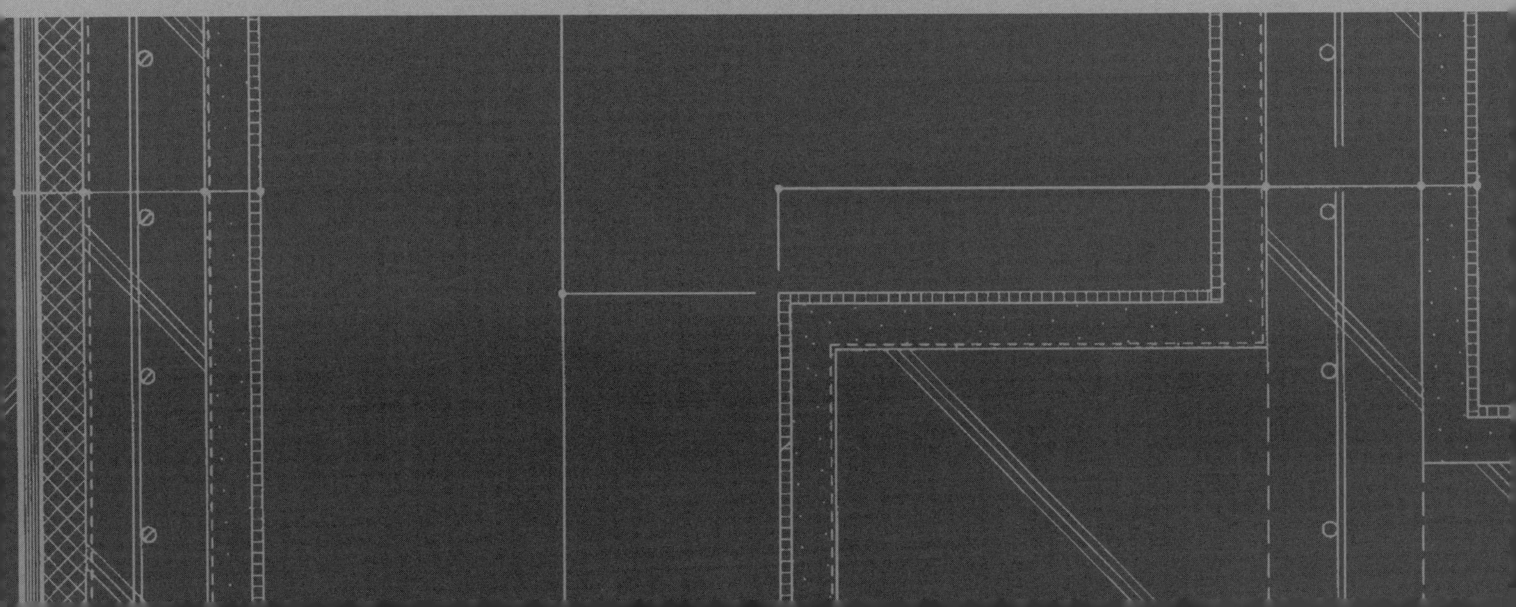

1 さまざまな基礎伏図・床伏図

基礎部分は、地下階や耐圧版の有無によって表現方法が異なる。また、建物の形状が複雑か単純かによっても表現方法が異なる。したがって、下記に示す①～④のうち、もっとも適切なものを選定するとよい。

■平面図および断面図の組合せ■

耐圧版なし

①基礎伏図と床伏図を兼用（一般的）

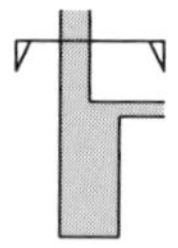

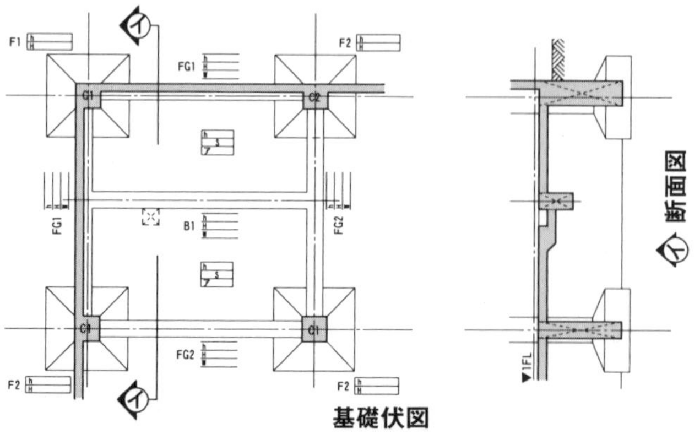

基礎伏図

②基礎伏図と床伏図を別々に作図（複雑な場合）

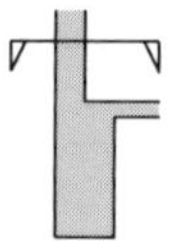

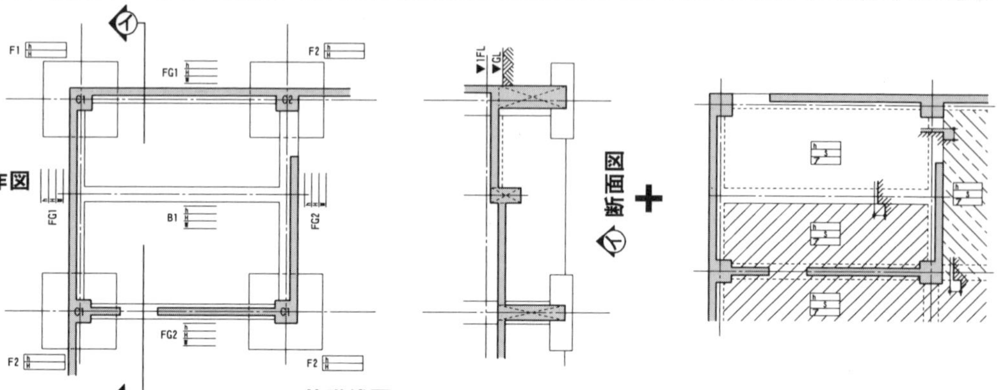

基礎伏図　　最下階床伏図

耐圧版あり

③基礎伏図と床伏図を別々に作図（一般的）

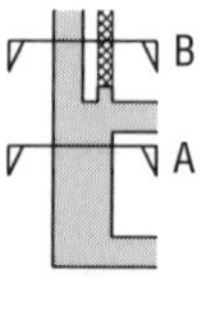

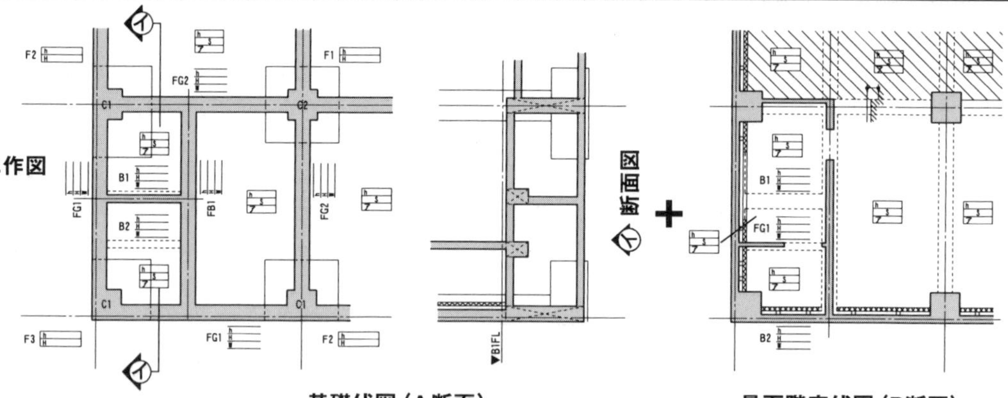

基礎伏図（A断面）　　最下階床伏図（B断面）

④基礎伏図と床伏図を兼用（単純な場合）

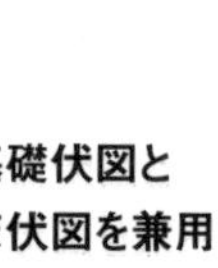

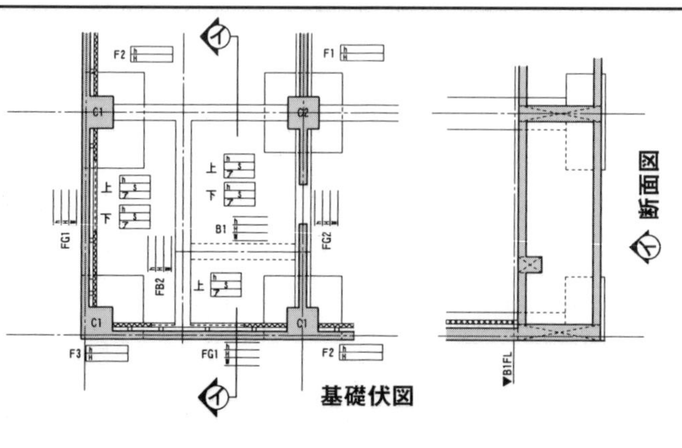

基礎伏図

■耐圧版がない場合■

一般的に、基礎伏図と最下階床伏図を兼用する。

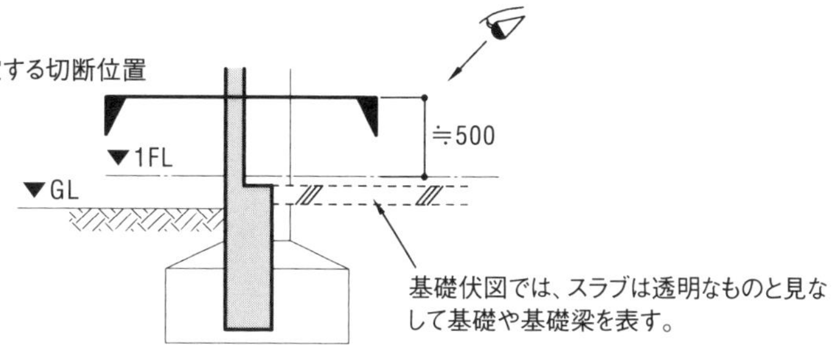

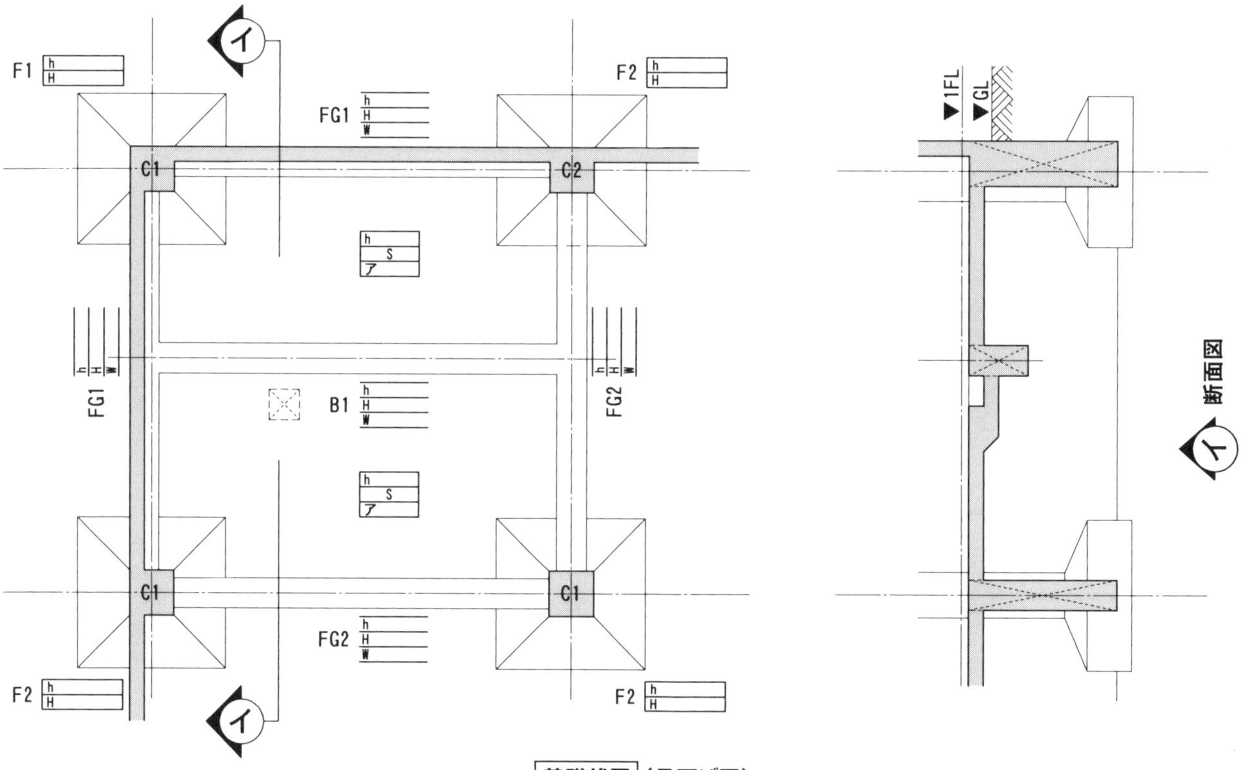

基礎伏図（見下げ図）

複雑な場合、基礎伏図と床伏図を別々に作図する。

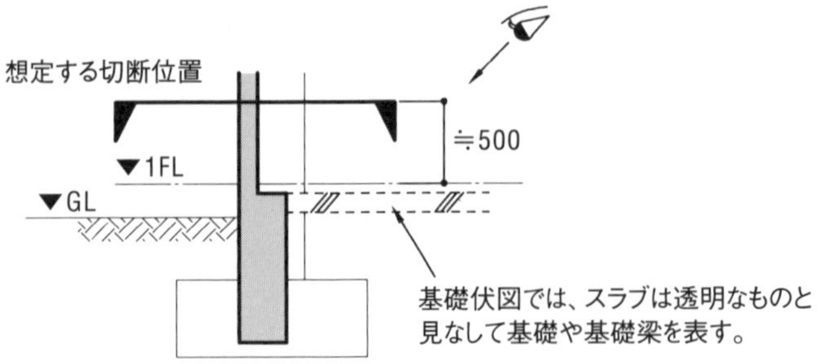
想定する切断位置
≒500
1FL
GL
基礎伏図では、スラブは透明なものと
見なして基礎や基礎梁を表す。

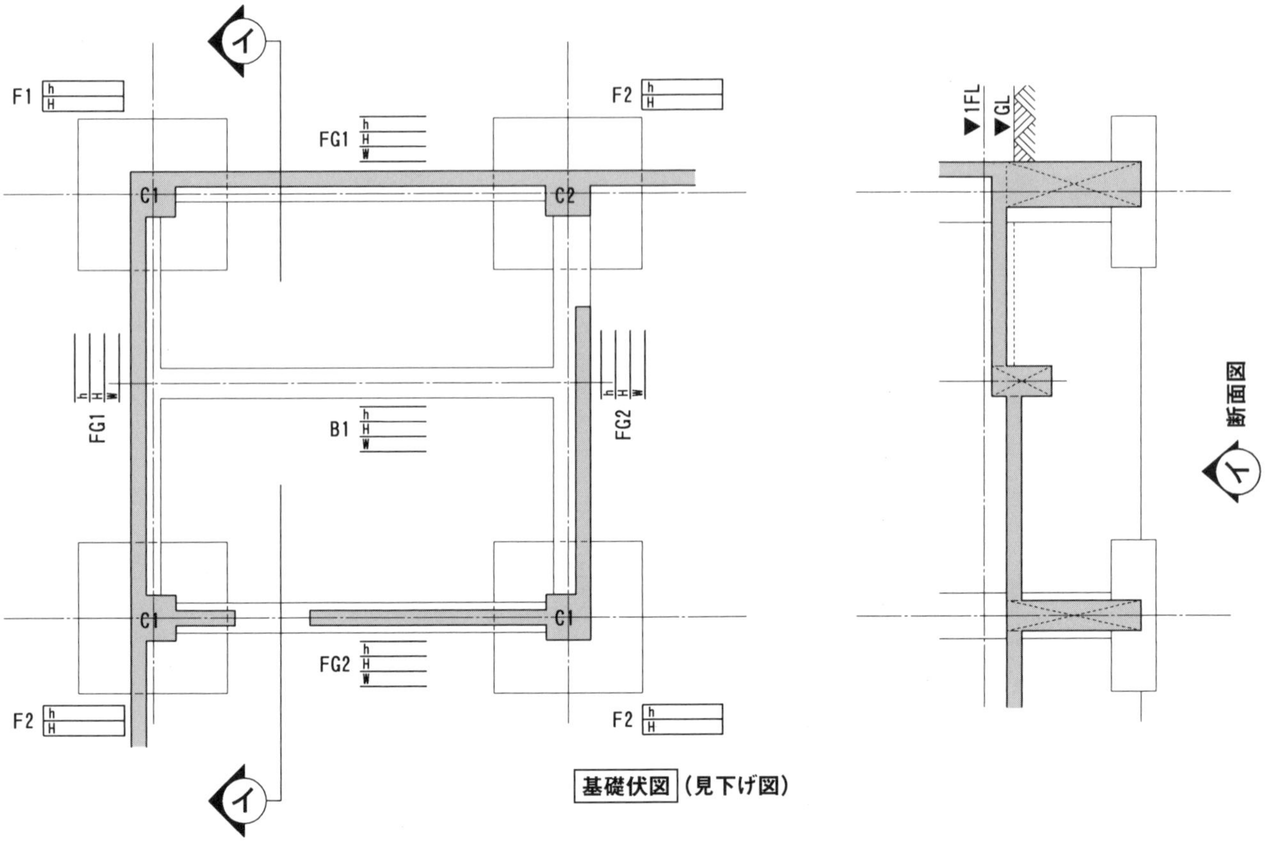

基礎伏図（見下げ図）

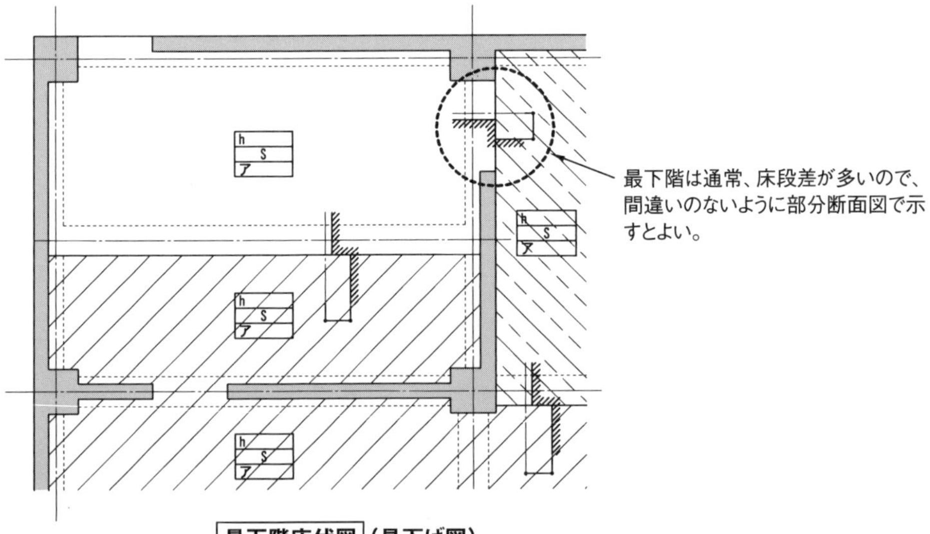
最下階は通常、床段差が多いので、
間違いのないように部分断面図で示
すとよい。

最下階床伏図（見下げ図）

■耐圧版がある場合■

一般的に、基礎伏図と最下階床伏図を別々に作図する。

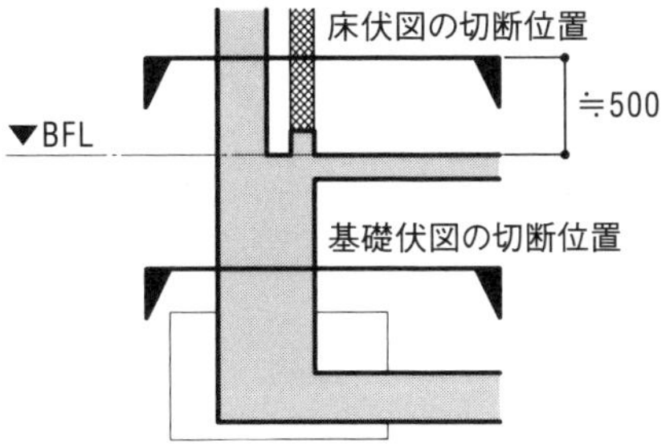

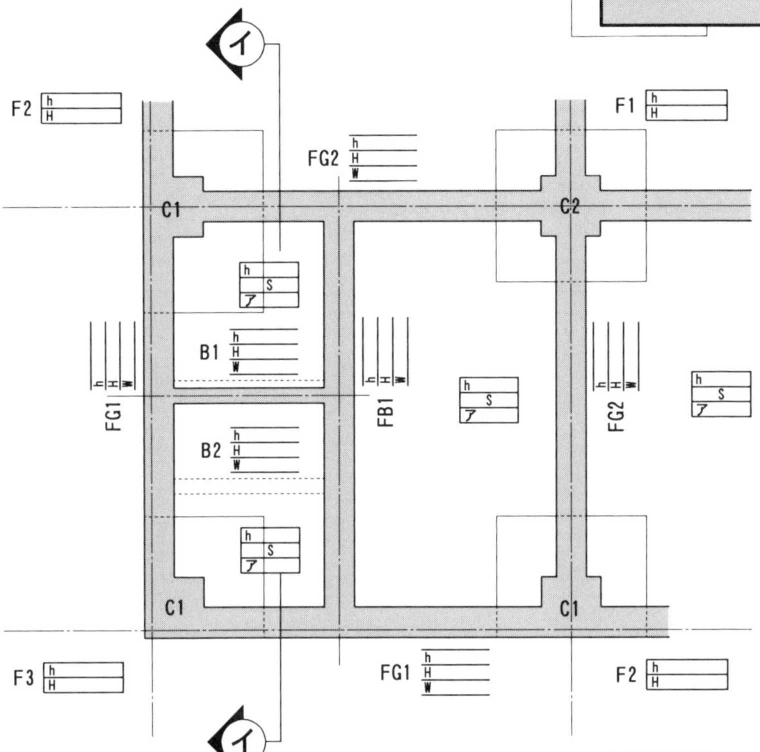

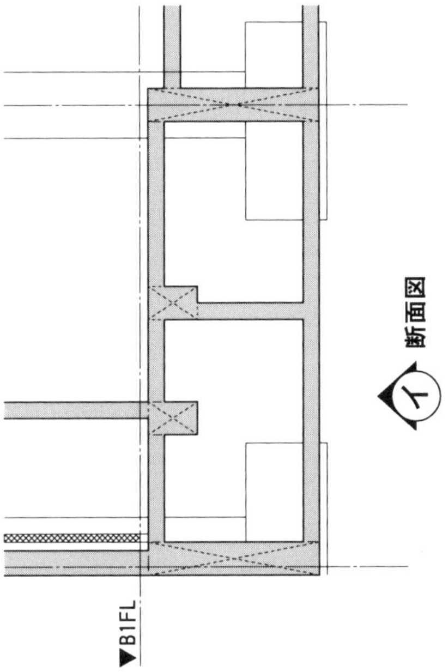

基礎伏図（見下げ図）

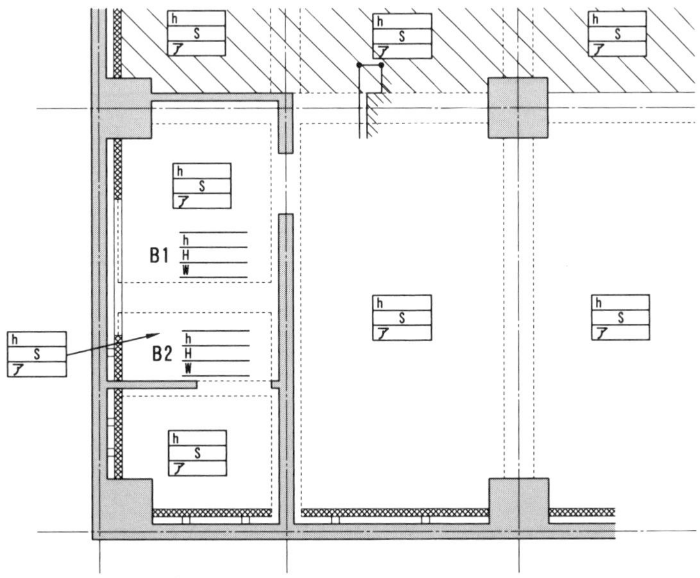

最下階床伏図（見下げ図）

1 さまざまな基礎伏図・床伏図

基礎伏図と最下階床伏図を兼用して作図する（単純な形状の建物に限る）。

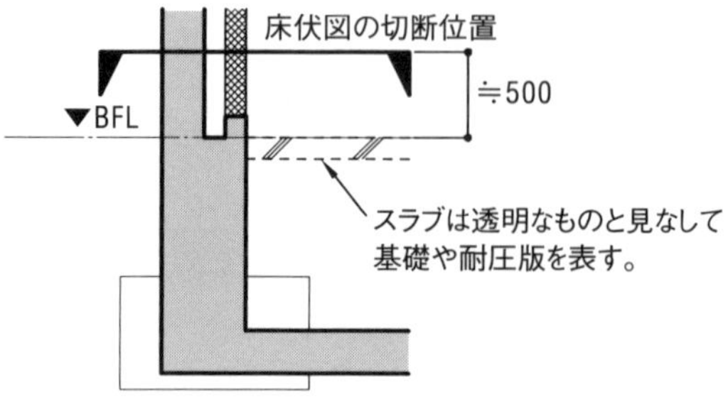

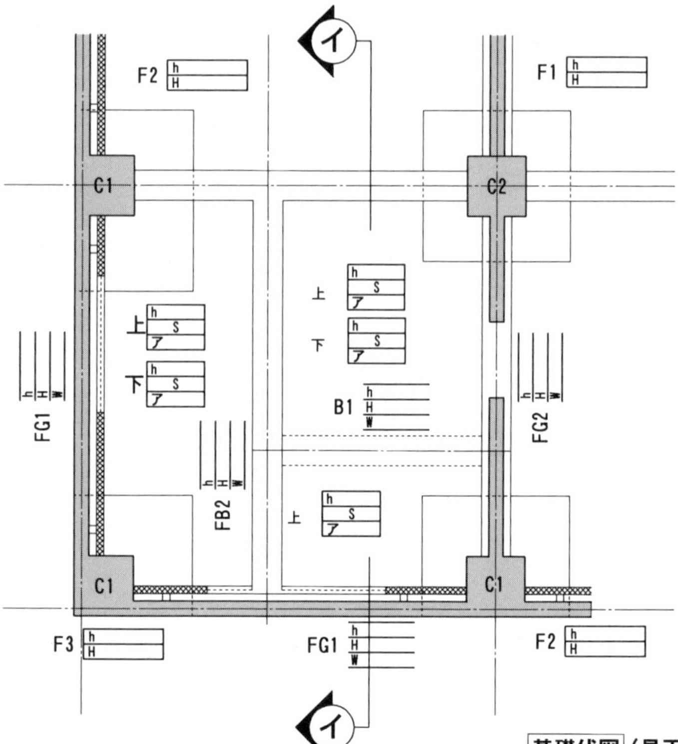

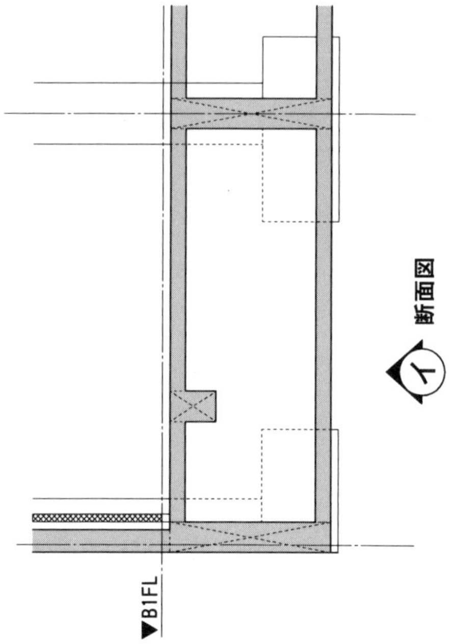

基礎伏図（見下げ図）

2 地下階および基礎部躯体図作成のポイント

■設計図■

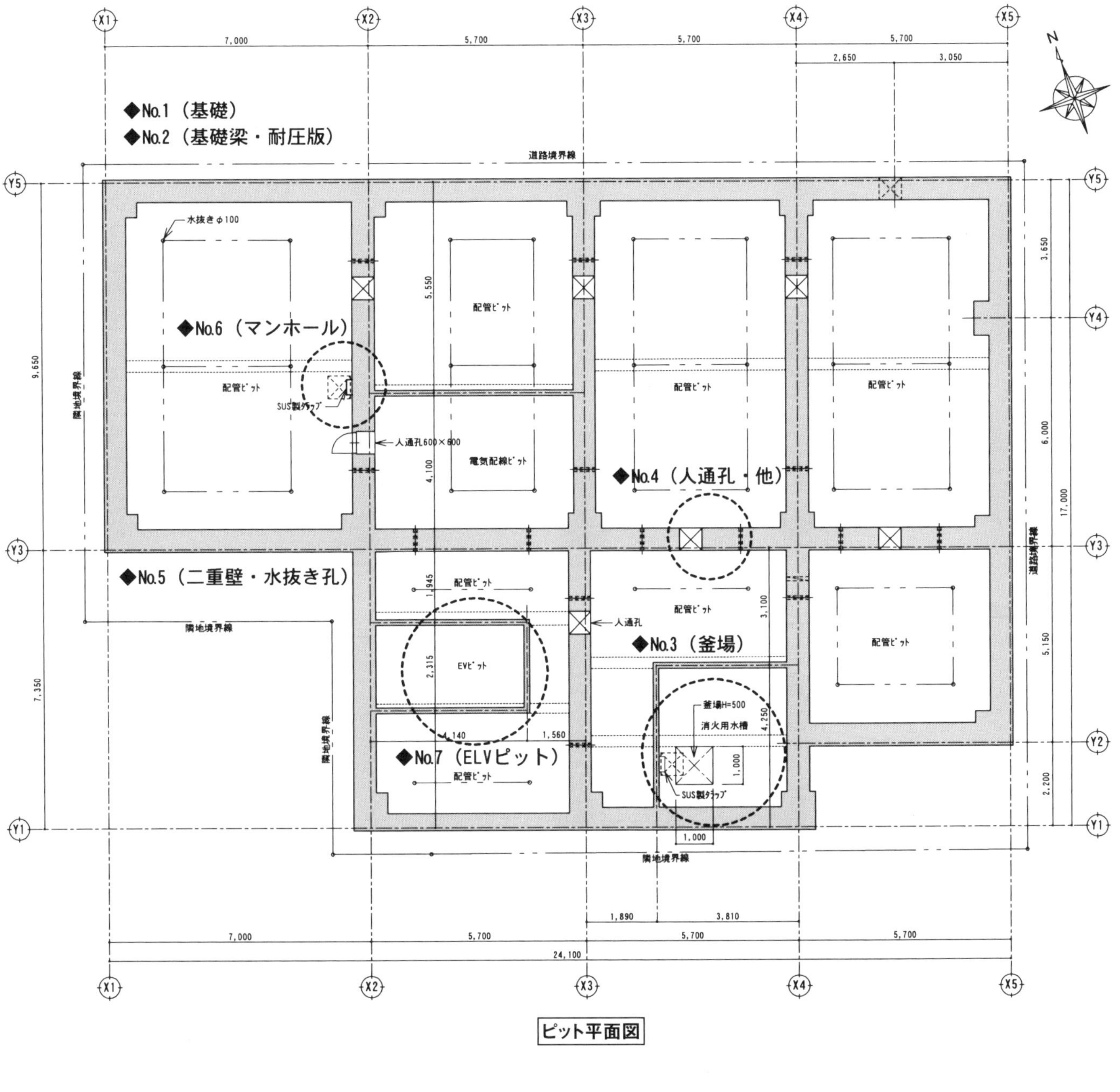

ピット平面図

◆No.1（基礎）

基礎にはさまざまな形状があるため、それを分かりやすく表現することが肝要である。

【基本的な形状の基礎】

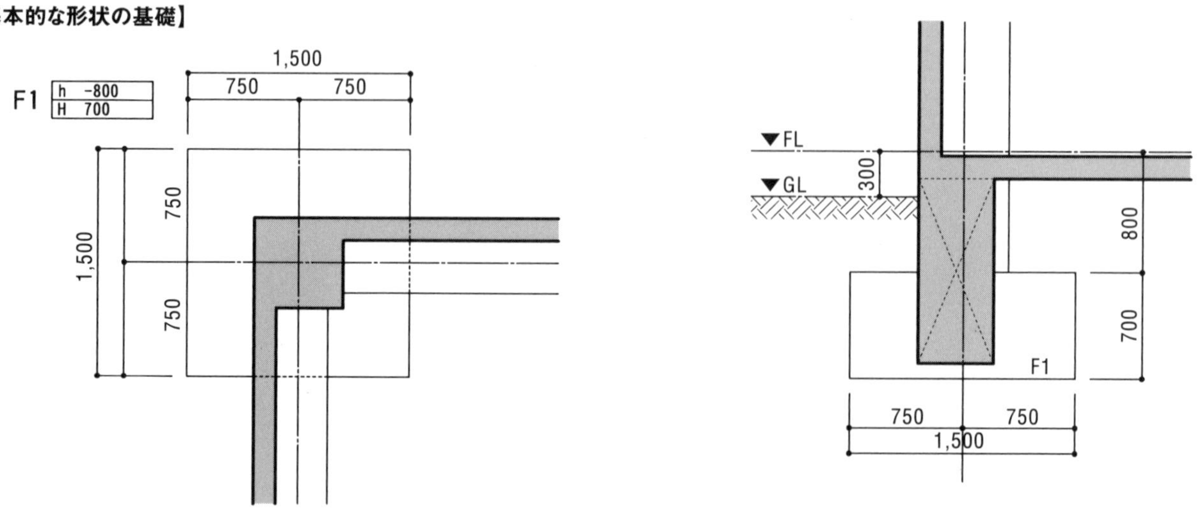

【斜面を持つ基礎】

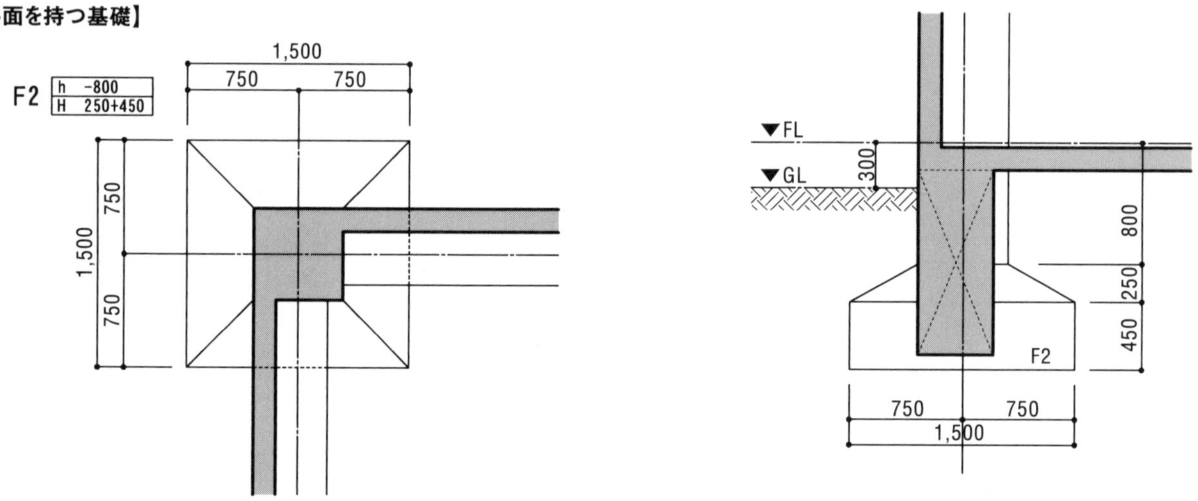

【三角形の基礎】

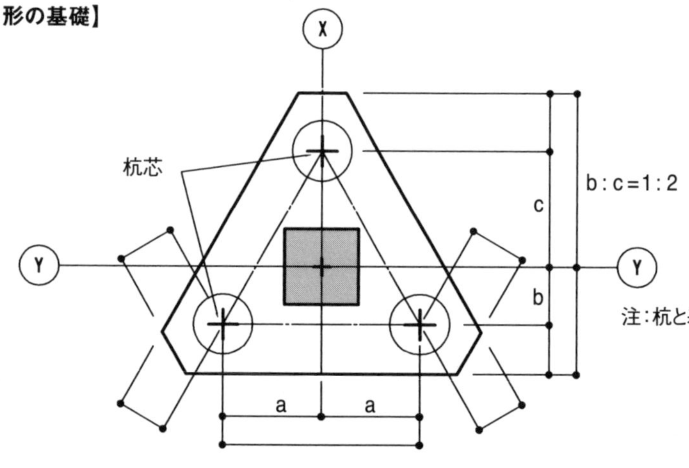

注：杭と基礎の関係が分かるように寸法を書き込む。

【ポイント–1】

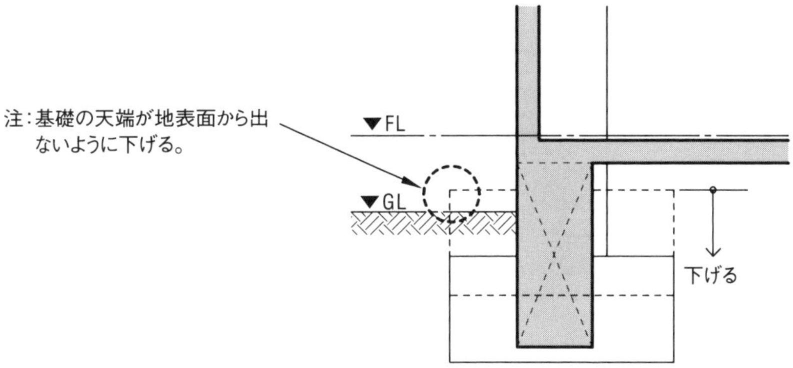
注：基礎の天端が地表面から出
ないように下げる。
▼FL
▼GL
下げる

【ポイント–2】

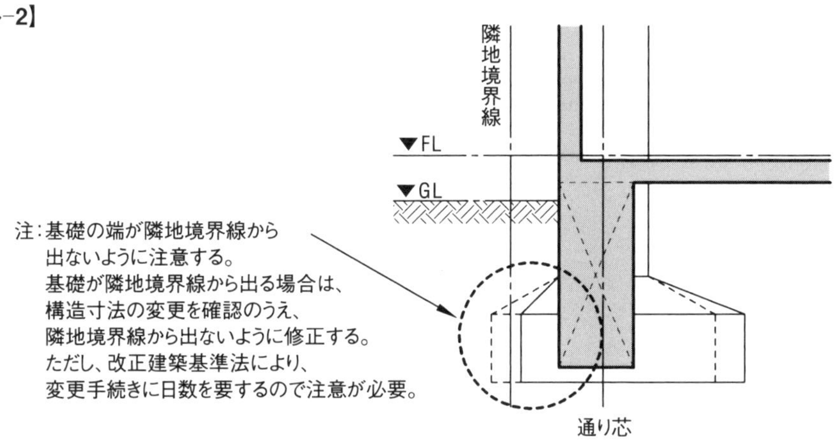
隣地境界線
▼FL
▼GL
注：基礎の端が隣地境界線から
出ないように注意する。
基礎が隣地境界線から出る場合は、
構造寸法の変更を確認のうえ、
隣地境界線から出ないように修正する。
ただし、改正建築基準法により、
変更手続きに日数を要するので注意が必要。
通り芯

【基礎の改善事例】

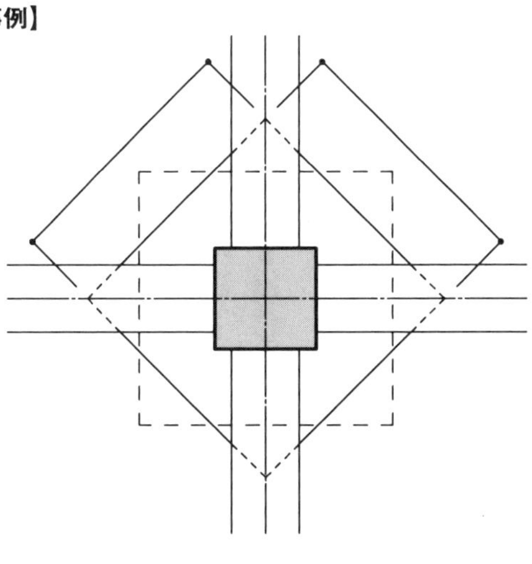

注：基礎を45°回転させることによって、
型枠面積およびコンクリート量が少なくなる。

【ポイント-3】

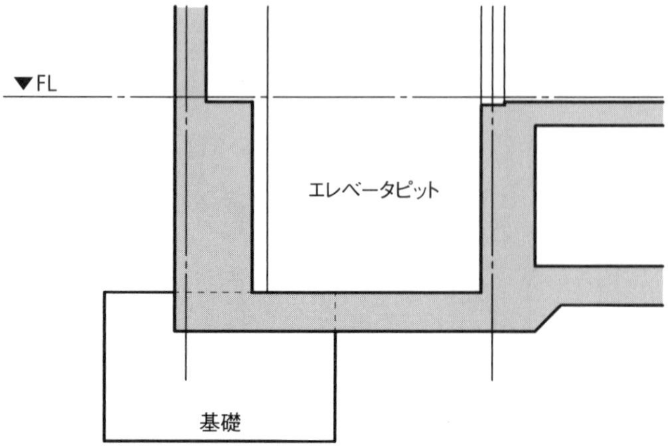

注：エレベータピットに絡む基礎は天端を下げる。
また、ピット底の釜場に絡む場合は、さらに下げる必要がある。

◆No.2（基礎梁・耐圧版）

【ポイント-1】

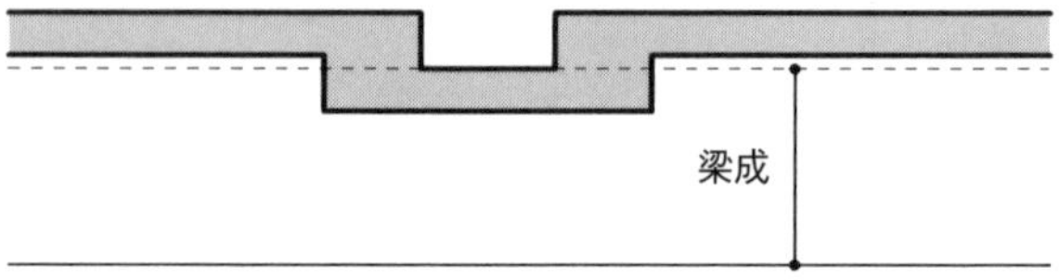

注：基礎梁の上を排水溝が横切る場合、梁の断面欠損を防ぐために、梁全体を下げる。

【ポイント-2】

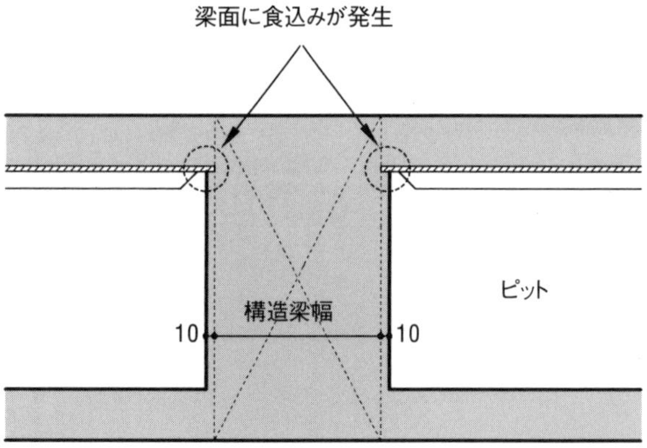

注：型枠にデッキプレートなどを用いる場合、端部が地中梁に食い込む形になる。
よって断面欠損を防ぐために、梁幅を10mm程度増打ちする。

【ポイント-3】

注：意匠上、基礎梁が地表面に出てもよいかを確認する必要がある。

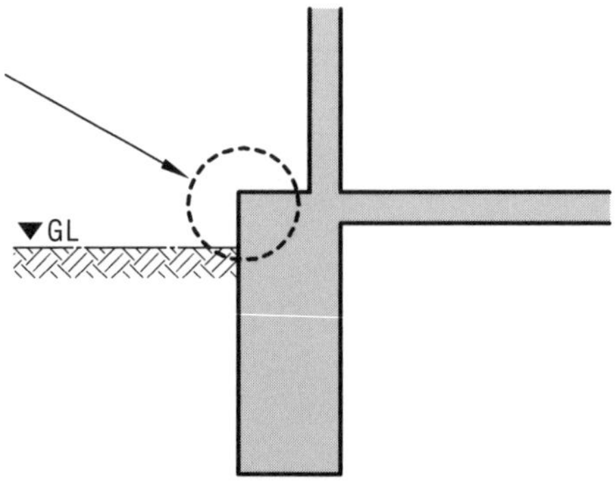

【ポイント-4】

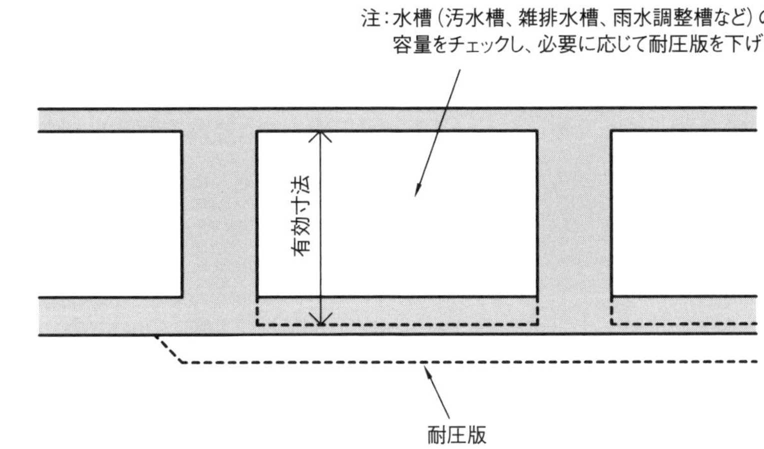
注：水槽（汚水槽、雑排水槽、雨水調整槽など）の
容量をチェックし、必要に応じて耐圧版を下げる。
有効寸法
耐圧版

【ポイント-5】

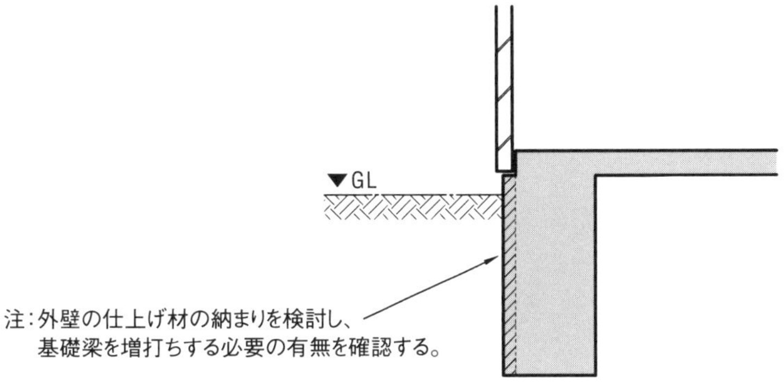
▼GL
注：外壁の仕上げ材の納まりを検討し、
基礎梁を増打ちする必要の有無を確認する。

◆No.3（釜場）

釜場とは、溜まった地下水をポンプアップするための場所である。
この部分で鉄筋を折り曲げることになるため、躯体寸法に制限がある。

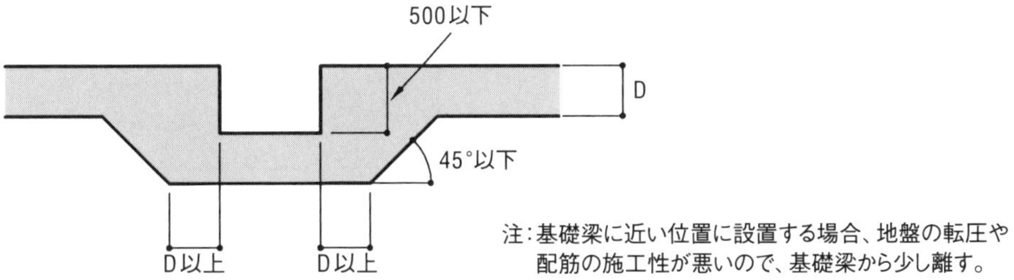
500以下
D
45°以下
D以上
D以上
注：基礎梁に近い位置に設置する場合、地盤の転圧や
配筋の施工性が悪いので、基礎梁から少し離す。

◆No.4（人通孔、通気管、連通管）

人通孔：人がくぐるために基礎梁の中央部に設置する孔。この基礎梁で囲まれた空間に人が入るためには、マンホールを利用するか、人通孔を利用することになる。

通気管：基礎梁で囲まれた空間相互の空気の流通を図るために、基礎梁の上部に設置する孔。

連通管：地下水を所定の釜場に導くため、あるいは基礎梁で囲まれた複数の空間を一体化するために、基礎梁の下部に設置する孔。

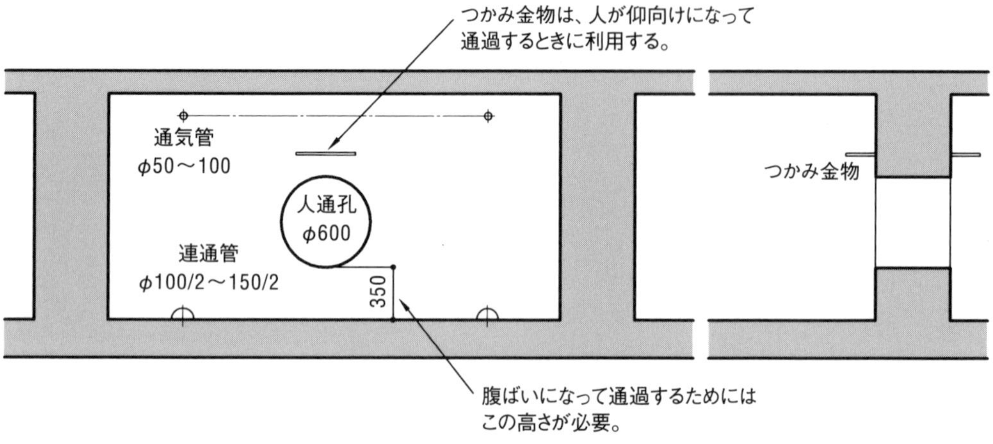
つかみ金物は、人が仰向けになって
通過するときに利用する。
通気管
φ50～100
人通孔
φ600
連通管
φ100/2～150/2
350
つかみ金物
腹ばいになって通過するためには
この高さが必要。

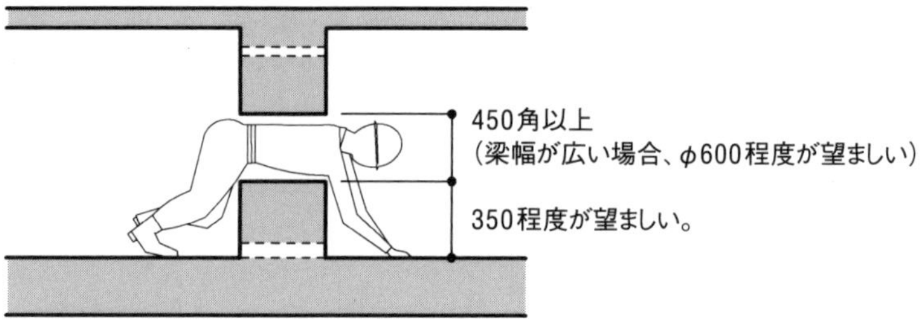
450角以上
(梁幅が広い場合、φ600程度が望ましい)
350程度が望ましい。

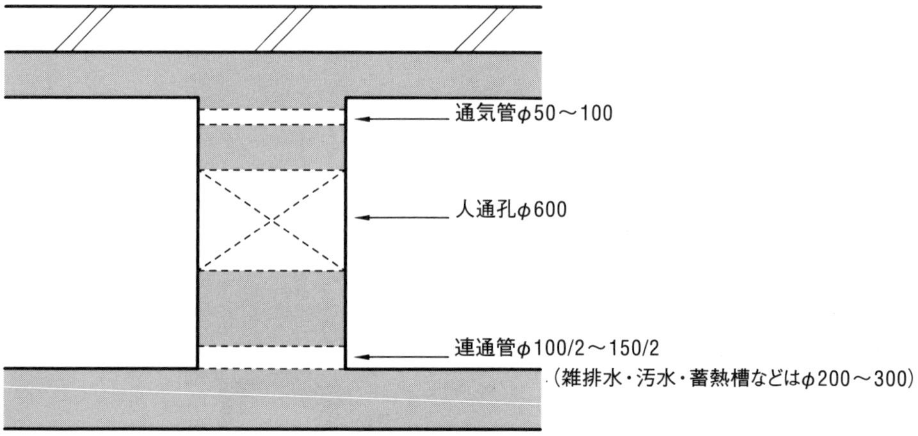
通気管φ50～100
人通孔φ600
連通管φ100/2～150/2
(雑排水・汚水・蓄熱槽などはφ200～300)

【ポイント-1】

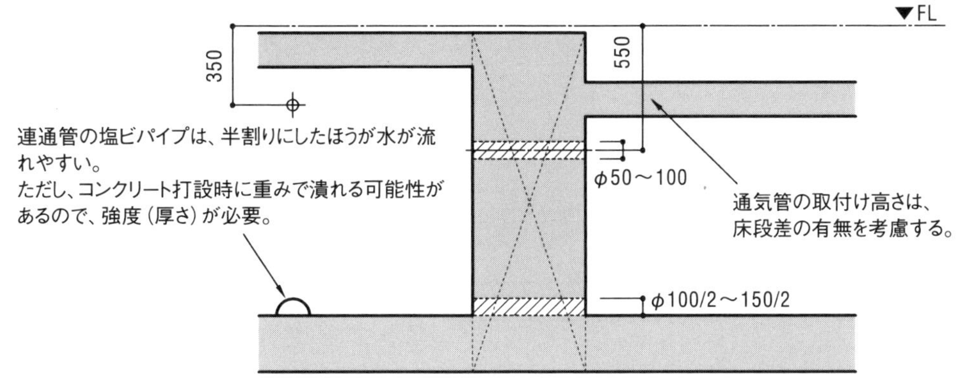
▼FL
350
550
連通管の塩ビパイプは、半割りにしたほうが水が流れやすい。
ただし、コンクリート打設時に重みで潰れる可能性があるので、強度（厚さ）が必要。
φ50～100
通気管の取付け高さは、床段差の有無を考慮する。
φ100/2～150/2

【ポイント-2】

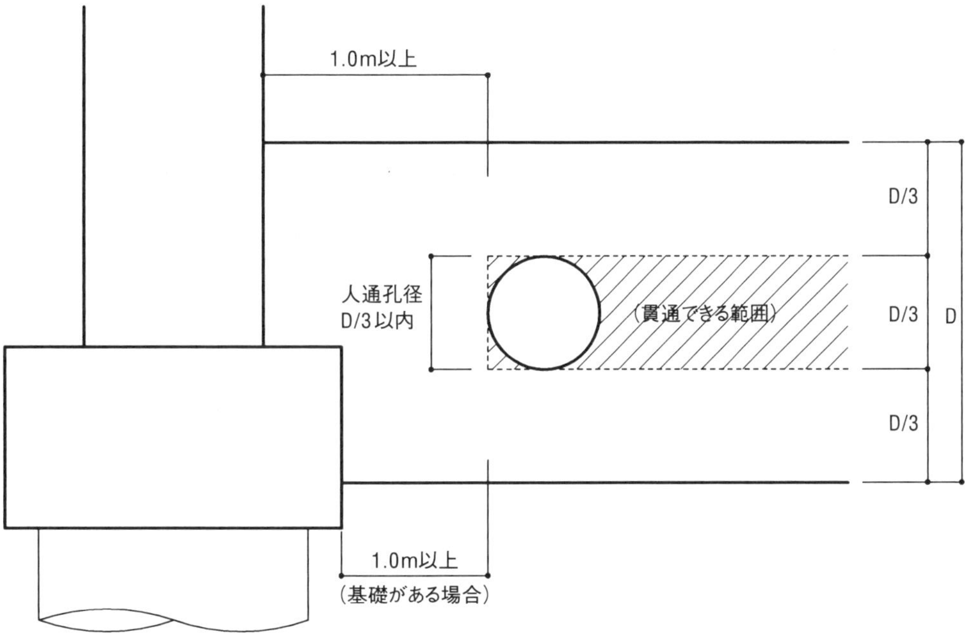

注1：人通孔の大きさは、基礎梁の強度を確保するために、梁成との関係を十分に検討する。
2：貫通孔が複数並んでいる場合、中心間隔は貫通孔径の平均値の4倍以上とする。

◆No.5（二重壁、水抜き孔）

地下部分では、地下水や地表から浸透した雨水が、躯体を通過して建物内部に浸入する場合がある。
そのため、二重壁を設けて壁の汚れを見えなくすることがある。また、外壁に沿って排水溝を設け、柱で区切られた範囲に2カ所、水抜き孔を設置してピットへ導く。

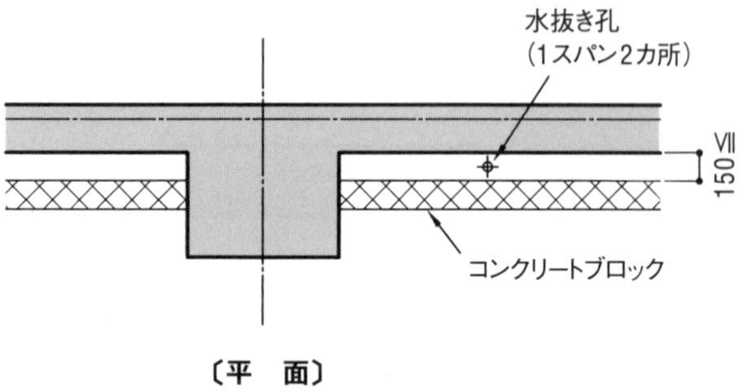

〔平　面〕

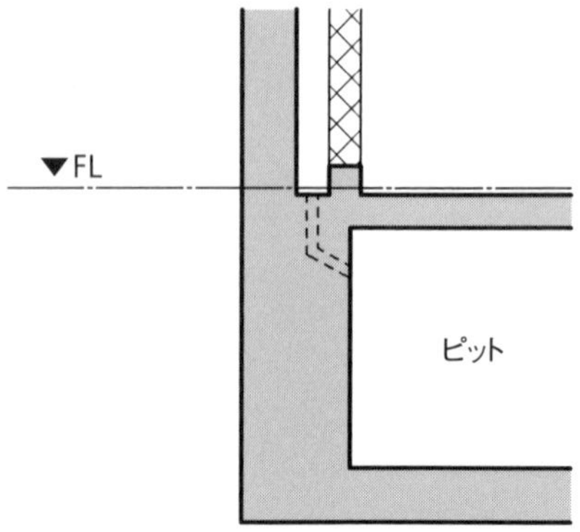

〔断　面〕

注1：水抜き孔は消火水槽・蓄熱槽・汚水槽への設置は避ける。
2：水抜き孔には、一般にφ50の塩ビ管を用いる。
3：二重壁は、部屋の用途によって、コンクリートブロックや押出成形セメント板とするほか、下部のコンクリートの立上りのみとすることもある。

【コンクリートブロック帳壁の参考資料】

一般帳壁：主要支持が2辺の場合

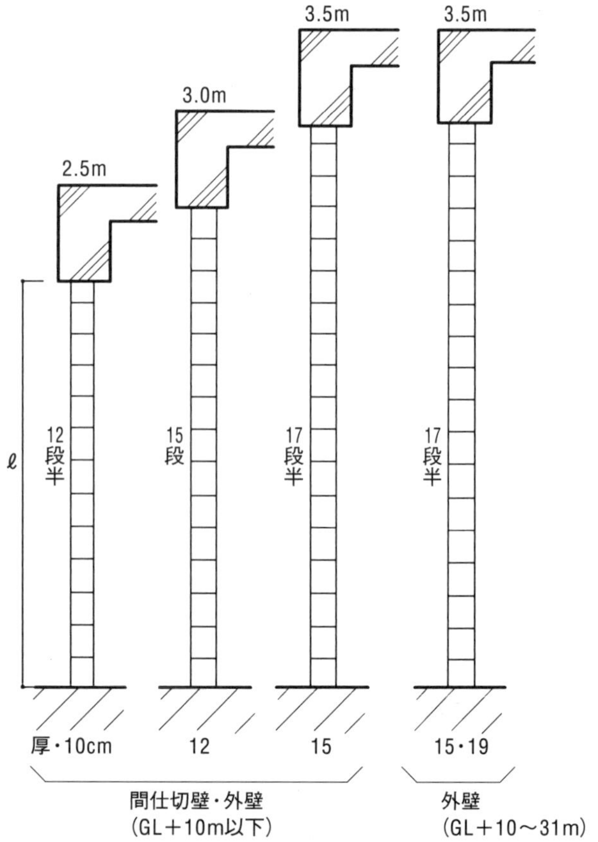

最大組積高さ

一般帳壁の配筋

帳壁の種類		主筋				配力筋	
		ℓ≦2.4m		2.4m＜ℓ≦3.5m			
		呼び名	間隔(cm)	呼び名	間隔(cm)	呼び名	間隔(cm)
間仕切壁		D10以上	80以下	D13以上	40以下	D10以上	80以下
外壁	(イ) 地盤面からの高さ10m以下の部分	D10以上	80以下	D13以上	40以下	D10以上	80以下
	(ロ) 地盤面からの高さ10mを超え31m以下の部分	D10以上	40以下	D13以上	40以下	D10以上	60以下

◆No.6（マンホール）

先付けタラップの場合

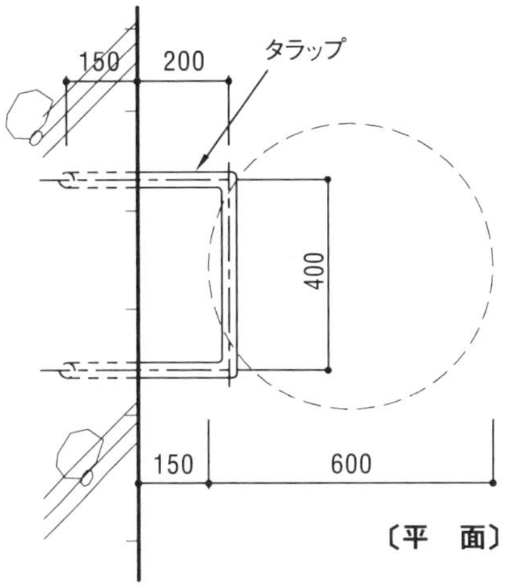

後付けタラップの場合

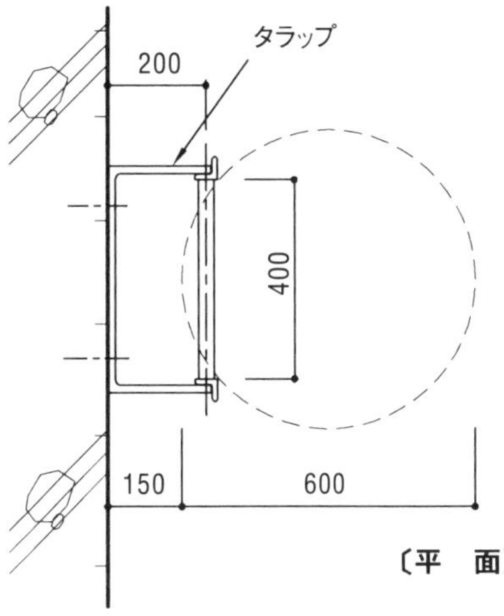

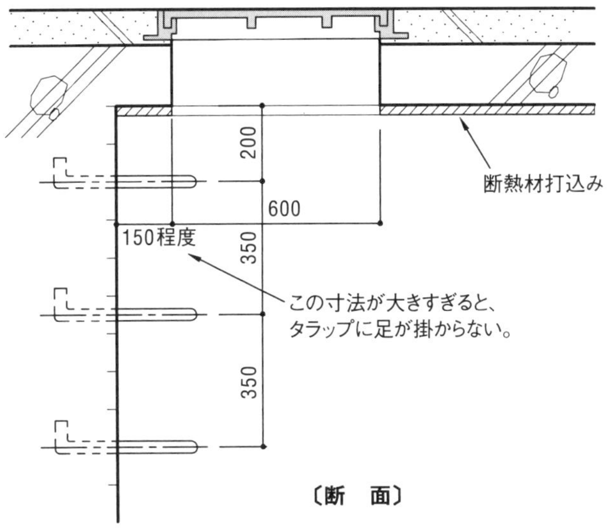

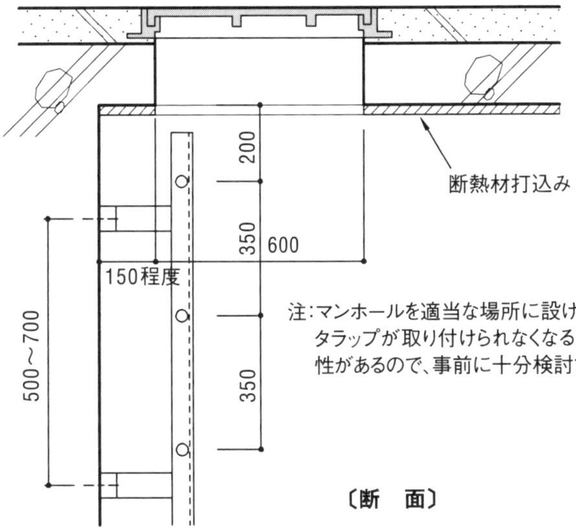

注：マンホールを適当な場所に設けると、タラップが取り付けられなくなる可能性があるので、事前に十分検討する。

◆No.7（エレベータピット）

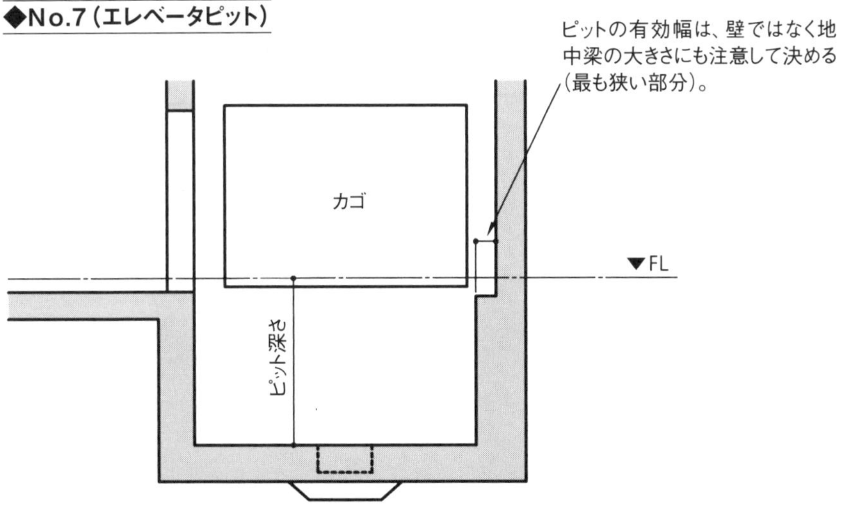

注：ピット深さは速度によって決められている（メーカー基準による）。

エレベータの速度とピット深さの関係

定格速度（m／分）	ピット深さ（m）
45以下	1.2
45～60	1.5
60～90	1.8
90～120	2.1
120～150	2.4
150～180	2.7
180～210	3.2
210～240	3.8
240以上	4.0

注：ピット深さはメーカーによって異なるので注意する。

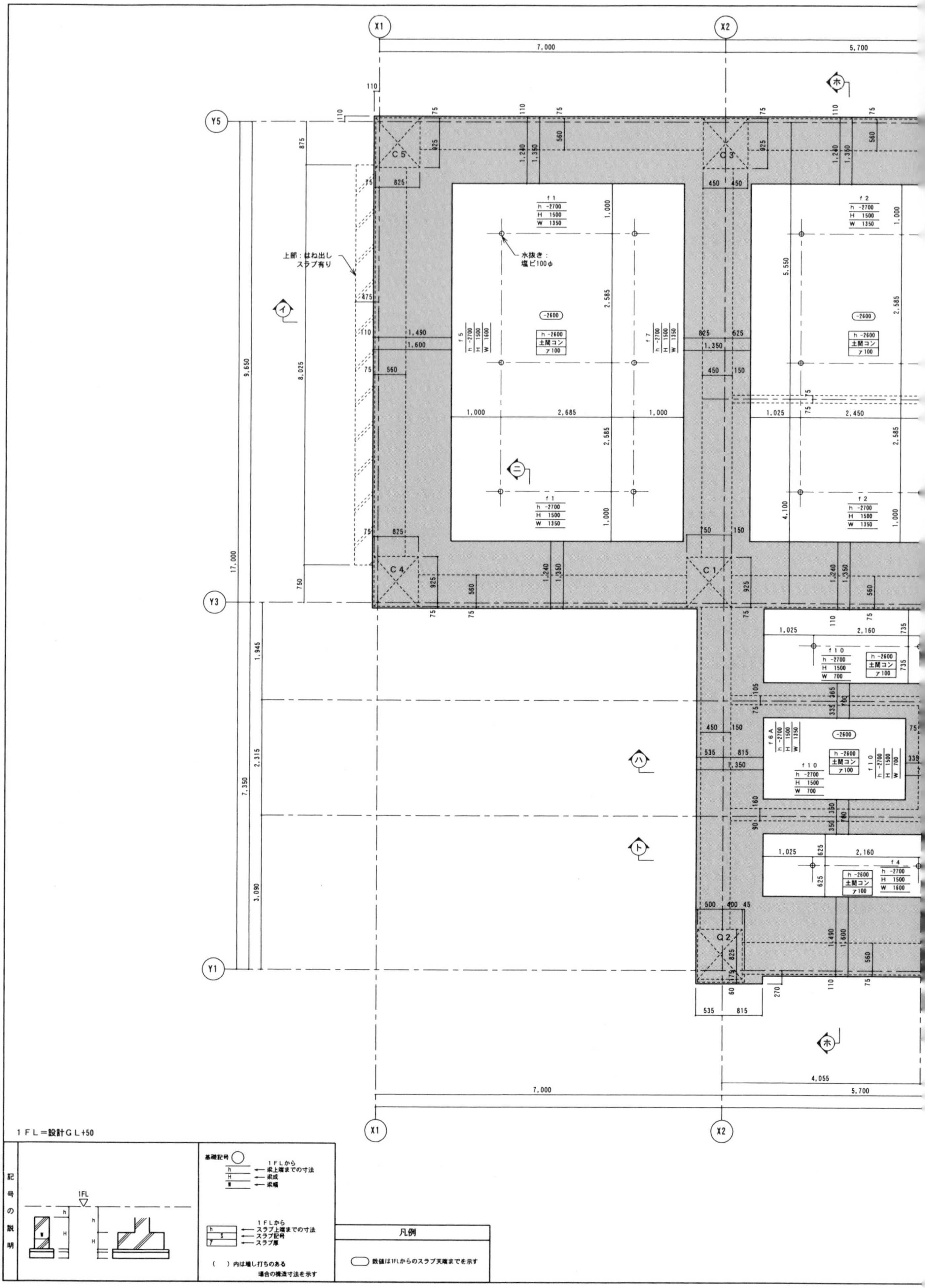
X1
X2
Y5
Y3
Y1
7,000
5,700
17,000
9,650
7,350
8,025
上部：はね出し
スラブ有り
水抜き：
塩ビ100φ
C5
C3
C4
C1
C2
f1
f2
f5
f7
f10
f6A
f4
h -2700
H 1500
W 1350
(-2600)
h -2600
土間コン
ア100
4,055
1FL＝設計GL+50
記号の説明
1FL
基礎記号
1FLから
梁上端までの寸法
梁成
梁幅
1FLから
スラブ上端までの寸法
スラブ記号
スラブ厚
（ ）内は増し打ちのある
場合の構造寸法を示す
凡例
数値は1FLからのスラブ天端までを示す

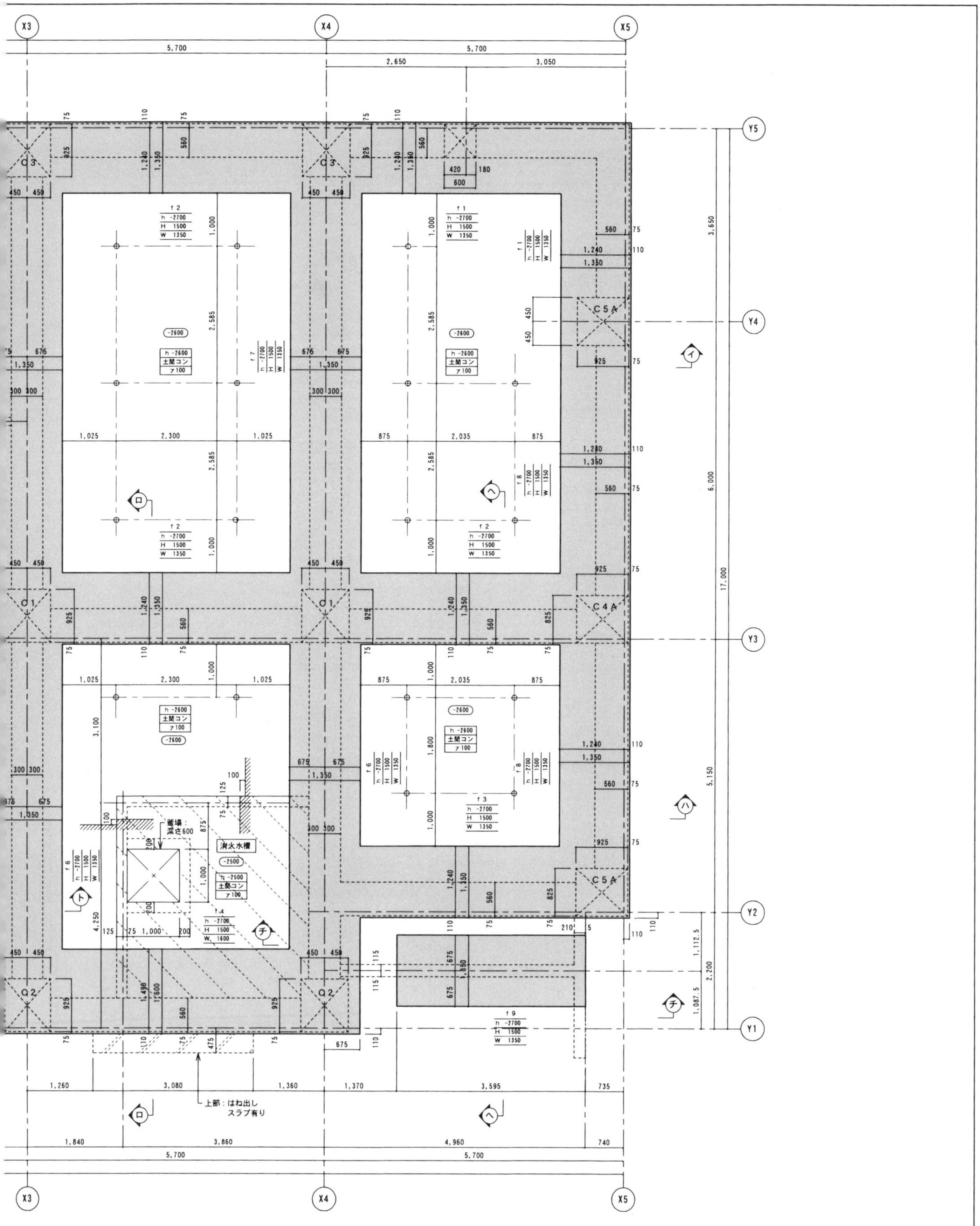

工事名	○○ビル新築工事				
図　名	基　礎　伏　図				
縮　尺	1/50	日　付	○年　○月　○日	図面番号	
担　当	○○	作　図	○○	○○○	
○○建設株式会社○○支店					

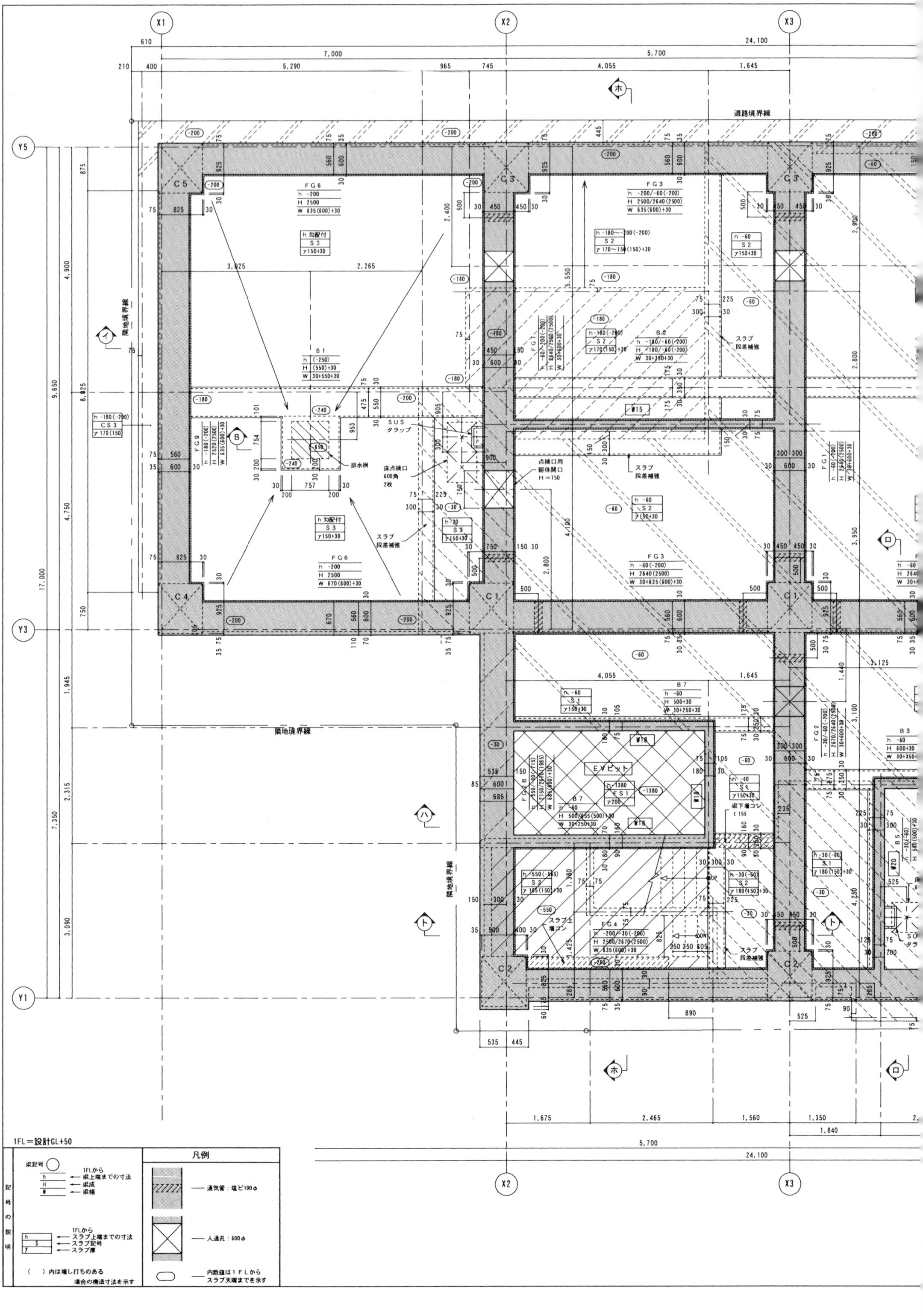
道路境界線
隣地境界線
1FL＝設計GL+50
凡例
通気管：塩ビ100φ
人通孔：600φ
内数値は１ＦＬから
スラブ天端までを示す
記号の説明
梁記号
1FLから
梁上端までの寸法
梁成
梁幅
1FLから
スラブ上端までの寸法
スラブ記号
スラブ厚
（　）内は増し打ちのある
場合の構造寸法を示す
EVピット
排水桝
床点検口
600角
2枚
SUS
タラップ
点検口用
躯体開口
H＝750
スラブ
段差補強
スラブ上
増コン
梁下増コン
t 155

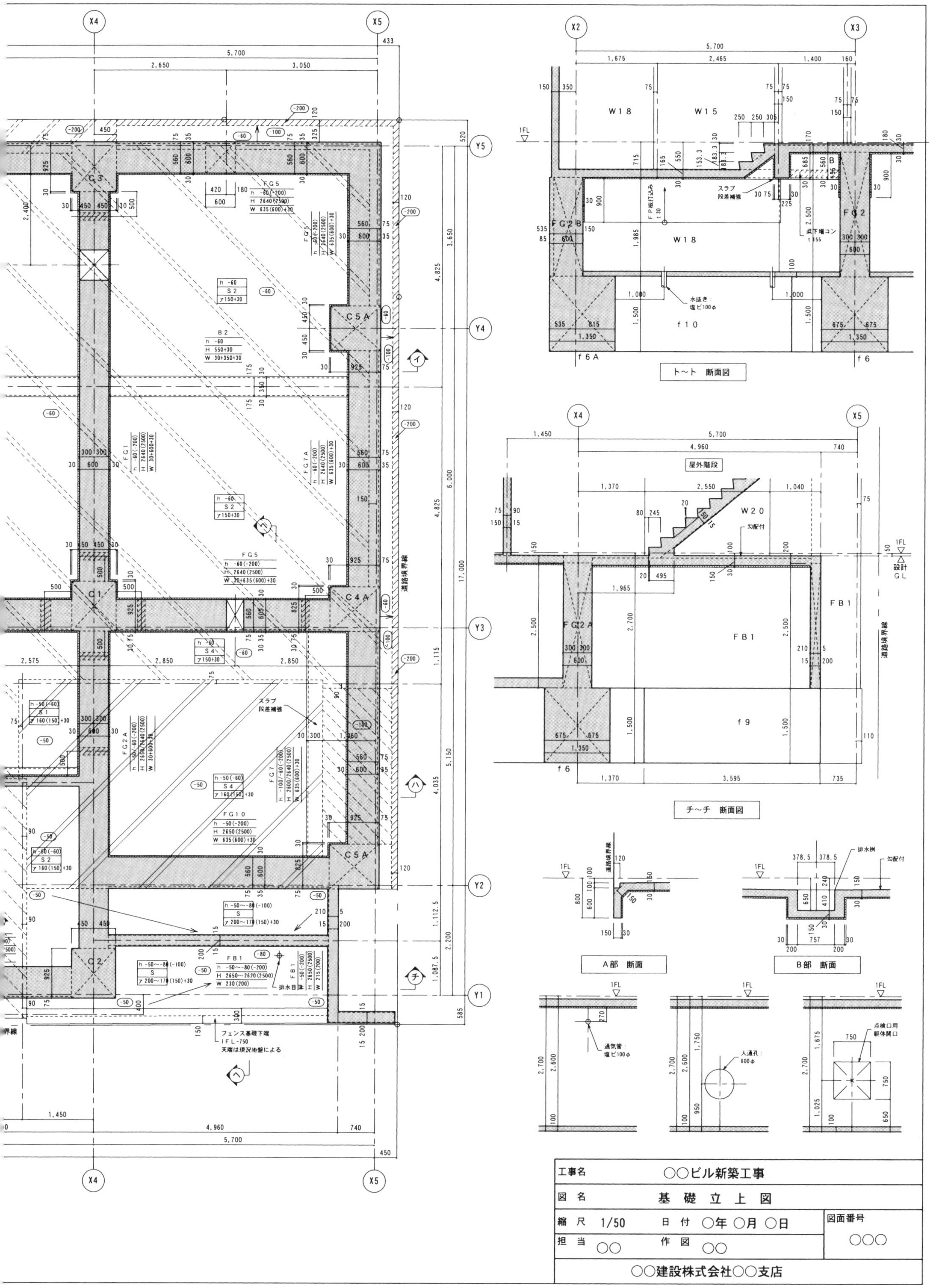

工事名	○○ビル新築工事		
図 名	基 礎 立 上 図		
縮 尺 1/50	日 付 ○年 ○月 ○日		図面番号 ○○○
担 当 ○○	作 図 ○○		
○○建設株式会社○○支店			

イ～イ　断面図
ハ～ハ　断面図
ホ～ホ　断面図
隣地境界線
設計GL
EVピット
消火水槽
電気配線ピット
砂詰め
水抜き：塩ビ100φ
人通孔：600φ
点検口用躯体開口
スラブ天端増コンによる勾配付20～0

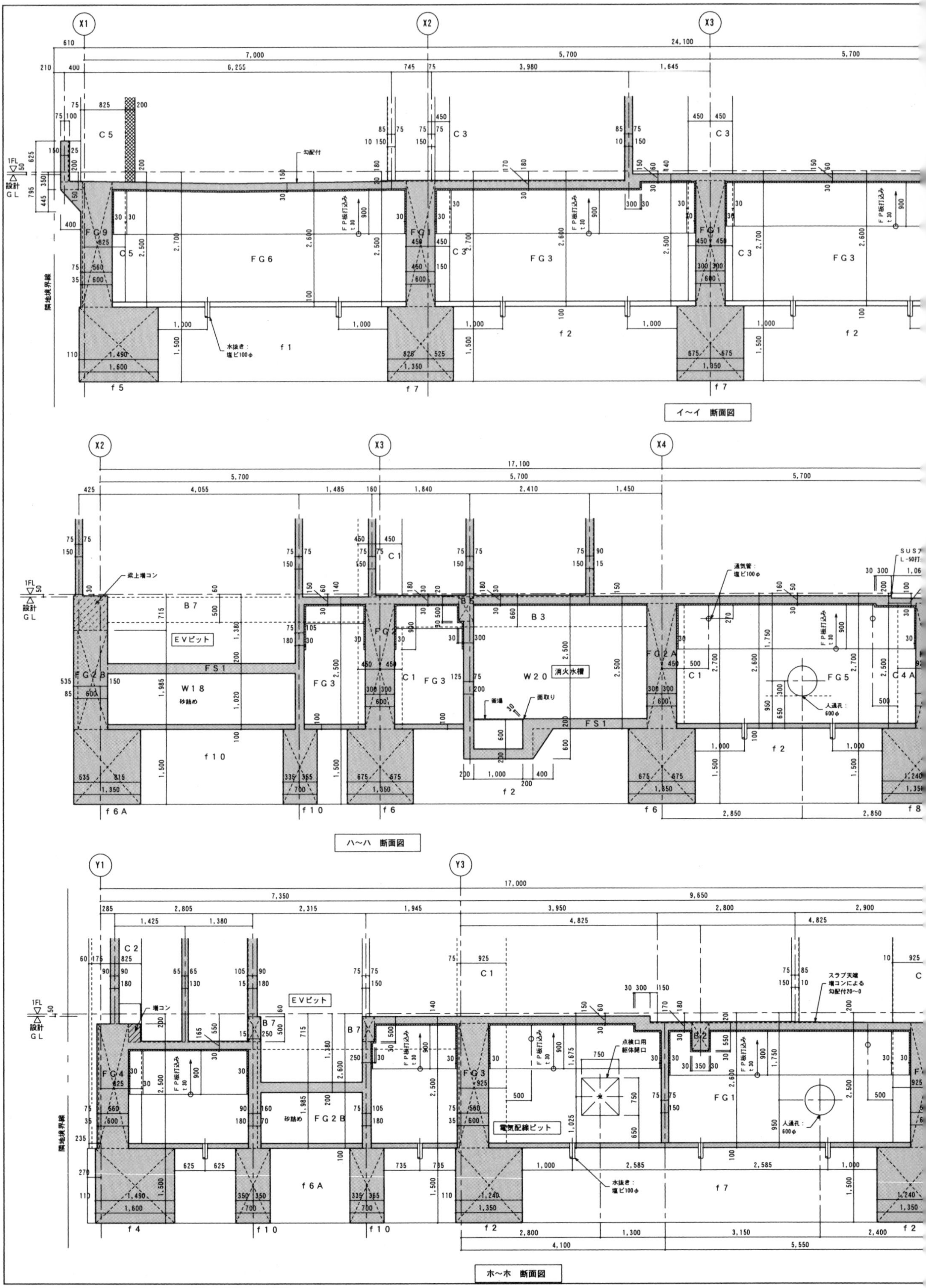

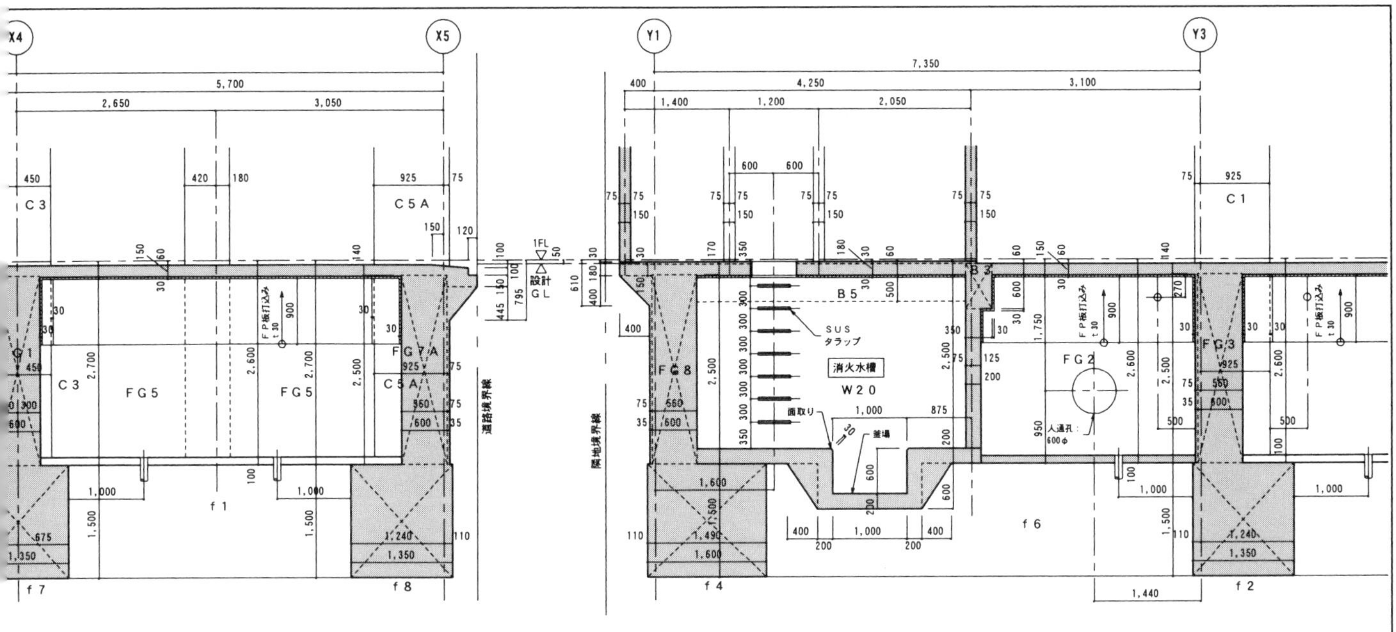

ロ～ロ 断面図

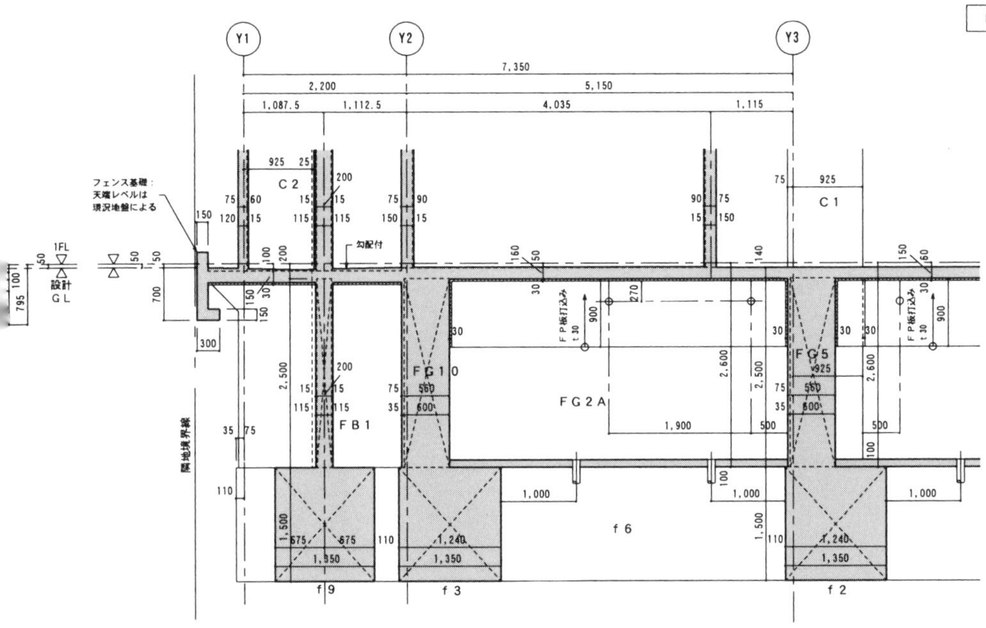

ヘ～ヘ 断面図

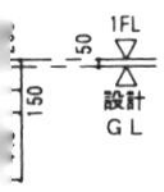

工事名	○○ビル新築工事			
図名	基礎断面図			
縮尺	1/50	日付	○年 ○月 ○日	図面番号 ○○○
担当	○○	作図	○○	
○○建設株式会社○○支店				

3　1階躯体図作成のポイント

■設計図■

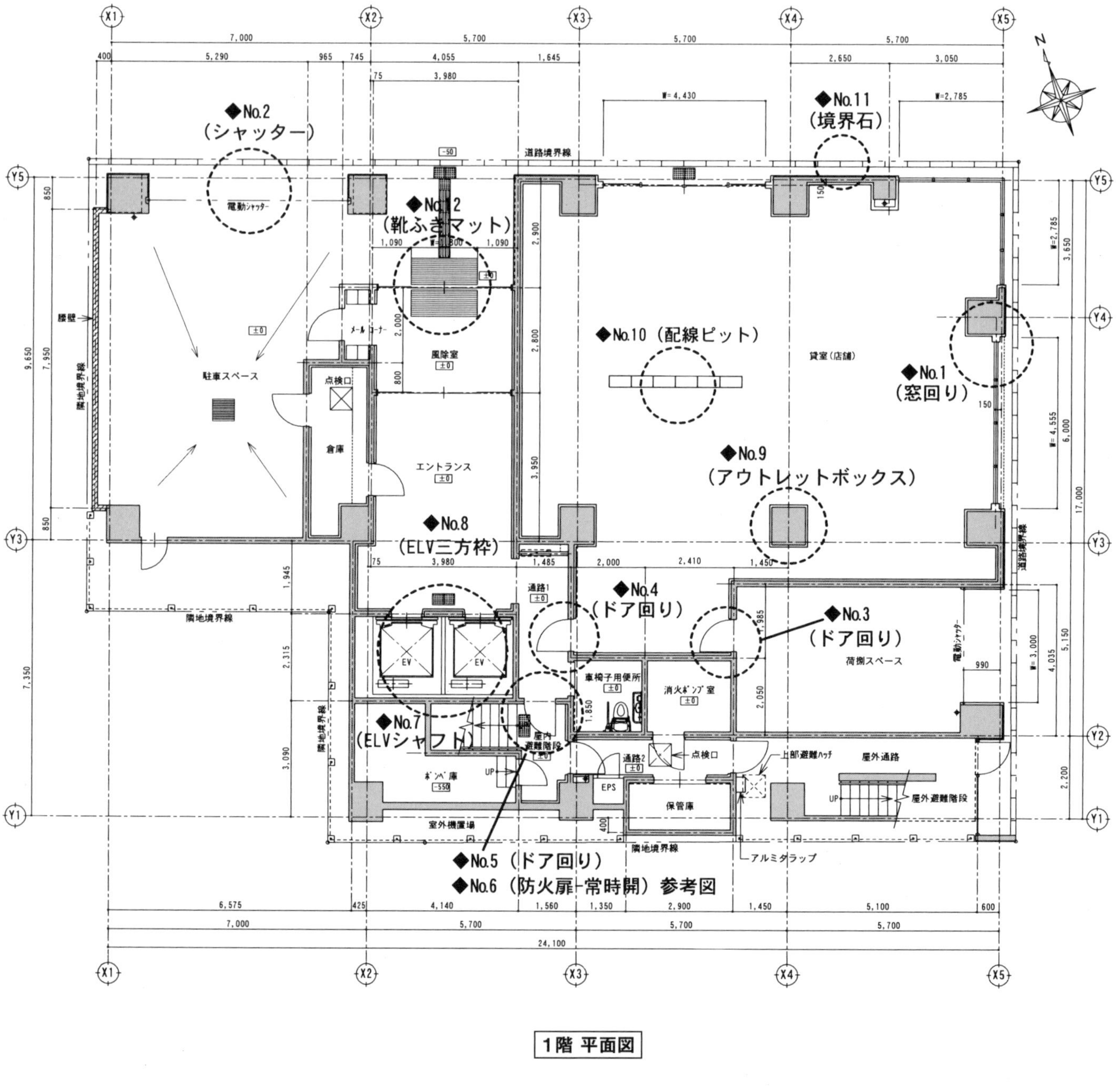

1階 平面図

◆No.1（窓回り）

外壁の仕上げによって躯体の形状は異なる。
特に、タイル張り仕上げの場合は、躯体図を作成するのに先立ってタイル割付図を作成し、サッシの寸法などを前もって決めておく必要がある。

外壁がコンクリート打放し吹付仕上げの場合

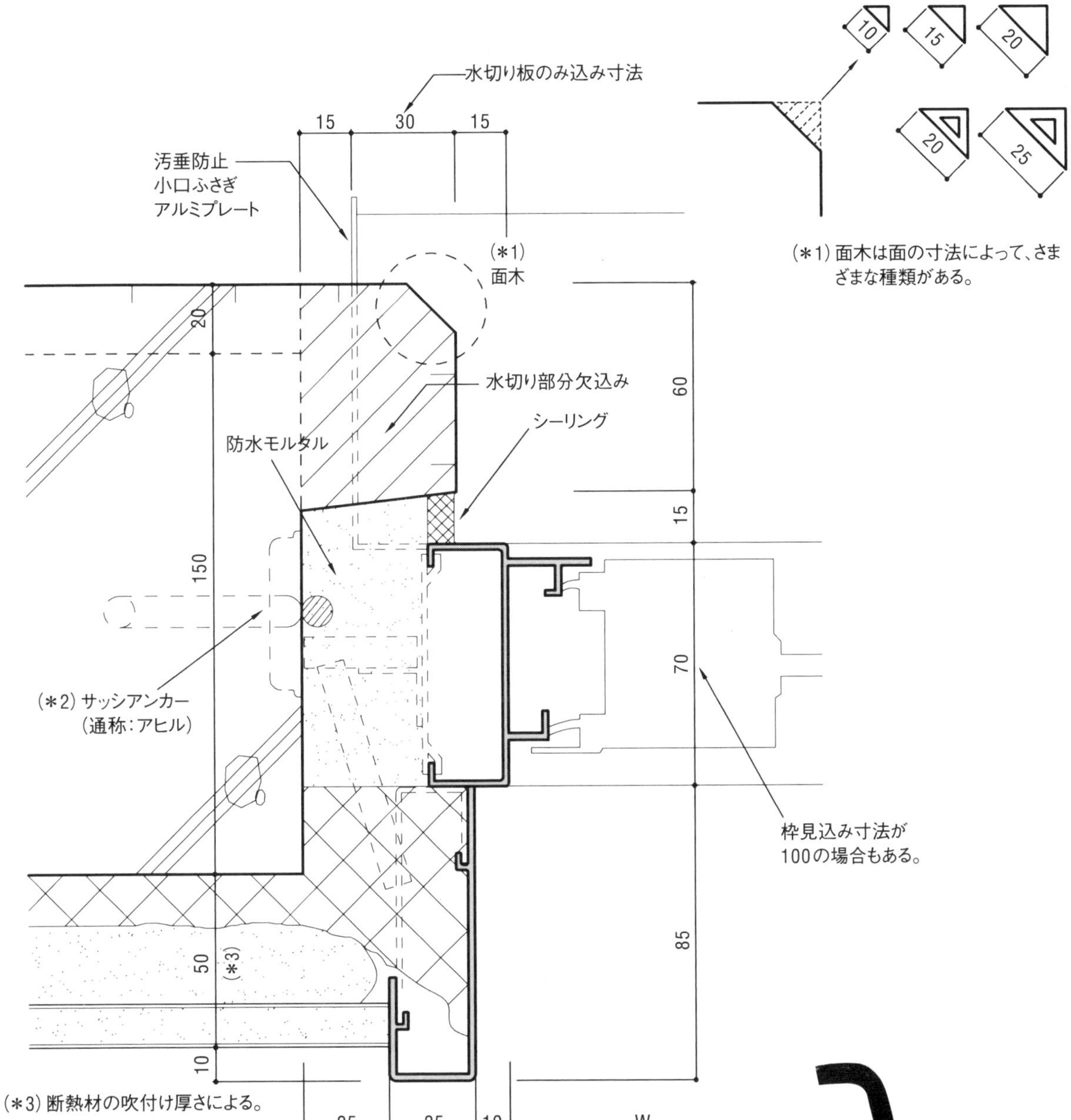

水切り板のみ込み寸法
15
30
15
汚垂防止
小口ふさぎ
アルミプレート
(＊1)
面木
(＊1) 面木は面の寸法によって、さまざまな種類がある。
10
15
20
20
25
水切り部分欠込み
シーリング
防水モルタル
(＊2) サッシアンカー
(通称：アヒル)
枠見込み寸法が
100の場合もある。
20
150
50
(＊3)
10
60
15
70
85
(＊3) 断熱材の吹付け厚さによる。
(＊4) サッシとサッシアンカーを溶接するスペース。
25
25
10
W
(＊4)
60

〔平　面〕

(＊2) サッシアンカー

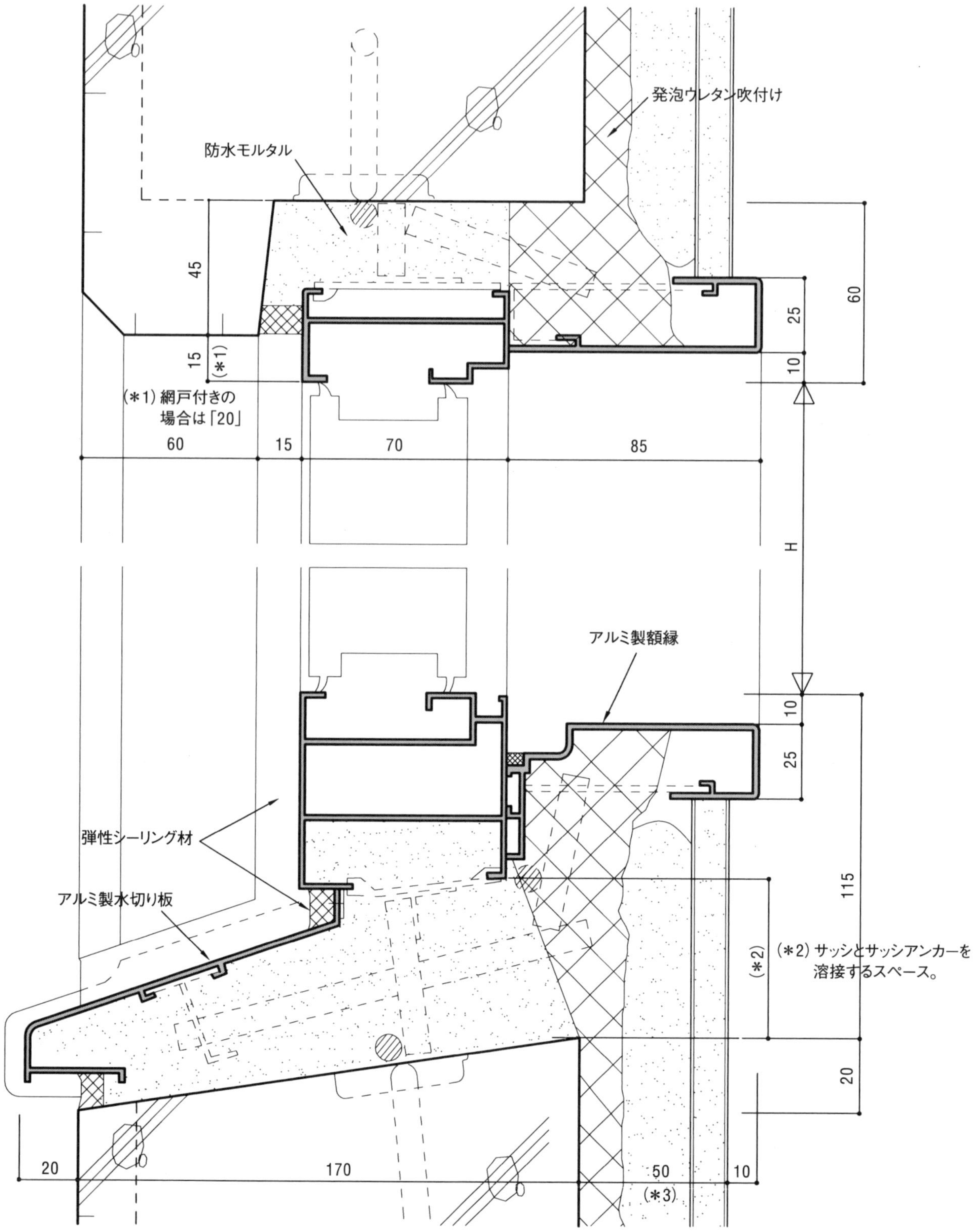
発泡ウレタン吹付け
防水モルタル
45
15
(＊1)
60
25
10
(＊1) 網戸付きの
場合は「20」
60
15
70
85
H
アルミ製額縁
10
25
弾性シーリング材
アルミ製水切り板
115
(＊2)
(＊2) サッシとサッシアンカーを
溶接するスペース。
20
20
170
50
10
(＊3)
(＊3) 断熱材の吹付け厚さによる。

〔断　面〕

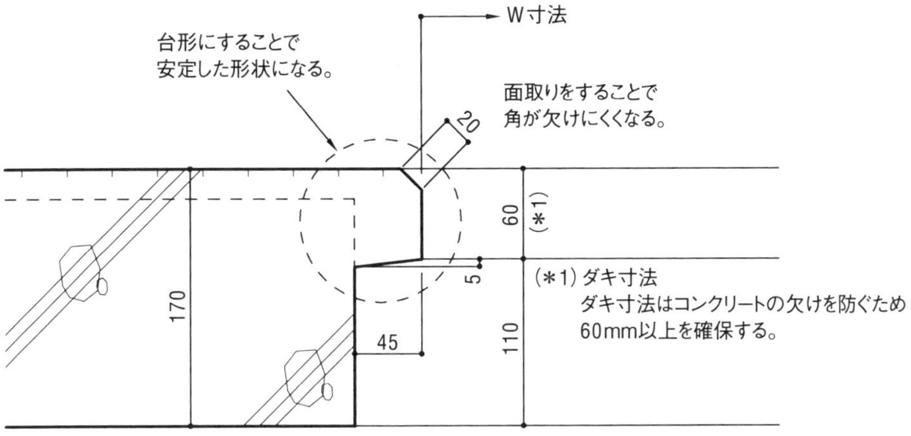
W寸法
台形にすることで
安定した形状になる。
面取りをすることで
角が欠けにくくなる。
20
60
(*1)
5
170
45
110
(*1) ダキ寸法
ダキ寸法はコンクリートの欠けを防ぐため
60mm以上を確保する。

躯体の形状(平面)

注:一般的な躯体欠込み寸法

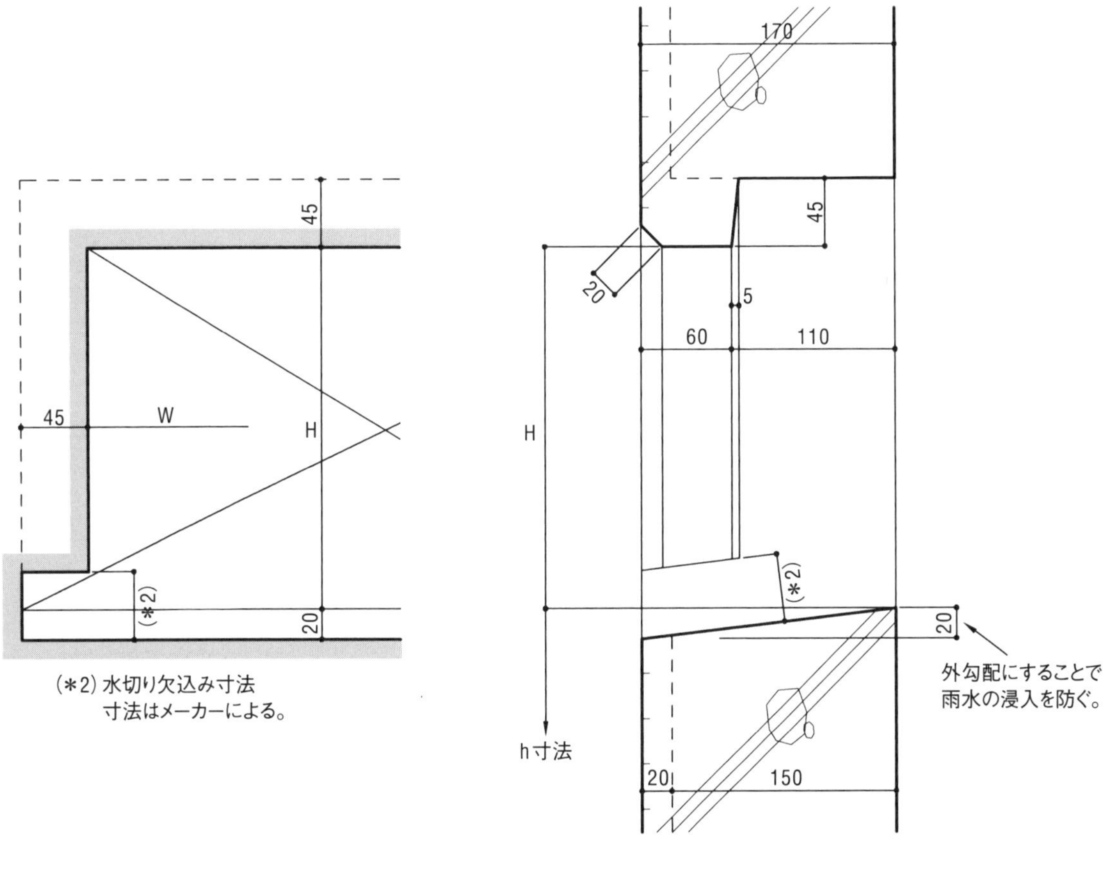
45
45
W
H
(*2)
20
(*2) 水切り欠込み寸法
寸法はメーカーによる。
170
45
20
5
60
110
H
(*2)
20
外勾配にすることで
雨水の浸入を防ぐ。
h寸法
20
150

躯体の形状(断面)

注:一般的な躯体欠込み寸法

3 1階躯体図作成のポイント

外装タイルと躯体の関係

タイルの割付けを行うに当たって必要な情報は、タイルの種類（大きさ）、目地幅、構造スリット、伸縮調整目地（収縮目地）、水平打継目地の位置および幅である。そして、一つの壁面全体を、原則として同じ目地幅で割り付ける。
タイルの種類（大きさ）と目地との関係は、例えば、二丁掛けタイル（227×60）の場合は目地幅で調整するが、50二丁タイル（95×45）の場合、目地幅は通常5mmである。
したがって50二丁タイルの場合、全体を整然と割り付けるために、躯体寸法を調整することがある。
また、タイル張りの工法（密着張り・改良圧着張りなど）によって張り代が異なり、タイル面の全長が変わるので注意を要する。

二丁掛けタイルの場合

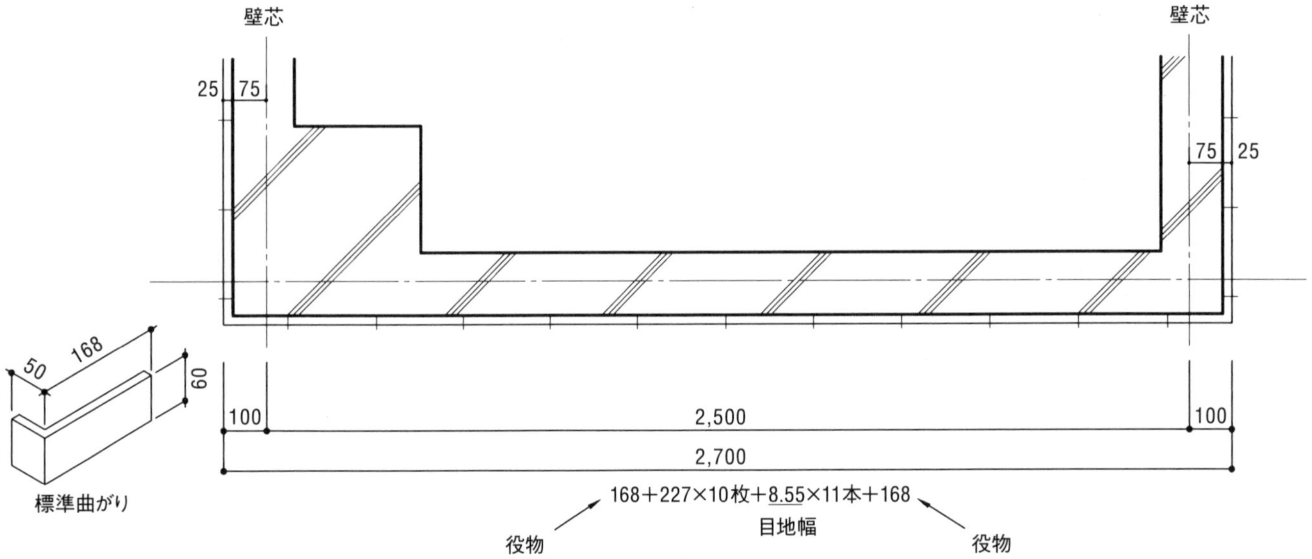

50二丁タイルの場合

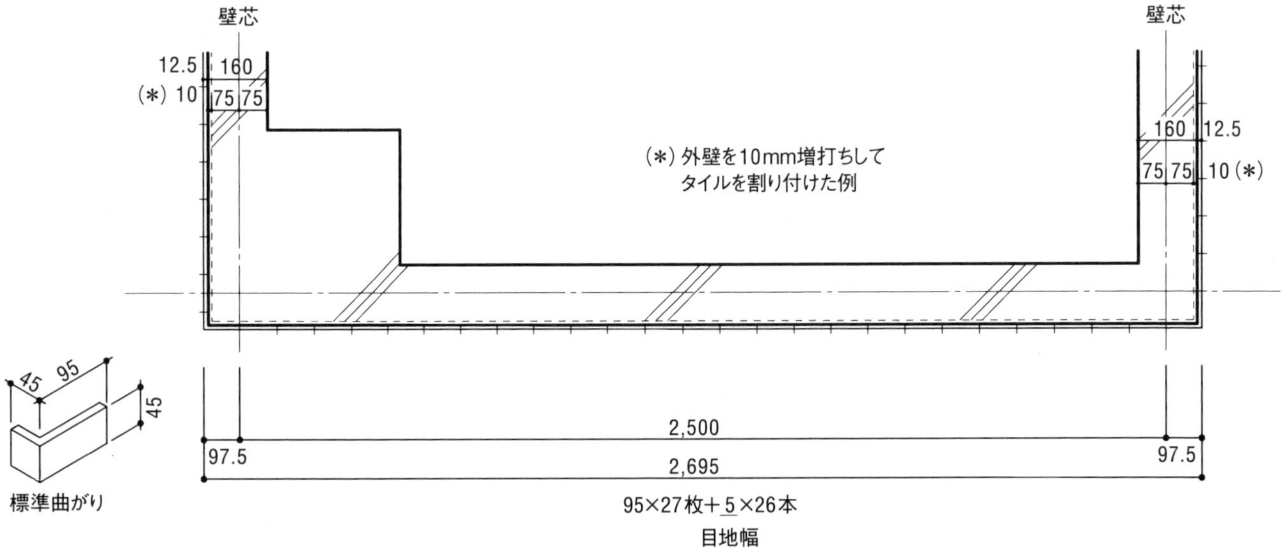

サッシ寸法の決め方

サッシの縦横寸法は、前ページの解説のとおりタイルの割付けによって影響を受けるため、設計図に示されているとおりにはならないことが多い。
したがって、法的に必要な開口面積を考慮しながら、所定の寸法に近い数値で決める。

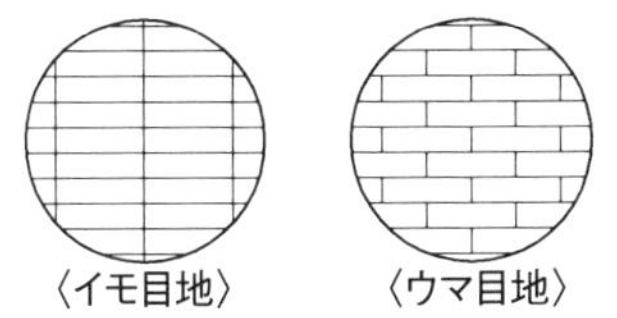

二丁掛けタイル・イモ目地の場合

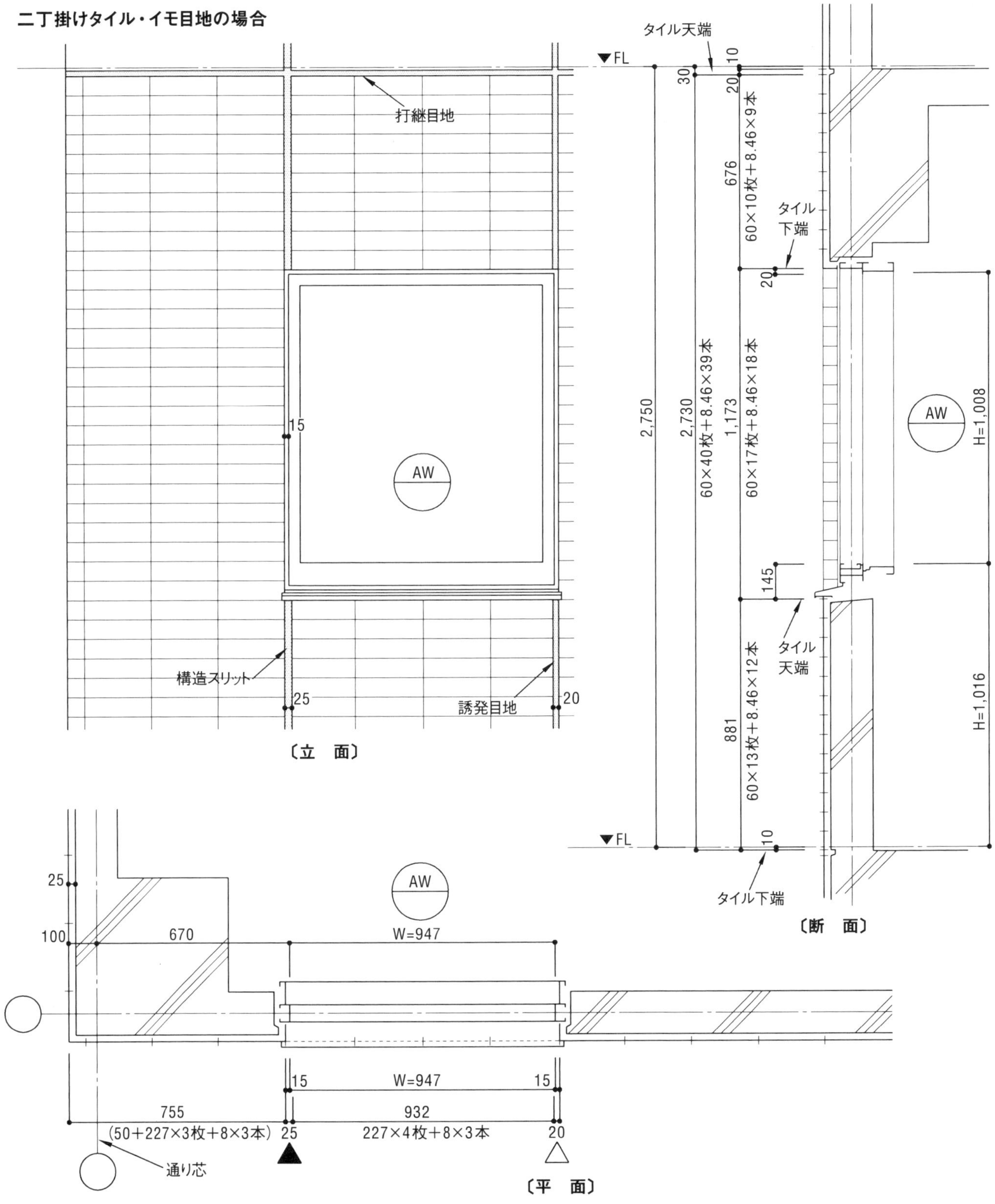

外壁がタイル張りの場合

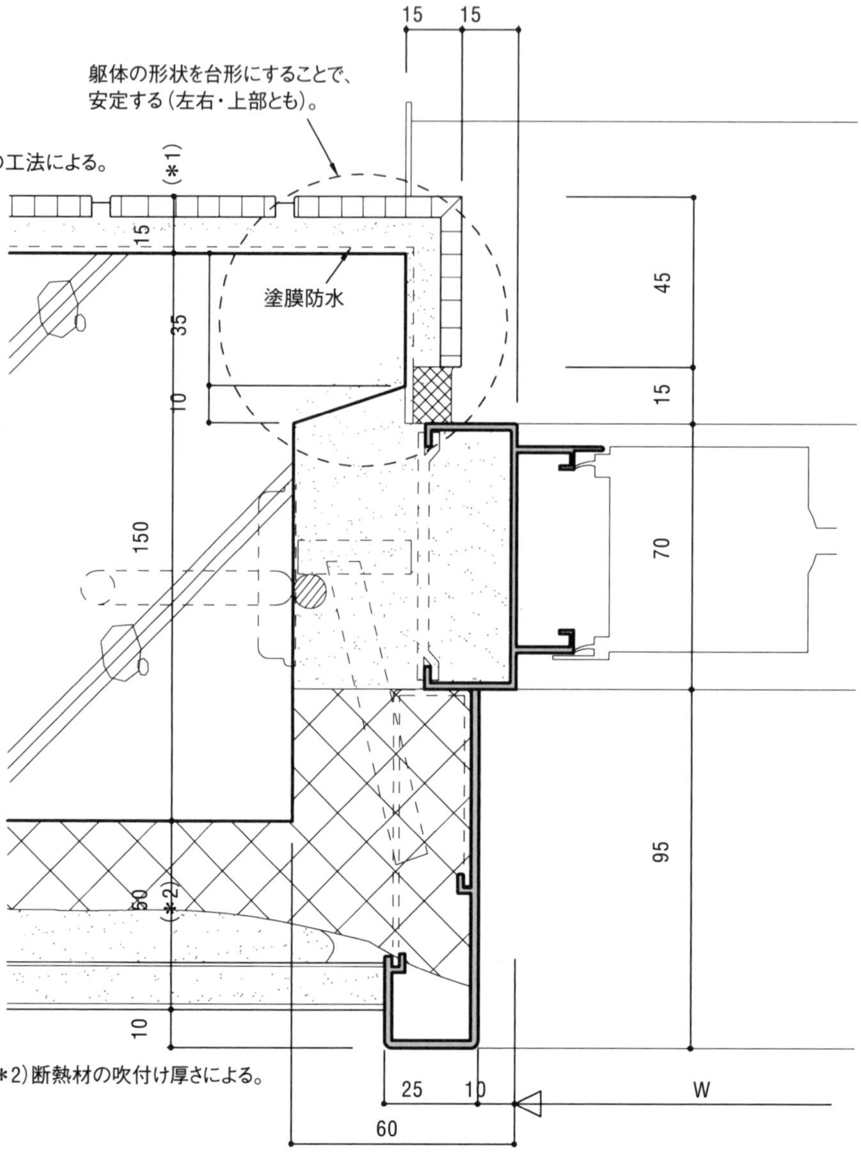

〔平　面〕

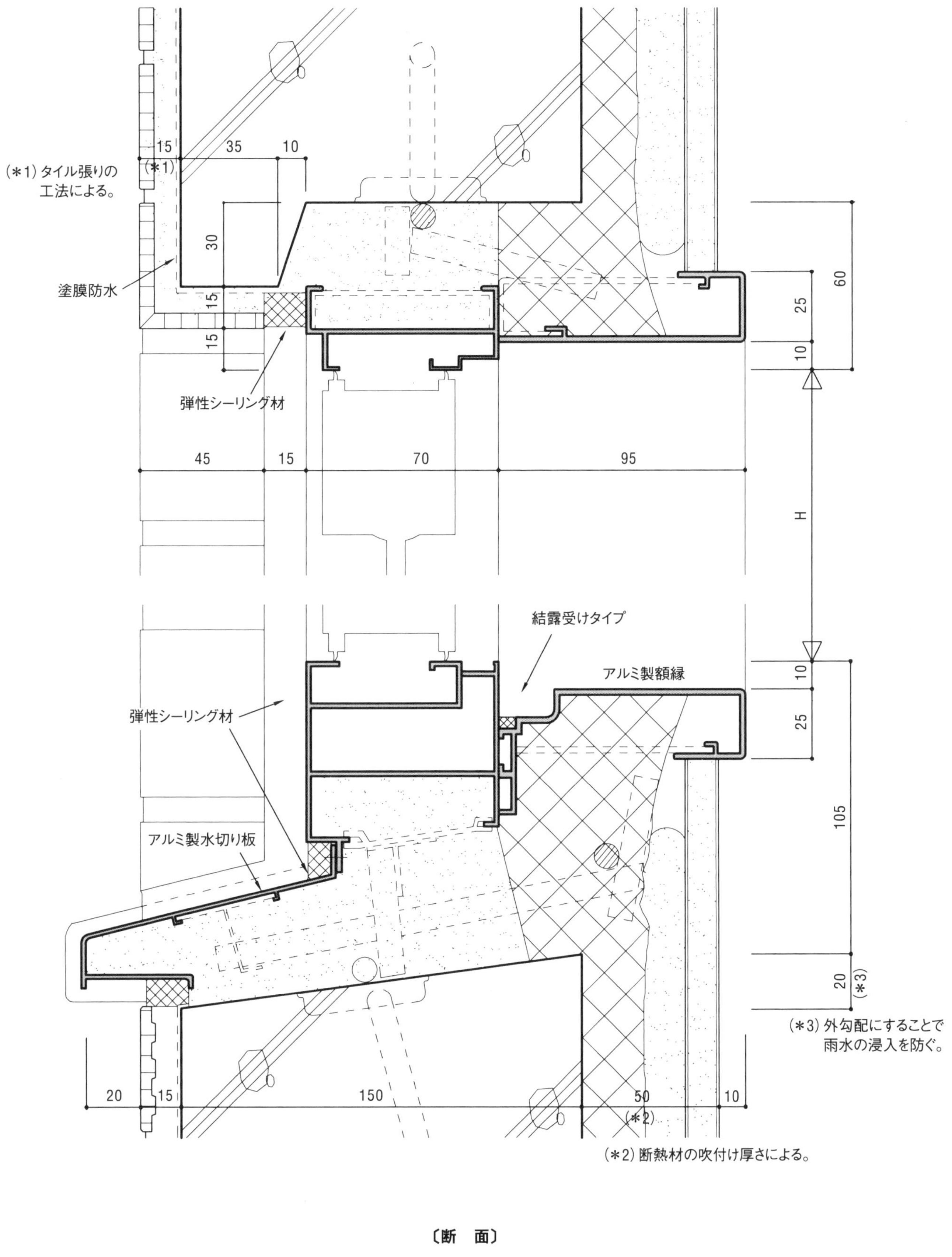
15
35
10
(＊1)
(＊1) タイル張りの
工法による。
30
塗膜防水
15
15
弾性シーリング材
45
15
70
95
60
25
10
H
結露受けタイプ
アルミ製額縁
弾性シーリング材
10
25
105
アルミ製水切り板
20
(＊3)
(＊3) 外勾配にすることで
雨水の浸入を防ぐ。
20
15
150
50
(＊2)
10
(＊2) 断熱材の吹付け厚さによる。

〔断　面〕

水切り部分がタイル張りの場合

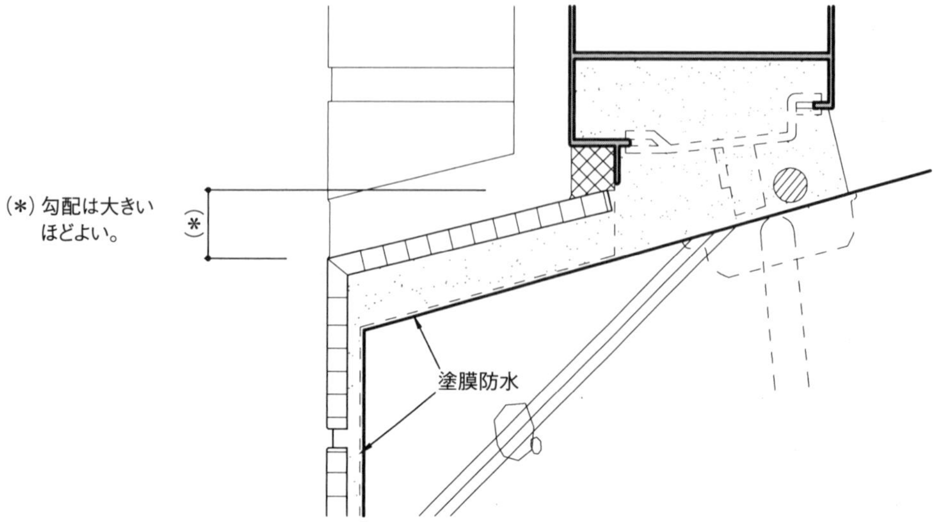

〔断　面〕

【参　考】

躯体開口部の参考として、細部寸法や建具の内法寸法（サッシのチリ・躯体の逃げ寸法等）について、共通事項をまとめておき、凡例として躯体図の中に表示しておくとよい。

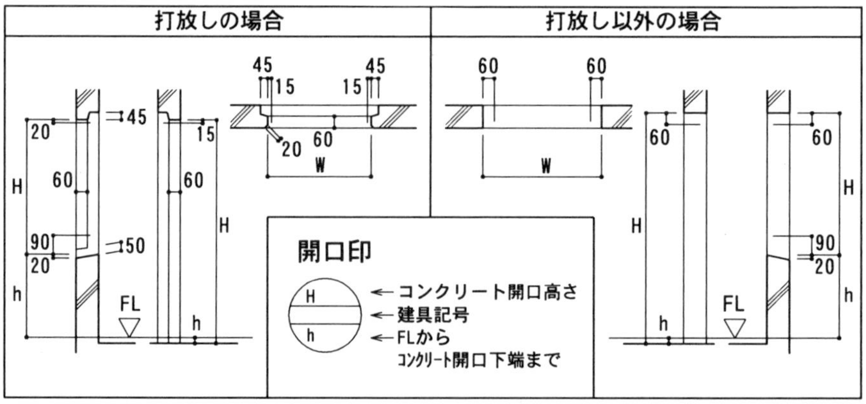

◆No.2（シャッターガイドレール・シャッターケース）

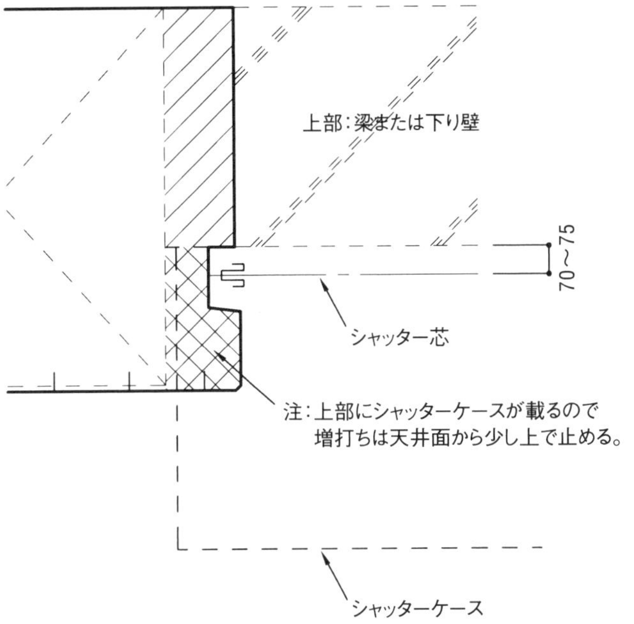
上部：梁または下り壁
70〜75
シャッター芯
注：上部にシャッターケースが載るので
増打ちは天井面から少し上で止める。
シャッターケース

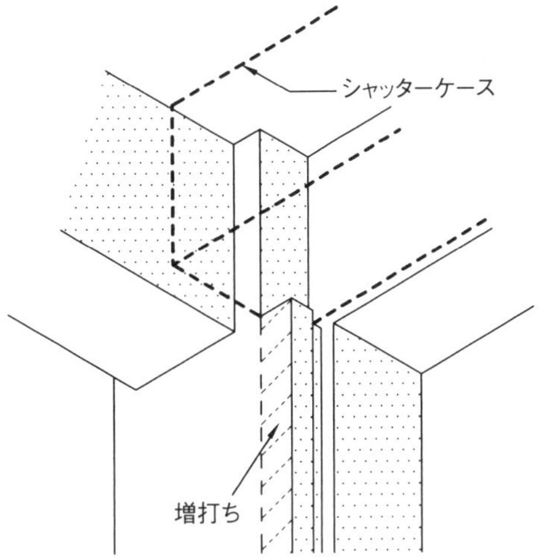
シャッターケース
増打ち

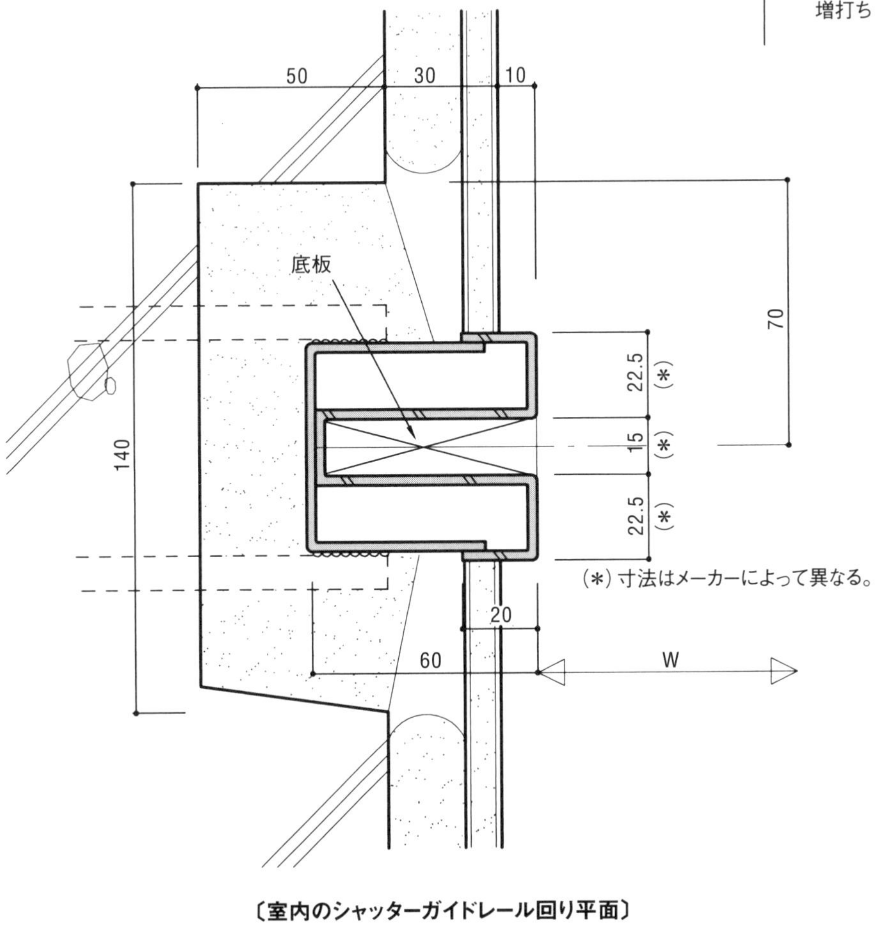
50
30
10
底板
70
22.5
(＊)
15
(＊)
22.5
(＊)
140
(＊)寸法はメーカーによって異なる。
20
60
W

〔室内のシャッターガイドレール回り平面〕

◆No.3（ドア回り）

事務室などの一般的な壁仕上げの場合

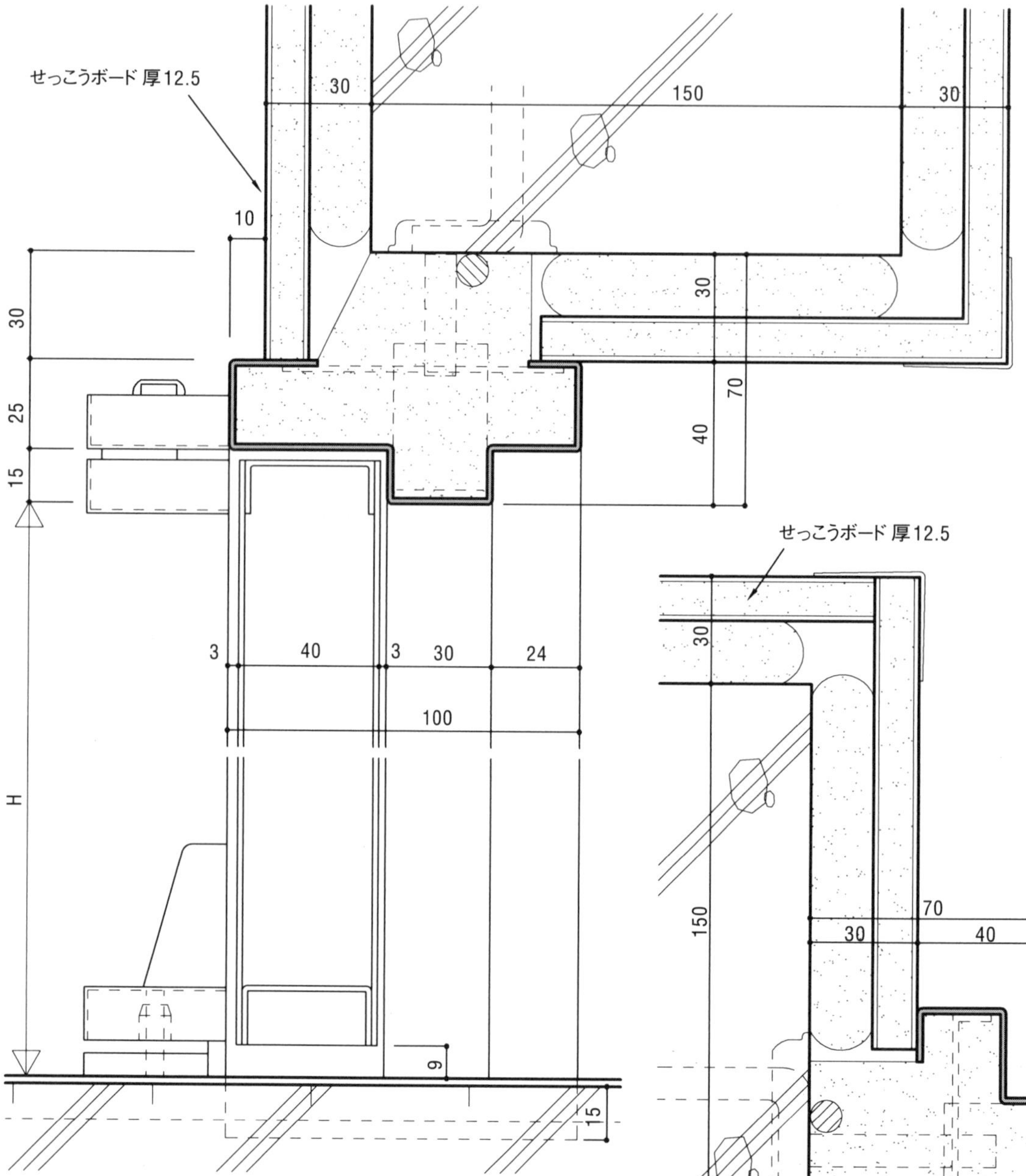

〔断　面〕

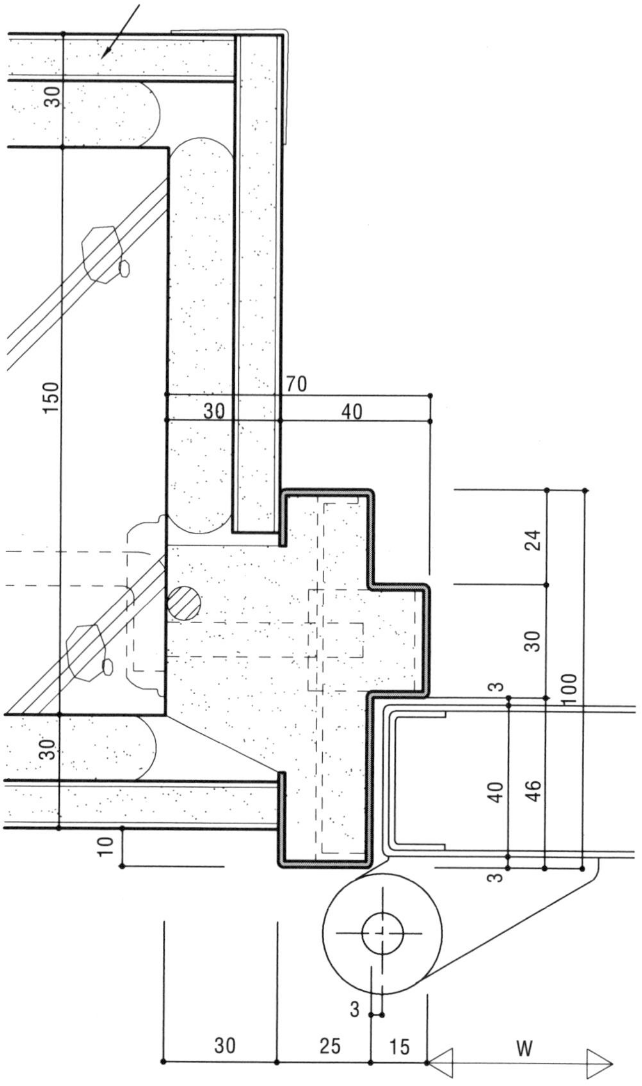

〔平　面〕

【大枠の場合】

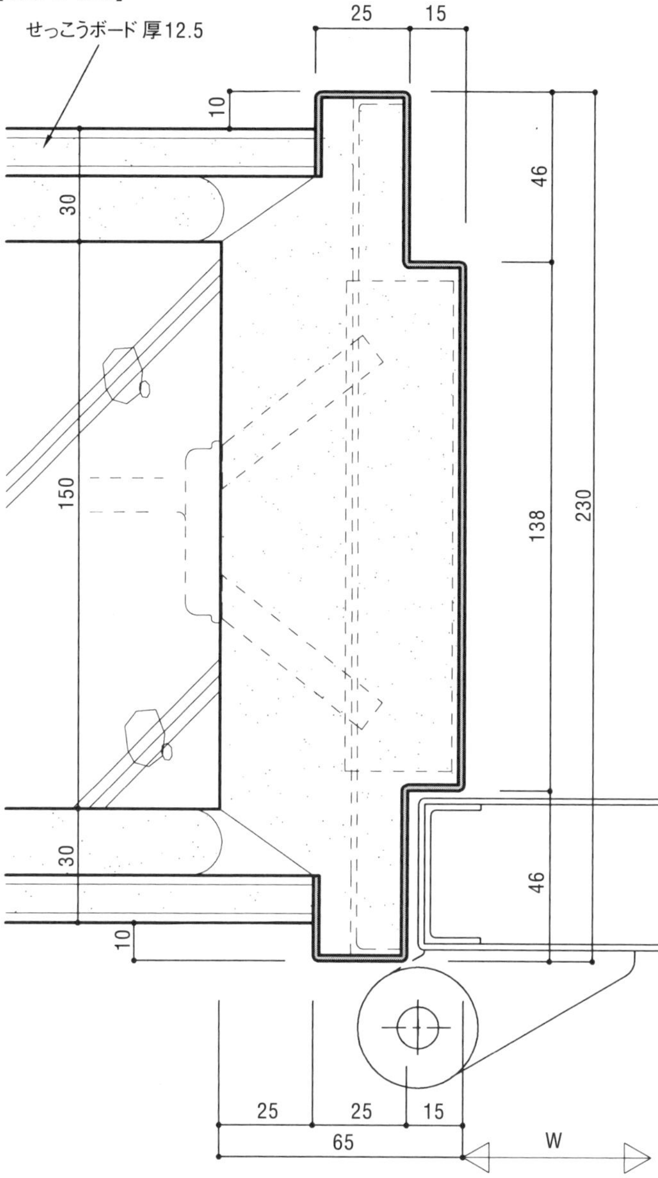

大枠とは、壁幅全体を一つの枠とする場合をいう。

【額縁付きの場合】

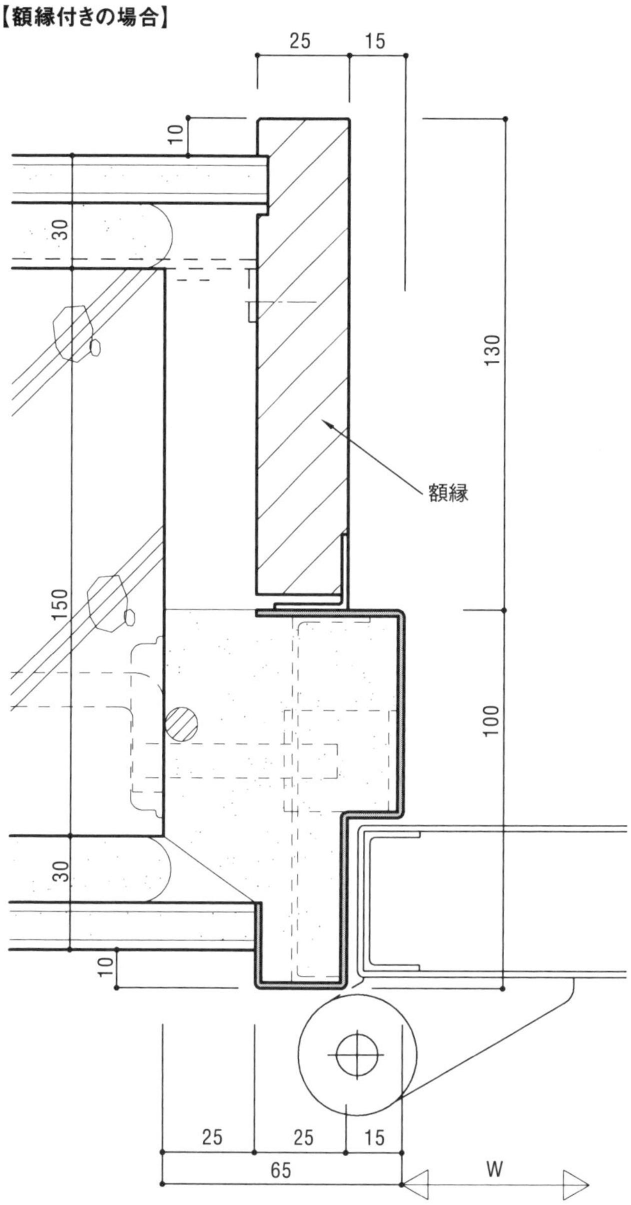

【縦枠を床にのみ込ませない場合】

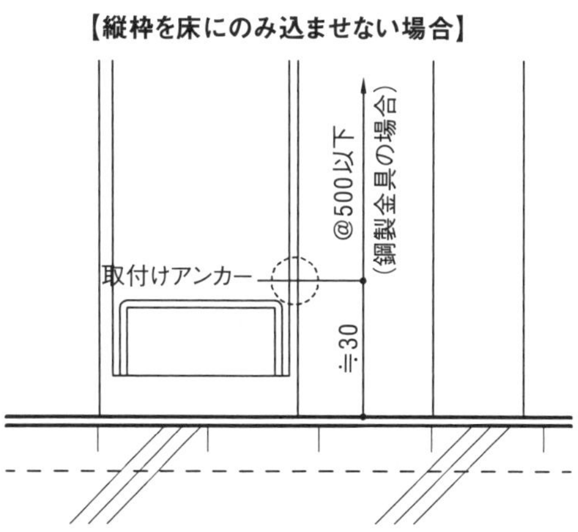
@500以下
(鋼製金具の場合)
取付けアンカー
≒30

この場合、ドアの吊り元側の固定が重要であり、縦枠の取付けアンカーの最下部は、床上30mm程度とする。

【縦枠を床にのみ込ませる場合】

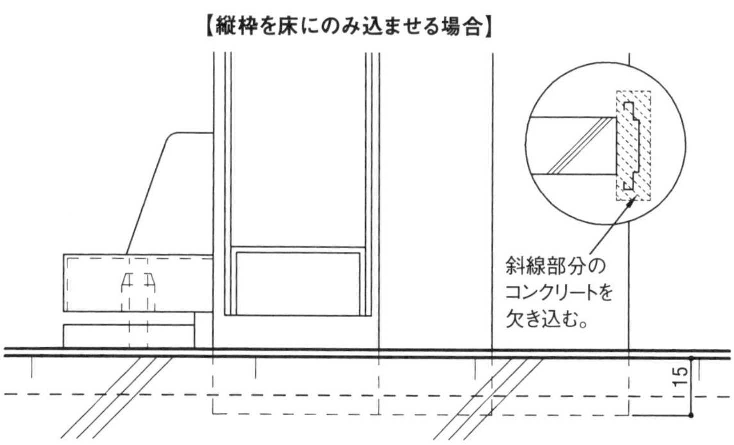
斜線部分の
コンクリートを
欠き込む。
15

スラブのフカシ寸法に注意する。
なお、コンクリートの打設後に、枠の形状に合わせて欠込む場合もある。

◆No.4（ドア回り）

内壁で両面の仕上げが異なる場合

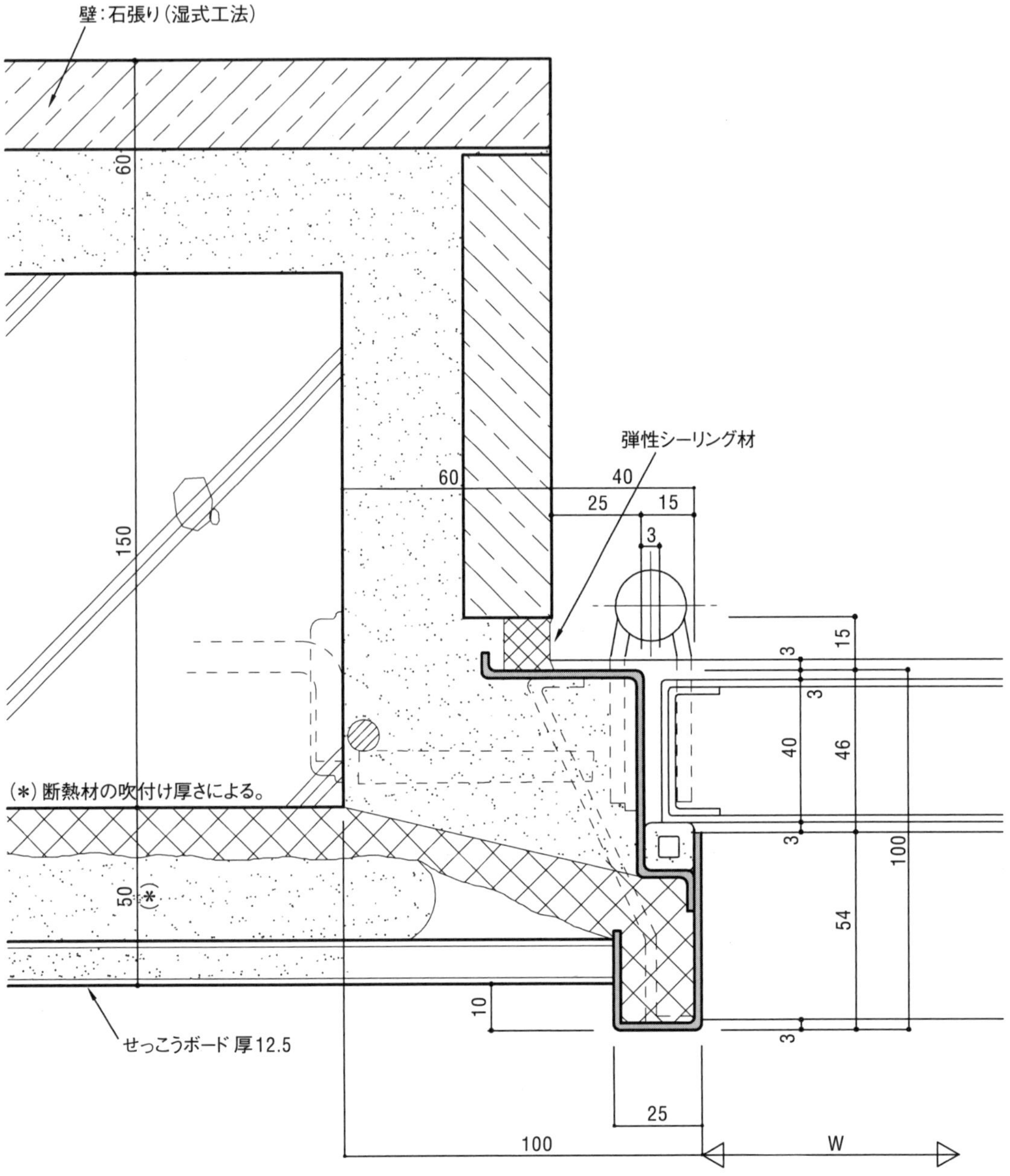

〔平　面〕

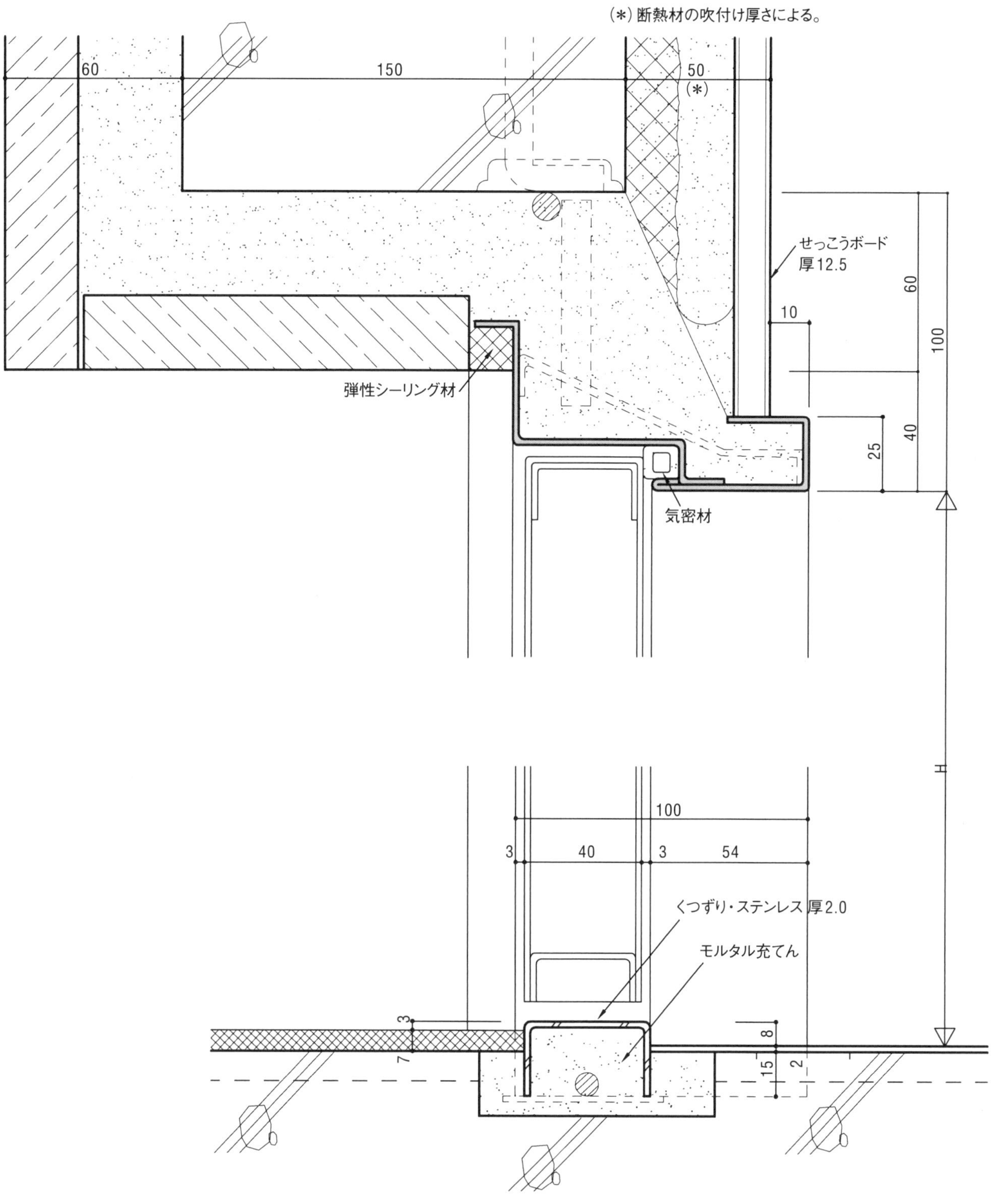
(*) 断熱材の吹付け厚さによる。
60
150
50
(*)
せっこうボード
厚12.5
10
60
100
40
25
弾性シーリング材
気密材
H
100
3
40
3
54
くつずり・ステンレス 厚2.0
モルタル充てん
3
7
8
15
2

〔断　面〕

◆No.5（ドア回り）

内外の壁仕上げが異なる場合

内壁が石張り（湿式工法）で外壁がコンクリート打放しの場合

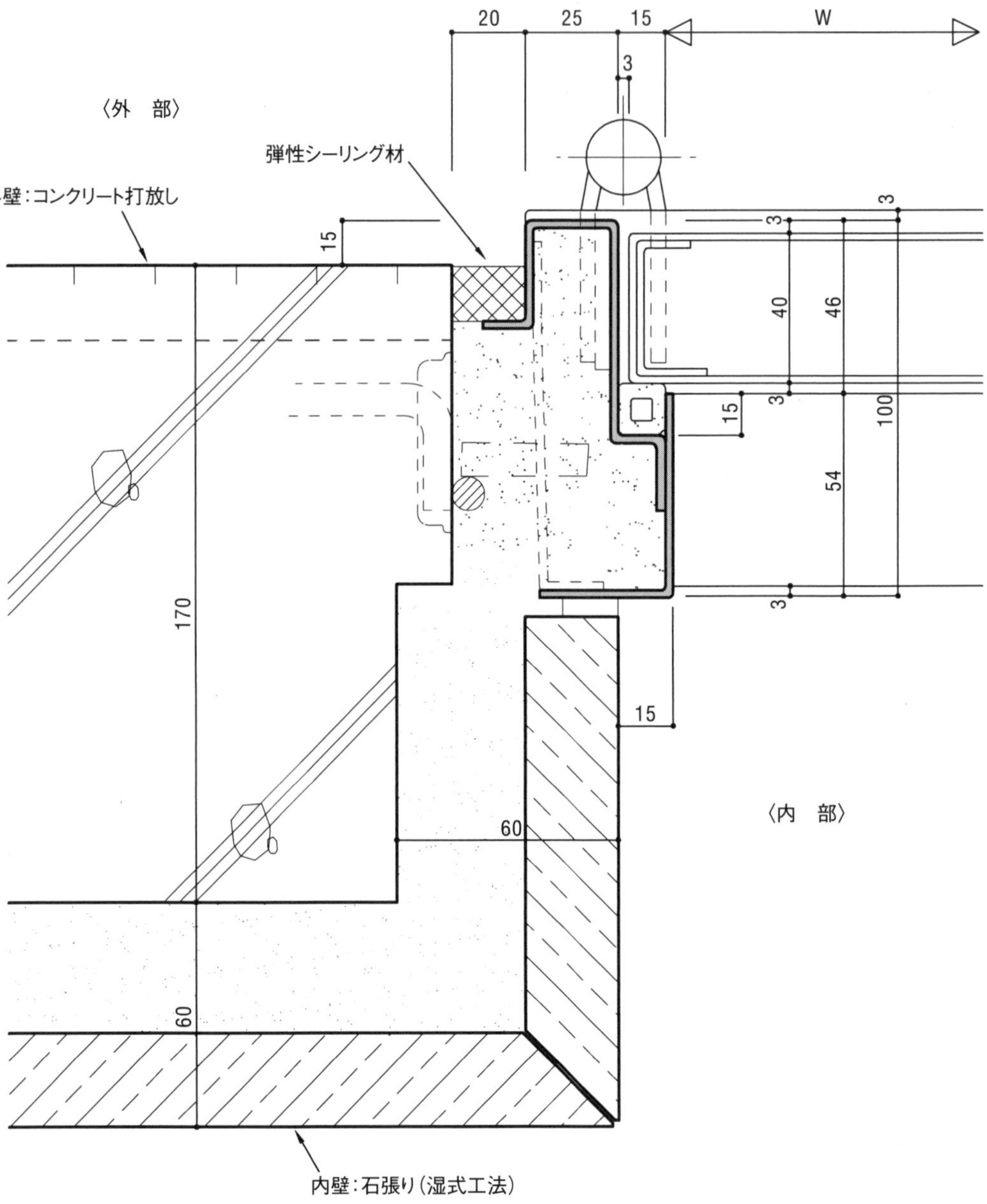

〔平　面〕

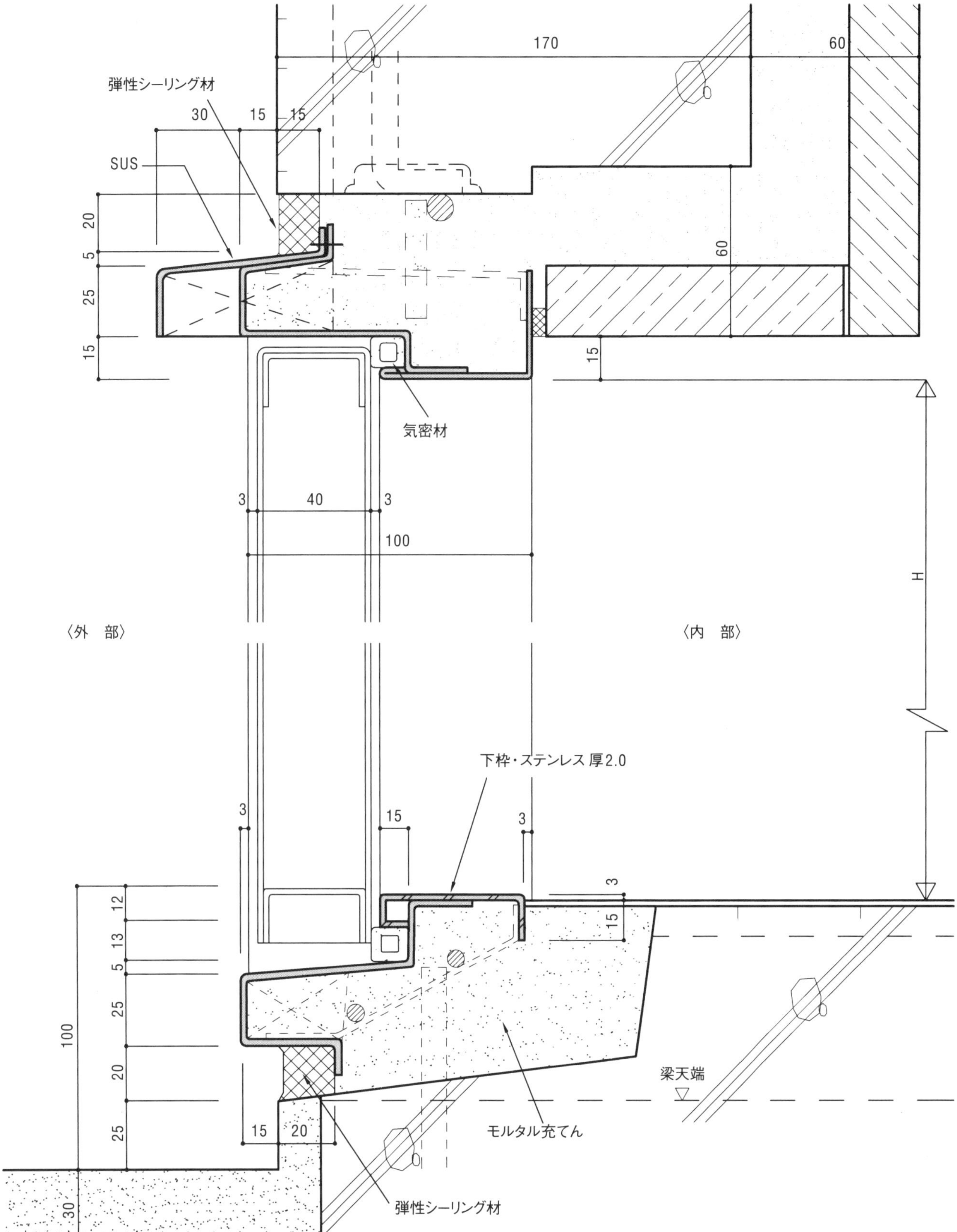
弾性シーリング材
SUS
気密材
〈外　部〉
〈内　部〉
下枠・ステンレス 厚2.0
梁天端
モルタル充てん
弾性シーリング材
170
60
30
15
15
20
5
25
15
60
15
3
40
3
100
H
3
15
3
3
15
12
13
5
25
100
20
25
15
20
30

〔断　面〕

◆No.6（防火扉ー常時開）

どの枠も固定アンカーの溶接が確実にできるように、躯体の形状および寸法を決める。

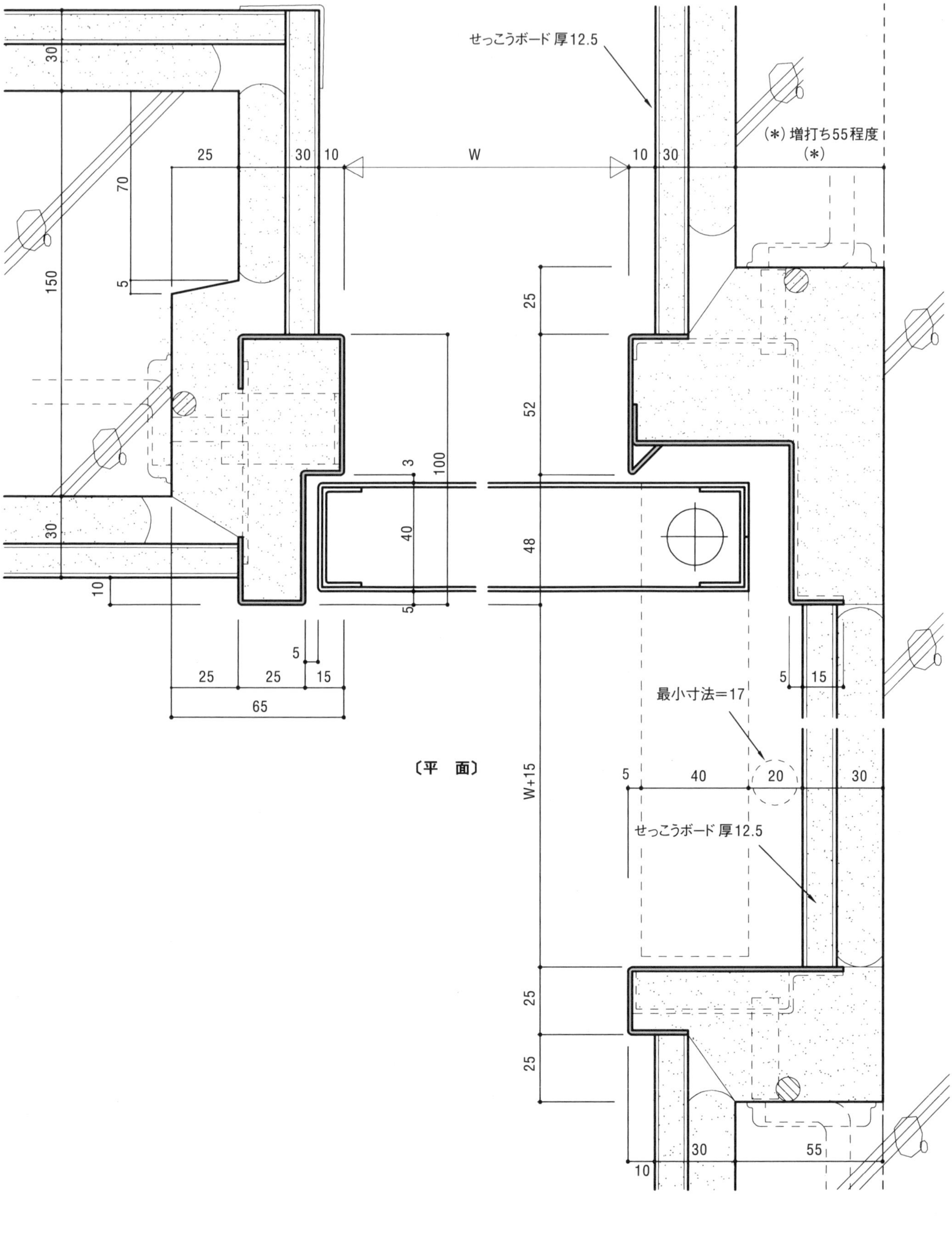

〔平　面〕

【出入口部分断面】　　　　**【戸袋部分断面】**

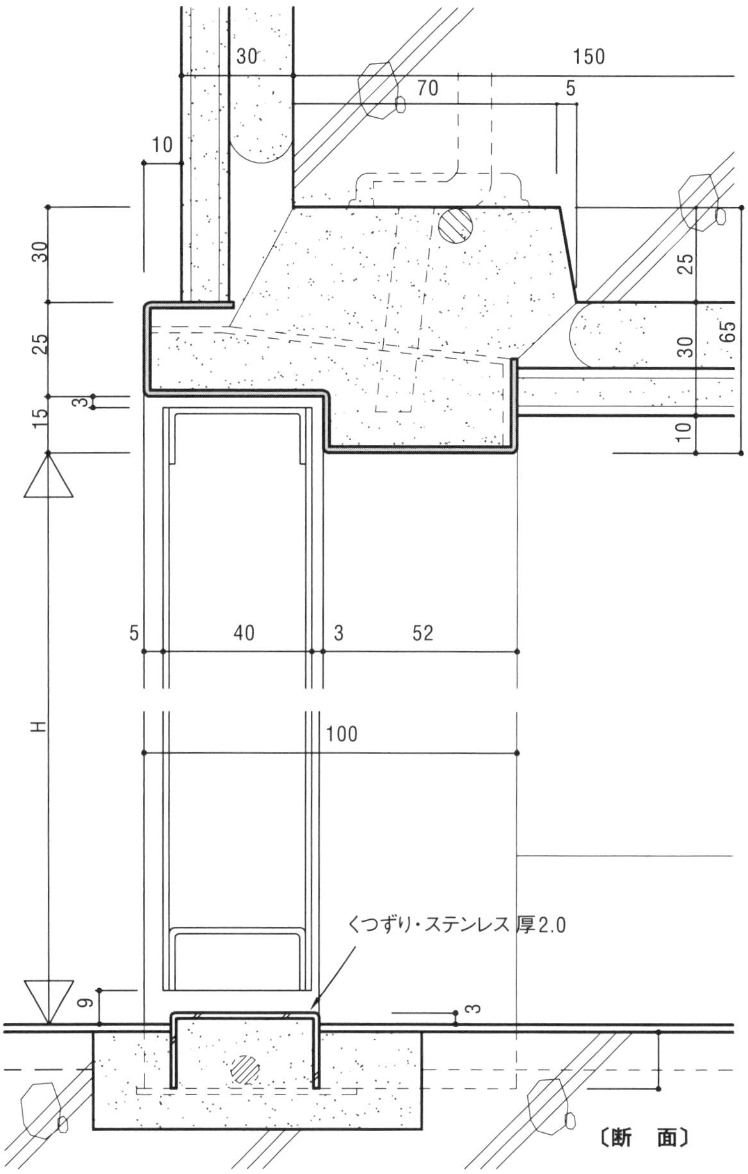

〔断　面〕

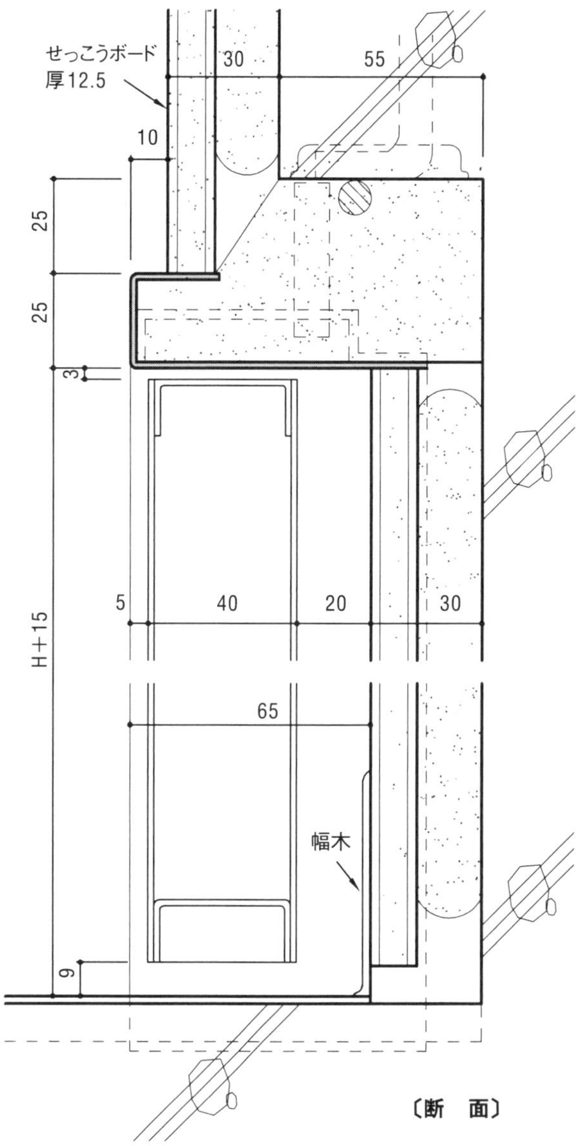

〔断　面〕

◆あと付けのくつずりの例

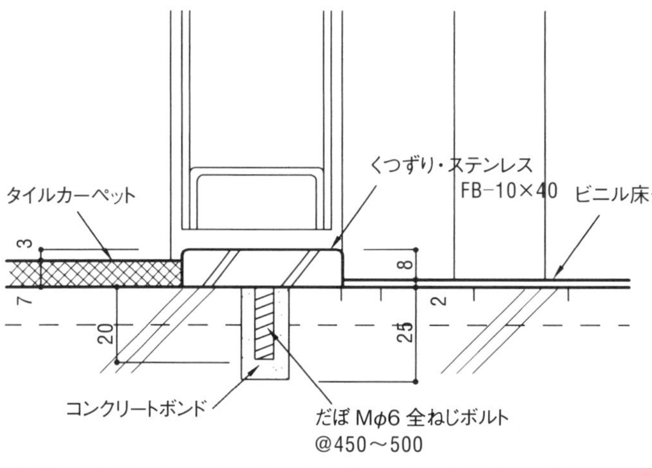
くつずり・ステンレス
FB−10×40
タイルカーペット
ビニル床タイル
3
8
7
2
20
25
コンクリートボンド
だぼ Mφ6 全ねじボルト
@450～500

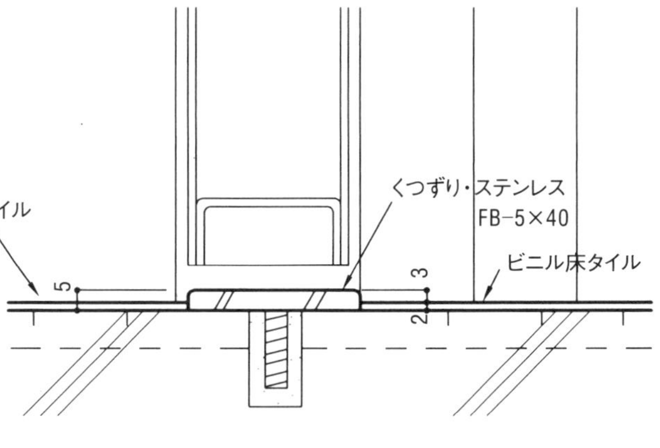
くつずり・ステンレス
FB−5×40
ビニル床タイル
5
3
2

◆No.7（エレベータシャフト寸法の決め方）

（＊1）A寸法が200以上の場合は、B＝1.8m以上必要。
不足している場合は、機械室面積として認められない。

（＊2）機械室の有効高さは、エレベータの速度によって決められている。

（＊3）頂部隙間（トップクリアランス）は、エレベータの速度によって決められている。

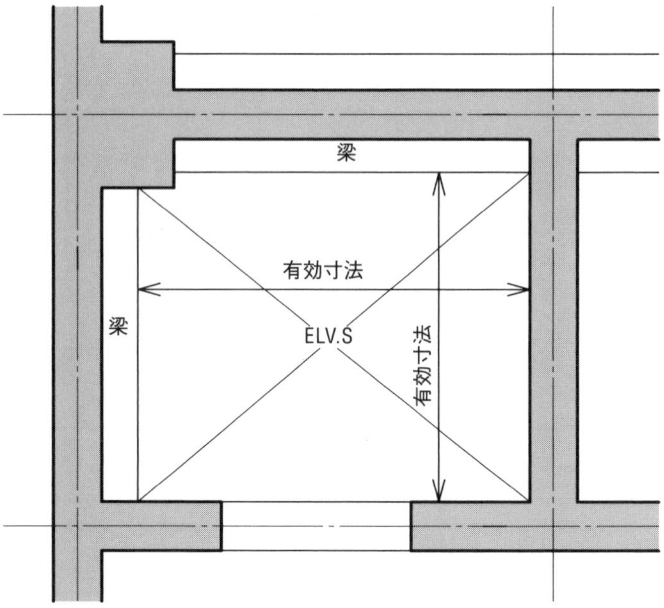

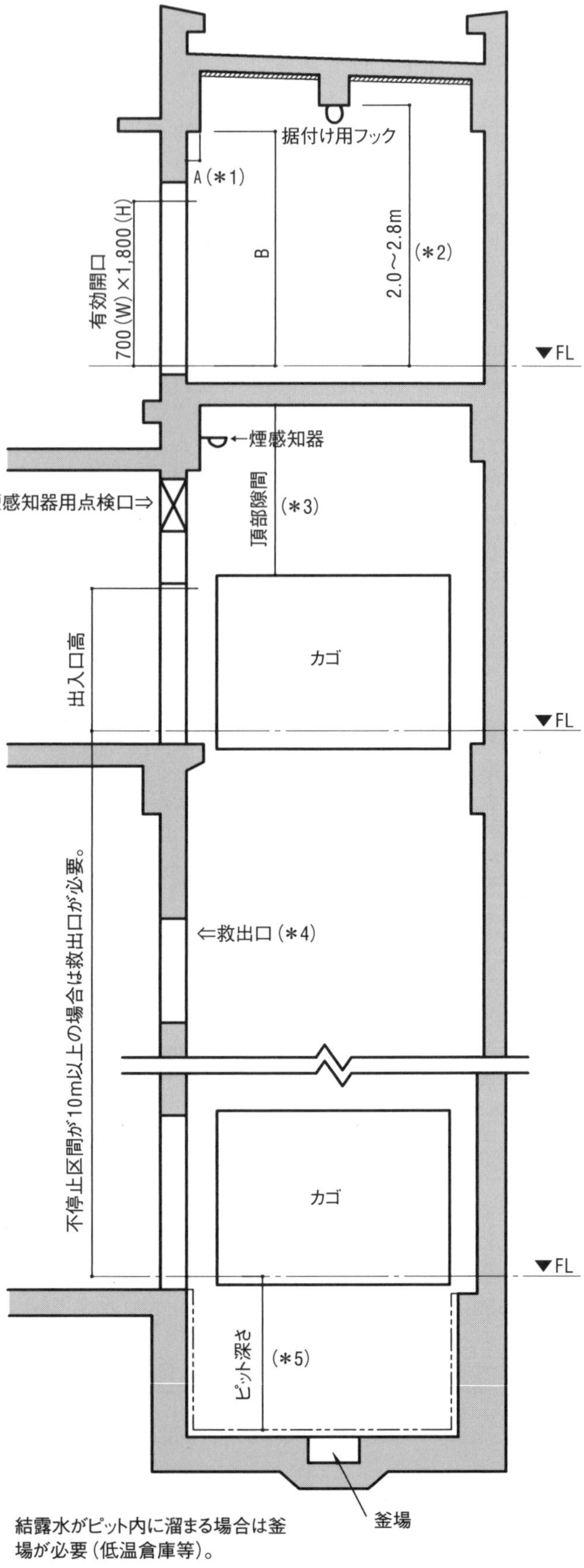

（＊4）救出口の大きさは、開口0.75m以上、高さ1.2m以上とする。
注：救出口とは、正規の出入口を設けない階で、カゴ内の乗客を救出するために設ける開口部のこと。

（＊5）ピット深さは速度によって決められている（メーカー基準による）。

結露水がピット内に溜まる場合は釜場が必要（低温倉庫等）。

◆No.8（エレベータ三方枠回り）

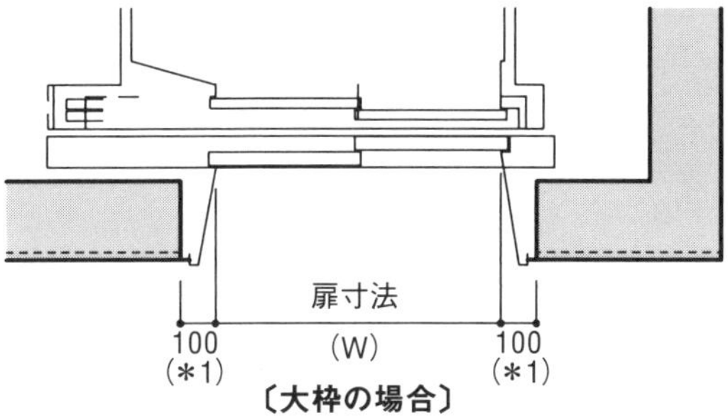

〔大枠の場合〕

（＊1）逃げ寸法はメーカーによって異なる。

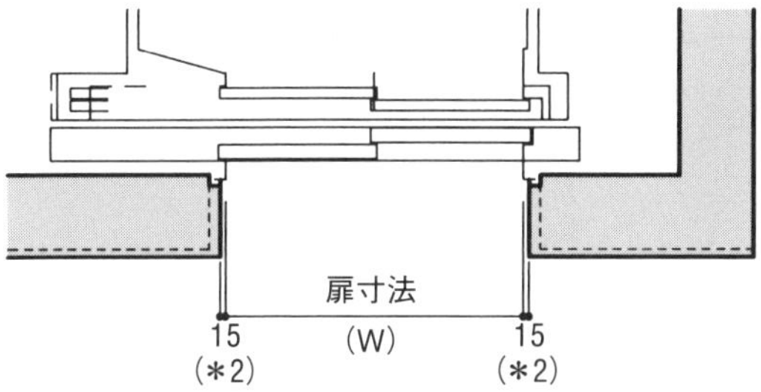

〔小枠の場合〕

（＊2）チリ寸法は設計図による。

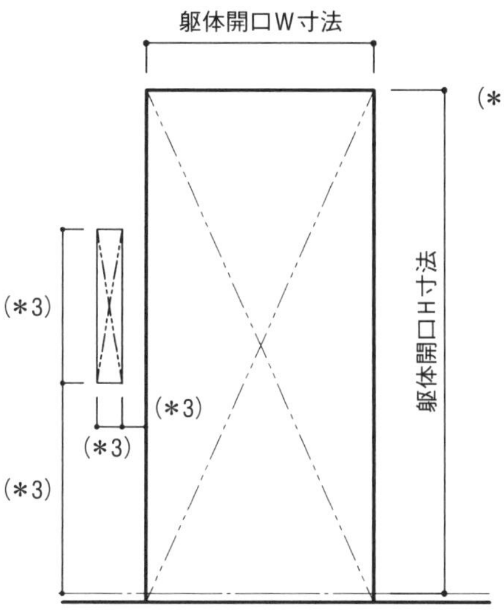

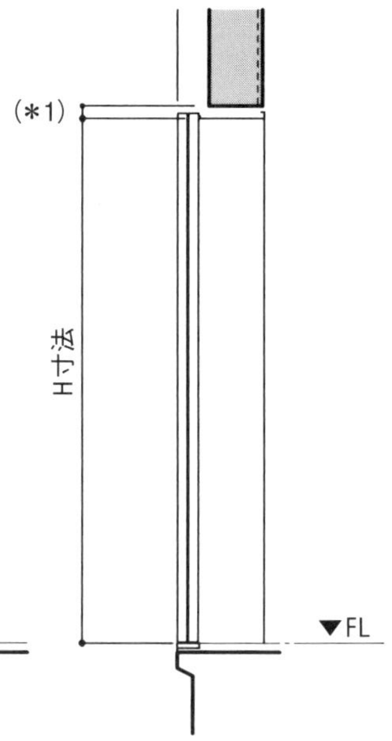

（＊3）スイッチボックスの開口寸法。

◆No.9（アウトレットボックス）

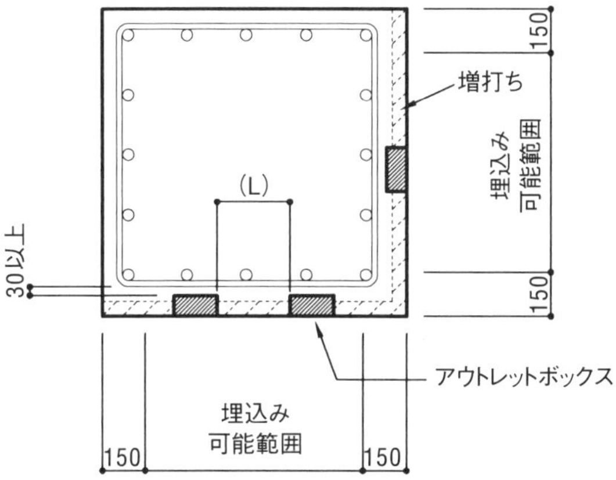

注1：柱には原則として、ボックスや配管類は埋め込まない。
　止むを得ない場合は、ボックス裏における鉄筋のかぶり厚を30mm以上確保するように、躯体を増打ちする。
2：柱幅が600mm以下の場合、ボックスの埋込みは1個とする。
3：ボックス間のあき寸法（L）は、ボックスの高さおよび幅のうち、大きいほうの値以上とする。

◆No.10（配線ピット）

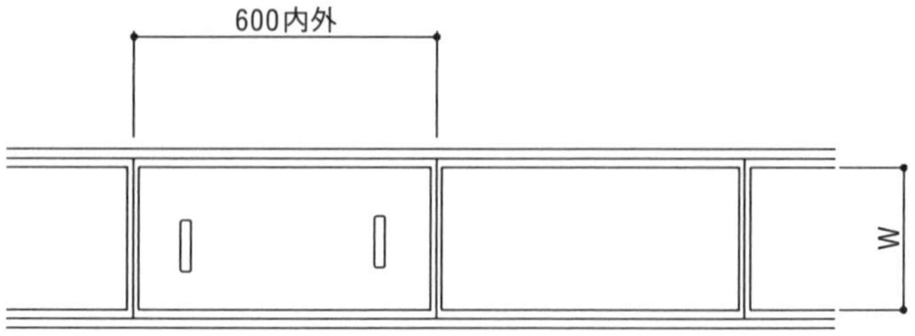

〔平　面〕

ピット枠打込みの場合

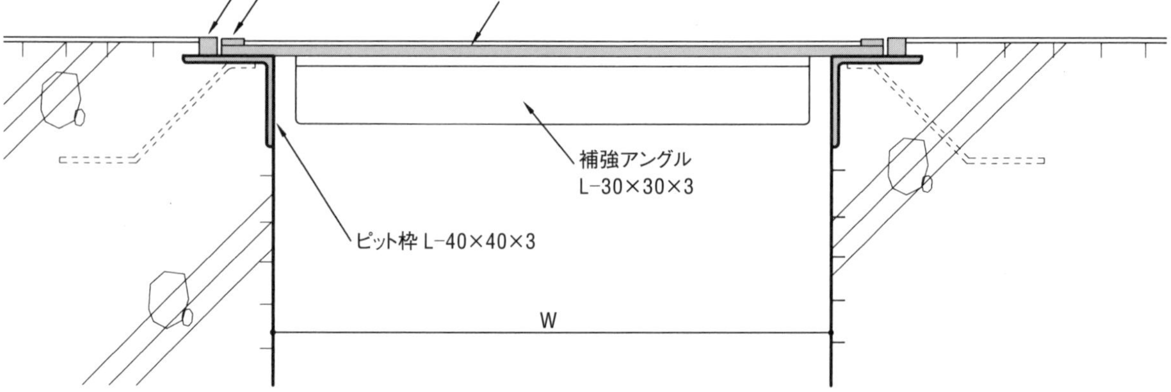
ピット縁・ステンレス 8×8
縁・ステンレス 3×10
ピット蓋・鋼板 厚4.5
補強アングル
L−30×30×3
ピット枠 L−40×40×3
W

注：ピット幅が450mm以上の場合、蓋のたわみを防ぐためにに補強アングルをL−50×30×3とする。

〔断　面〕

ピット枠後付けの場合

（*）の寸法は製品により決定する。

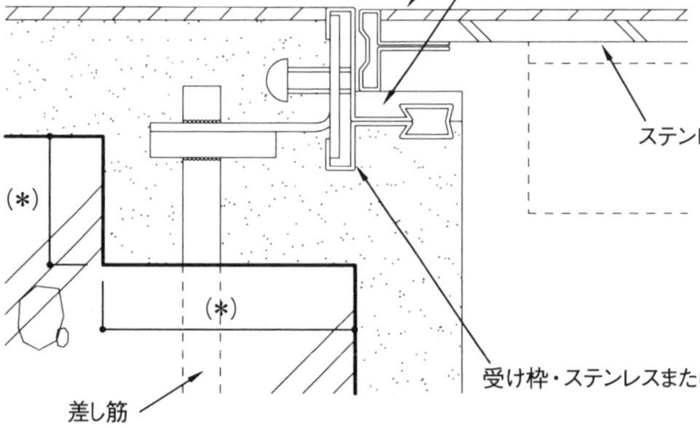
仕上げ材
クッション材
ステンレス鋼板 厚5
(*)
(*)
受け枠・ステンレスまたはアルミ
差し筋
φ9程度@500

◆No.11（境界石・犬走り）

（＊1）石の厚さを考慮して張り代を決める。

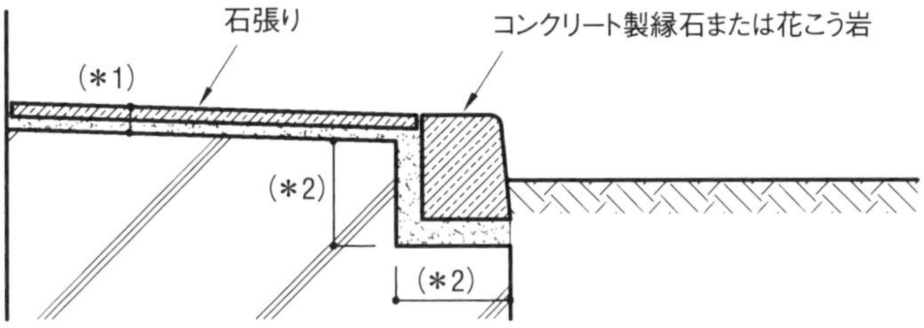

石張り
コンクリート製縁石または花こう岩
（＊1）
（＊2）
（＊2）

（＊2）コンクリート製縁石または花こう岩を用いる場合は、躯体を欠き込む。

◆No.12（靴ふきマット）

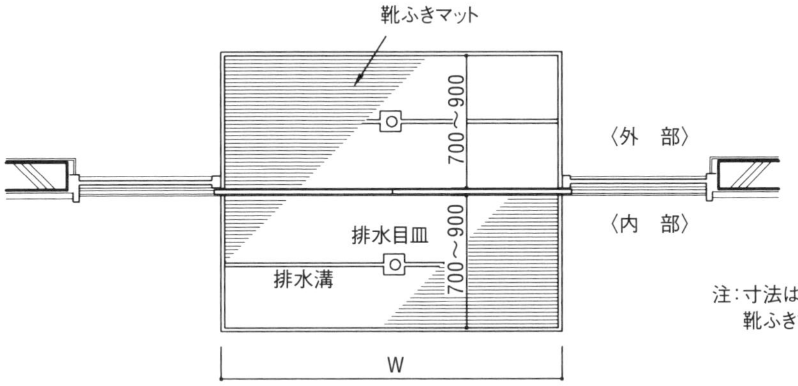

靴ふきマット
700～900
〈外　部〉
〈内　部〉
排水目皿
排水溝
700～900
W

〔平　面〕

注：寸法は床材の割付け寸法や開口幅等を考慮して決める。
　靴ふきマットには、塩ビ製・ゴム製などもある。

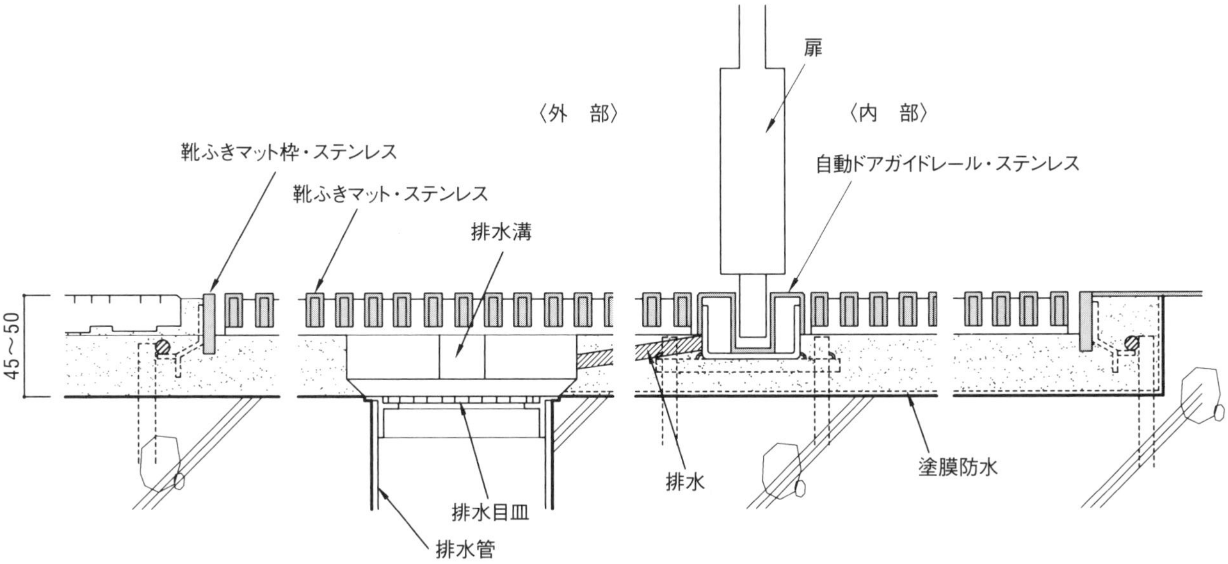

扉
〈外　部〉
〈内　部〉
靴ふきマット枠・ステンレス
自動ドアガイドレール・ステンレス
靴ふきマット・ステンレス
排水溝
45～50
排水
塗膜防水
排水目皿
排水管

〔断　面〕

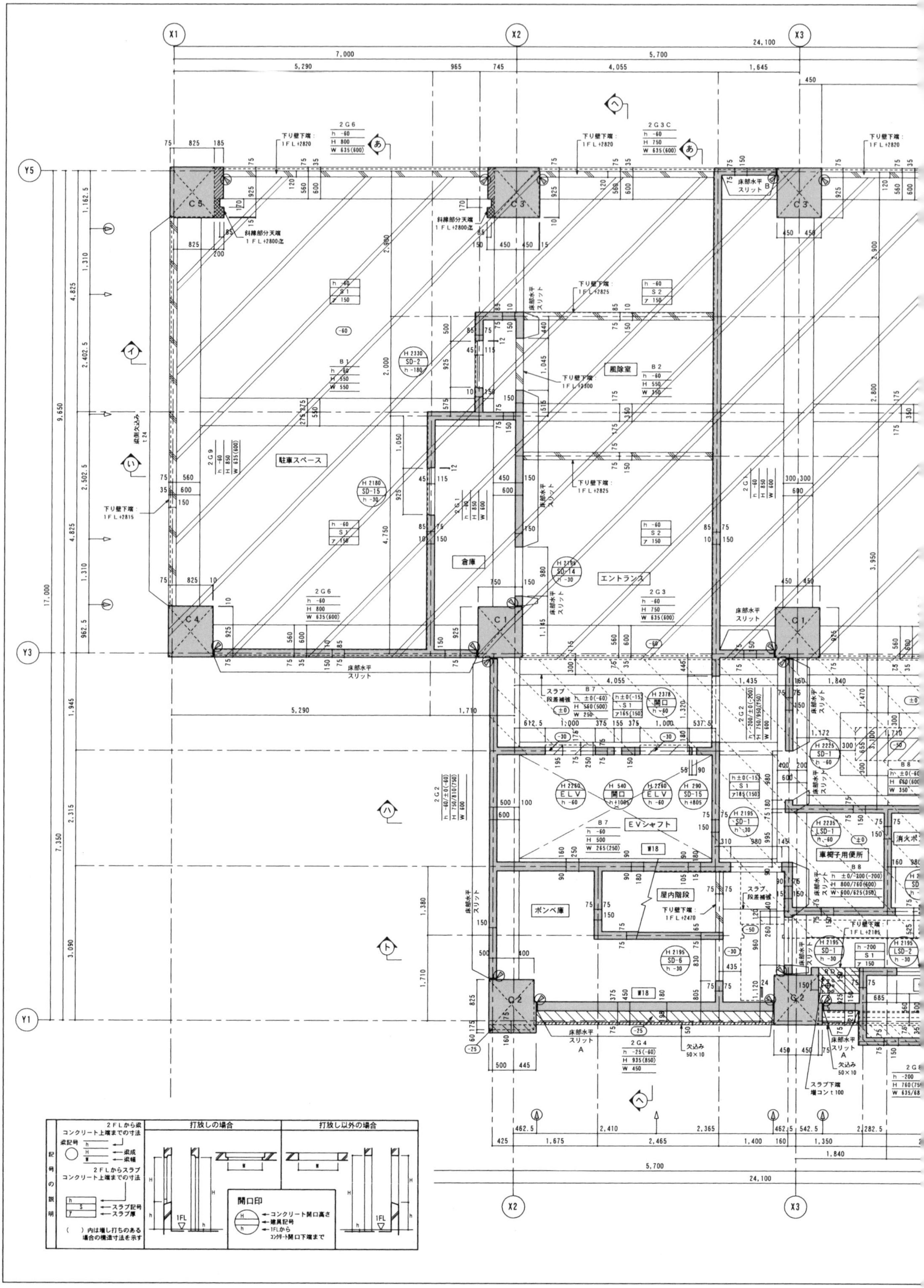
X1
X2
X3
Y5
Y3
Y1
駐車スペース
倉庫
風除室
エントランス
EVシャフト
屋内階段
ボンベ庫
車椅子用便所
床部水平スリット
下り壁下端：1FL+2820
打放しの場合
打放し以外の場合
梁記号
←梁成
←梁幅
←スラブ記号
←スラブ厚
2FLから梁コンクリート上端までの寸法
2FLからスラブコンクリート上端までの寸法
（　）内は増し打ちのある場合の構造寸法を示す
開口印
←コンクリート開口高さ
←建具記号
←1FLからコンクリート開口下端まで
記号の説明
24,100
5,700

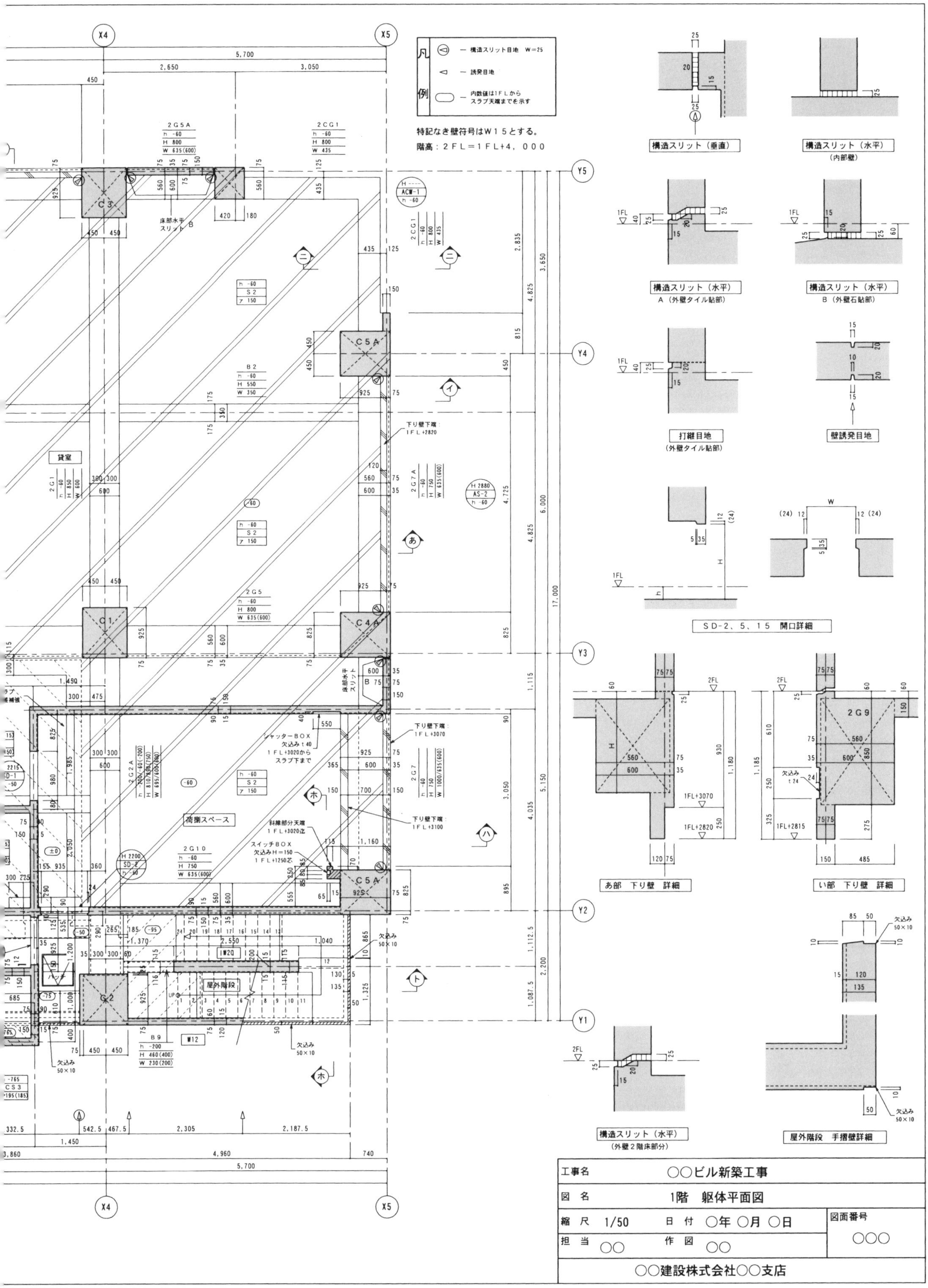

工事名	○○ビル新築工事		
図名	1階　躯体平面図		
縮尺 1/50	日付 ○年 ○月 ○日		図面番号 ○○○
担当 ○○	作図 ○○		
○○建設株式会社○○支店			

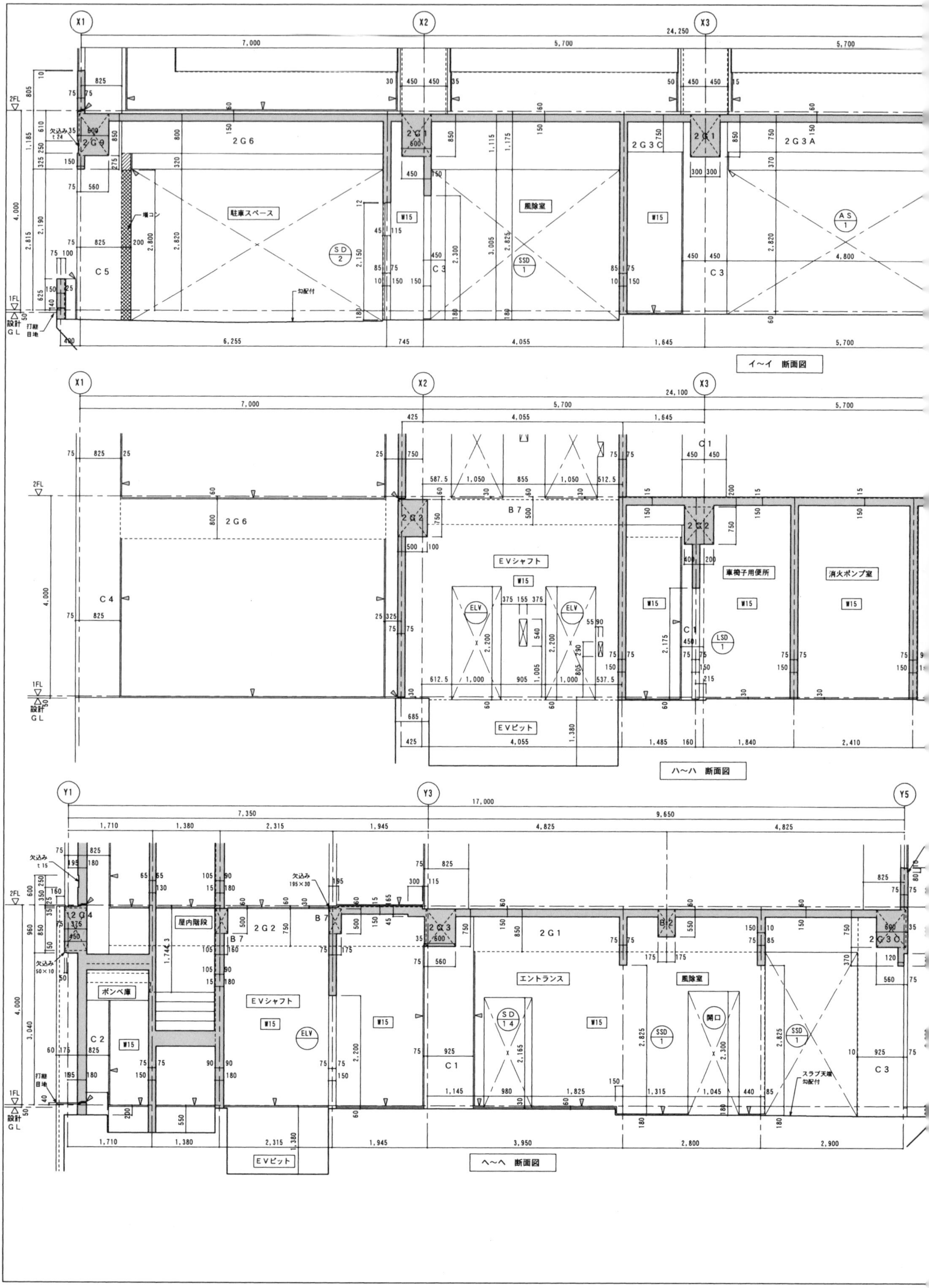
イ～イ 断面図
駐車スペース
風除室
ハ～ハ 断面図
EVシャフト
EVピット
車椅子用便所
消火ポンプ室
ヘ～ヘ 断面図
屋内階段
ボンベ庫
EVシャフト
エントランス
風除室
EVピット

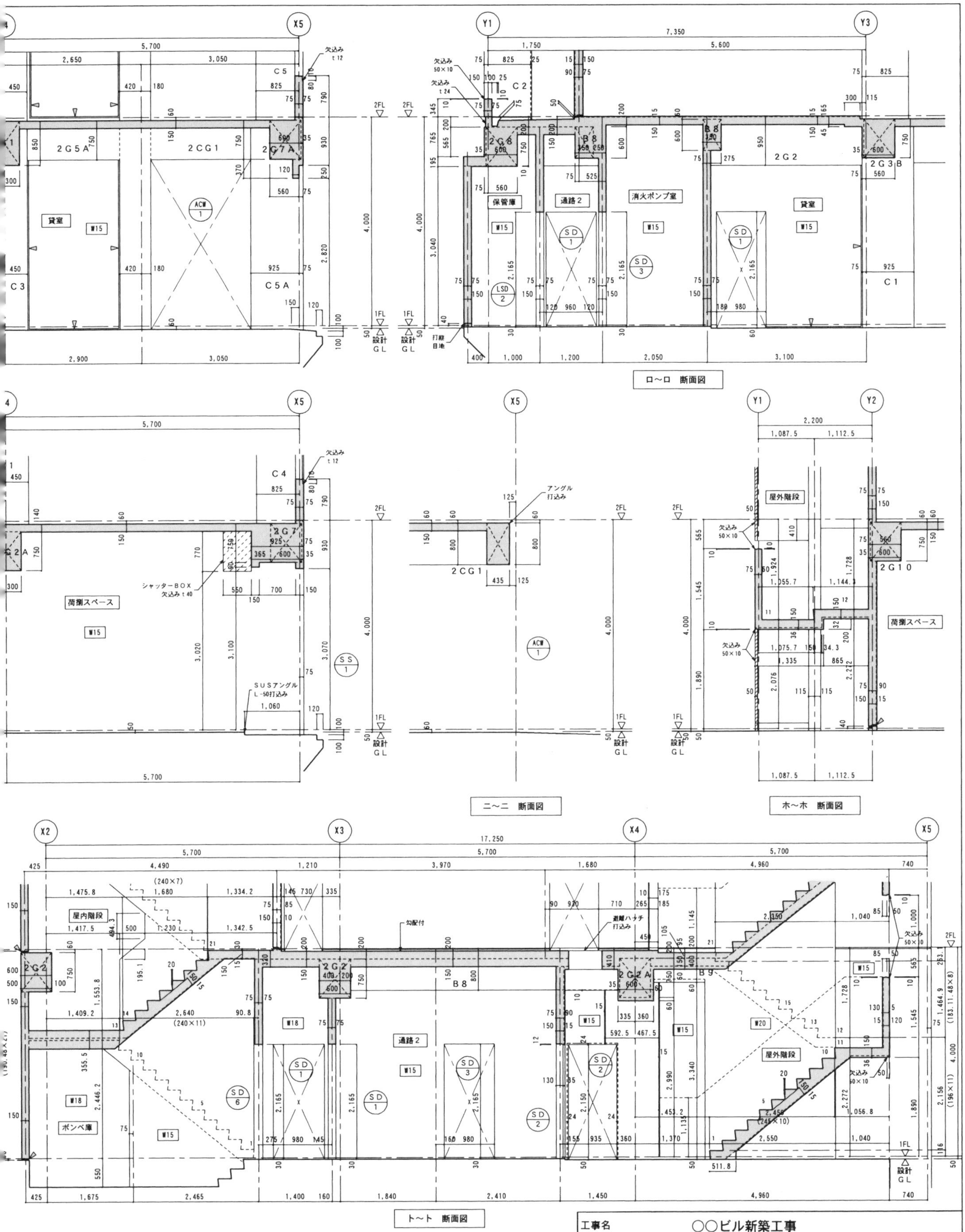

工事名	○○ビル新築工事		
図名	1階　躯体断面図		
縮尺 1/50	日付 ○年 ○月 ○日		図面番号 ○○○
担当 ○○	作図 ○○		
○○建設株式会社○○支店			

4 基準階躯体図作成のポイント

■設計図■

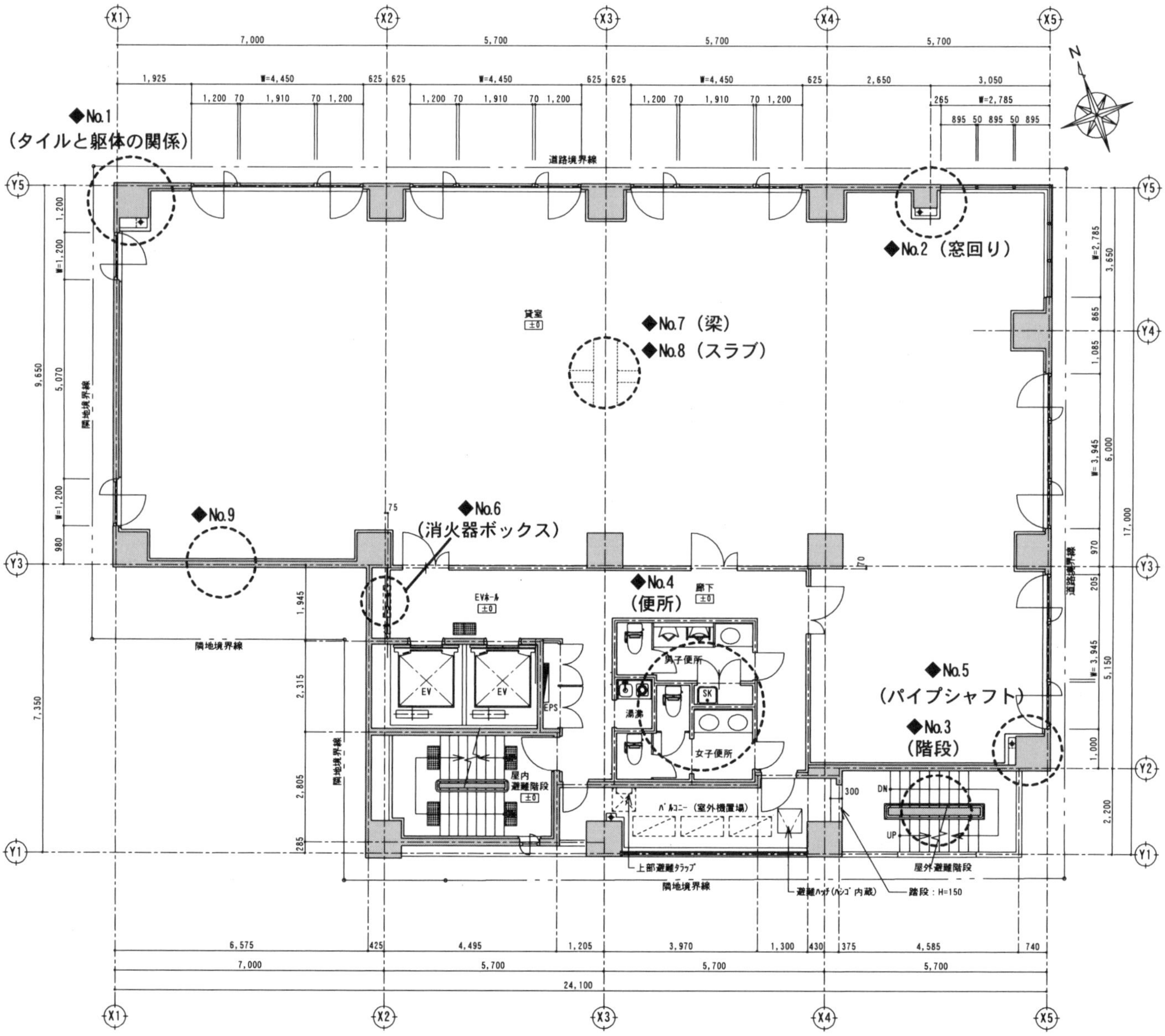

基準階 平面図

◆No.1（タイルと躯体の関係）

1階と同じ要領で躯体寸法を決定する。

◆No.2（窓回り）

1階と同じ要領で躯体寸法を決定する。

◆No.3（階段）

【法規上の制限】

有効寸法は、最も狭い場所で決定する。

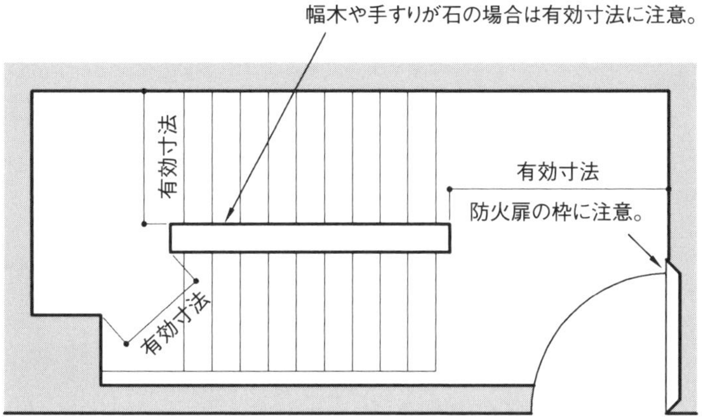

幅木や手すりが石の場合は有効寸法に注意。
有効寸法
有効寸法
防火扉の枠に注意。
有効寸法

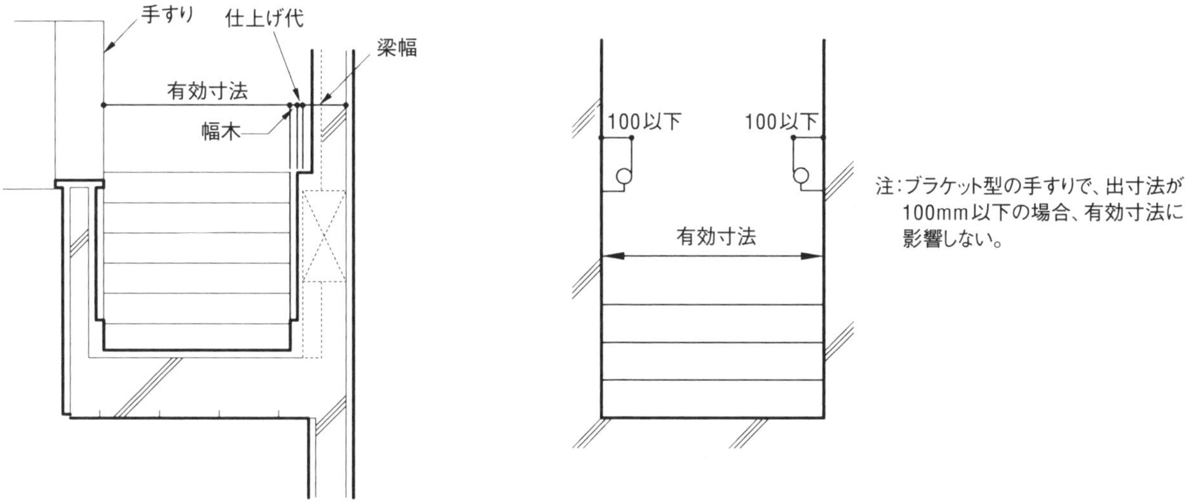

手すり
仕上げ代
梁幅
有効寸法
幅木
100以下
100以下
有効寸法
注：ブラケット型の手すりで、出寸法が100mm以下の場合、有効寸法に影響しない。

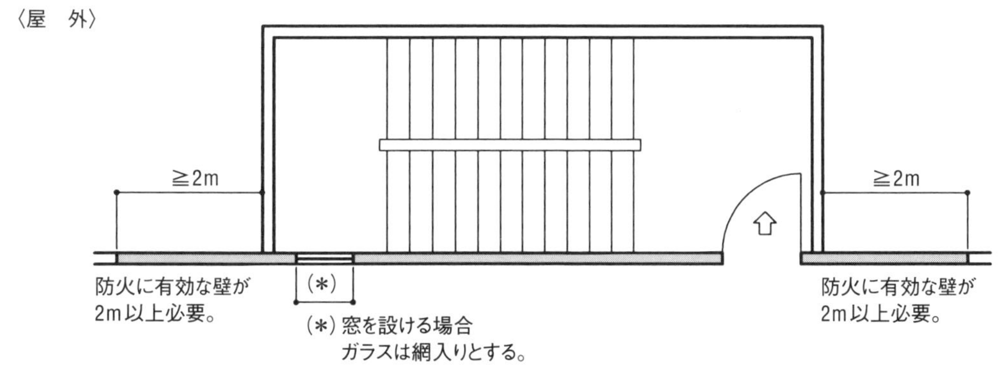

〈屋　外〉
≧2m
≧2m
(*)
防火に有効な壁が2m以上必要。
(*) 窓を設ける場合ガラスは網入りとする。
防火に有効な壁が2m以上必要。

4 基準階躯体図作成のポイント

【基本的なポイント】

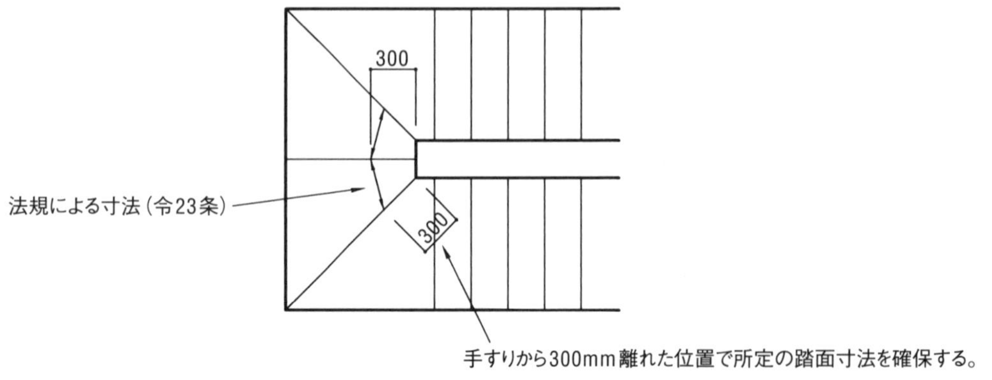

300
法規による寸法（令23条）
300
手すりから300mm離れた位置で所定の踏面寸法を確保する。

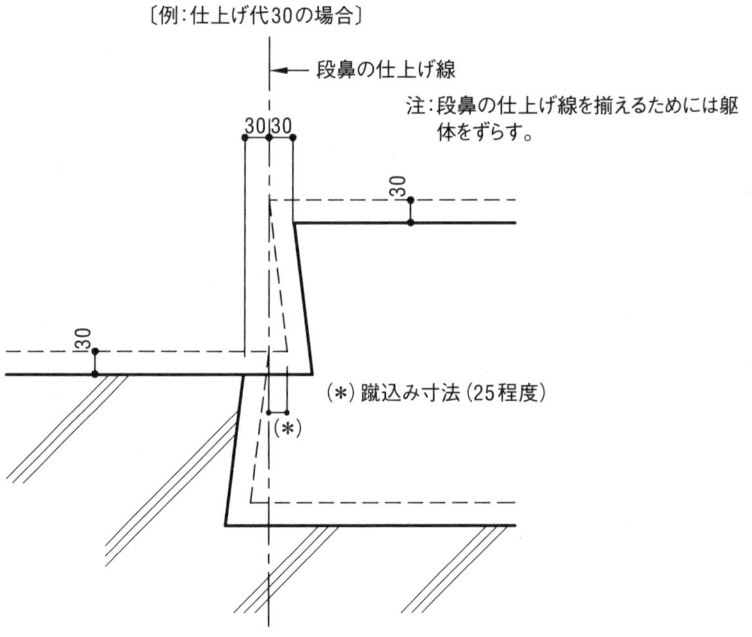

〔例：仕上げ代30の場合〕
段鼻の仕上げ線
注：段鼻の仕上げ線を揃えるためには躯体をずらす。
30
30
30
30
(＊) 蹴込み寸法（25程度）
(＊)

【構造上の制限】

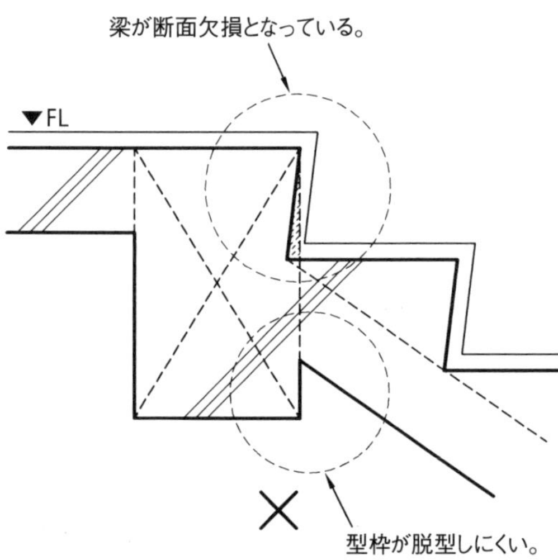

梁が断面欠損となっている。
▼FL
型枠が脱型しにくい。

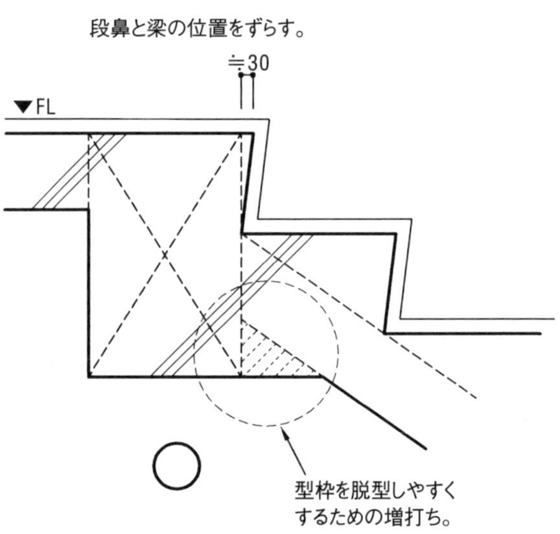

段鼻と梁の位置をずらす。
≒30
▼FL
型枠を脱型しやすくするための増打ち。

【使い勝手におけるポイント】

特に回り階段の場合、頭をぶつけるような寸法にならないよう、断面図で検討する必要がある。

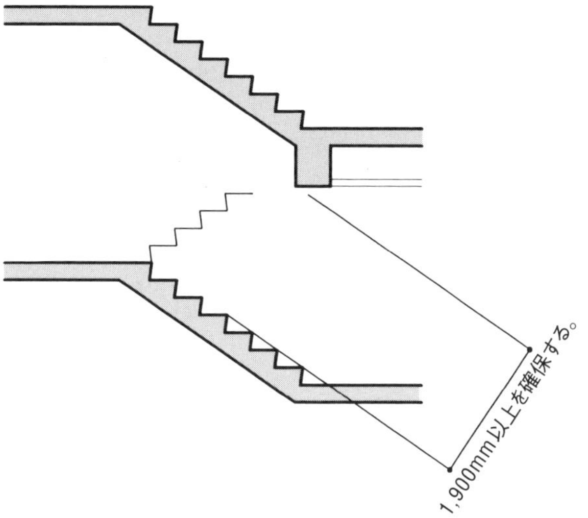
1,900mm以上を確保する。

【施工性を考慮したポイント】

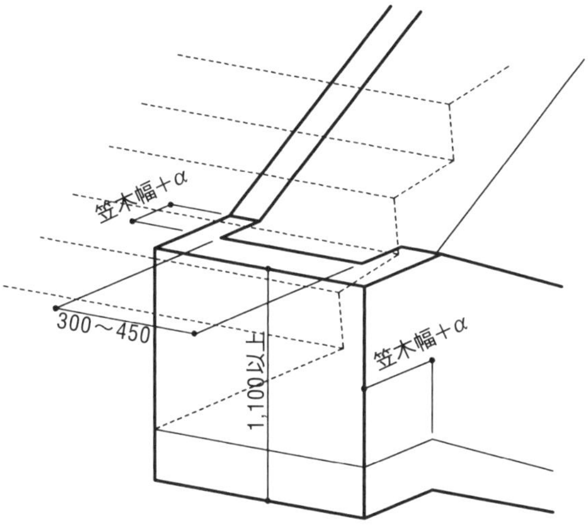
笠木幅＋α
300～450
1,100以上
笠木幅＋α

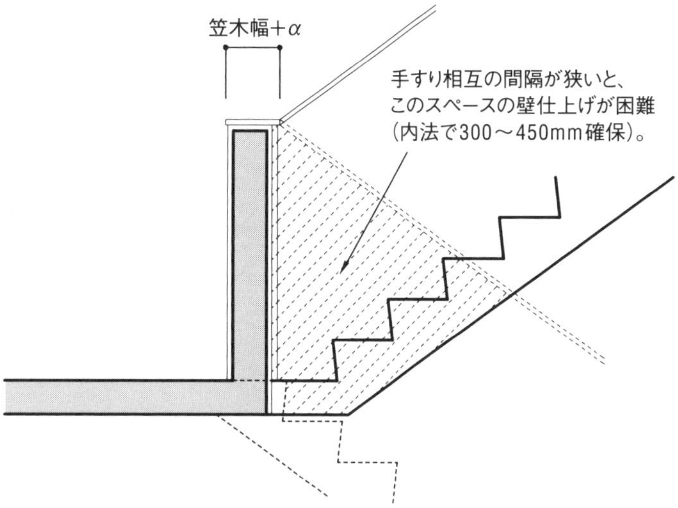
笠木幅＋α
手すり相互の間隔が狭いと、
このスペースの壁仕上げが困難
(内法で300～450mm確保)。

【見栄えを考慮したポイント】

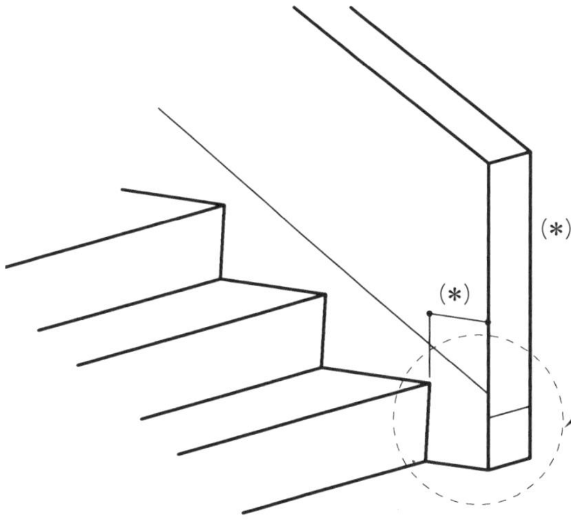
(*)
(*)部分の寸法が少ないと、
納まり上、見栄えが良くない。
幅木天端が揃わない。

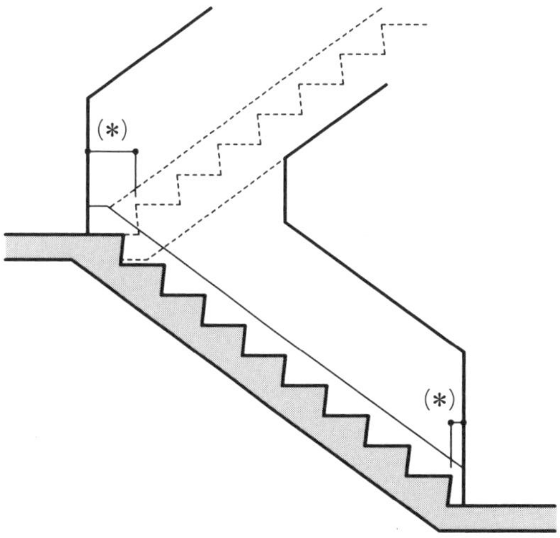

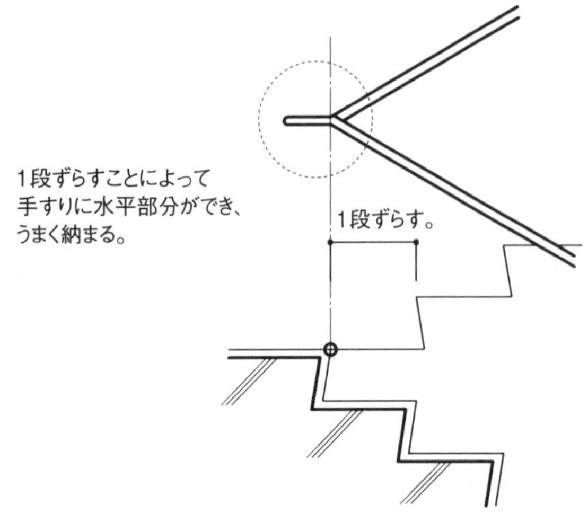
1段ずらすことによって
手すりに水平部分ができ、
うまく納まる。
1段ずらす。

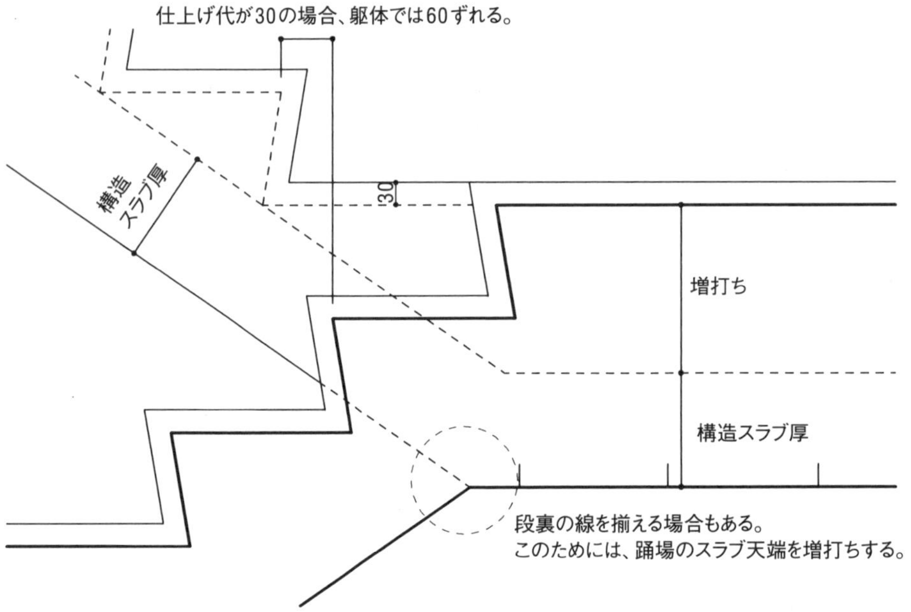
仕上げ代が30の場合、躯体では60ずれる。
構造スラブ厚
30
増打ち
構造スラブ厚
段裏の線を揃える場合もある。
このためには、踊場のスラブ天端を増打ちする。

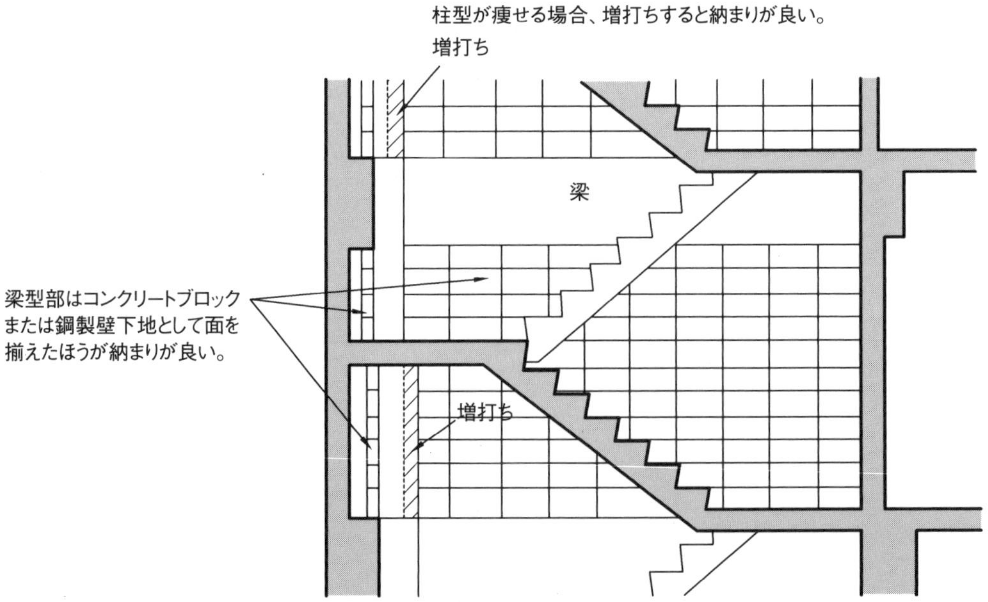
柱型が痩せる場合、増打ちすると納まりが良い。
増打ち
梁
梁型部はコンクリートブロック
または鋼製壁下地として面を
揃えたほうが納まりが良い。
増打ち

【手すりの納まりと躯体との関係】

(＊1) バリアフリー法の適用申請などをしている
物件の場合は50mm以上必要。

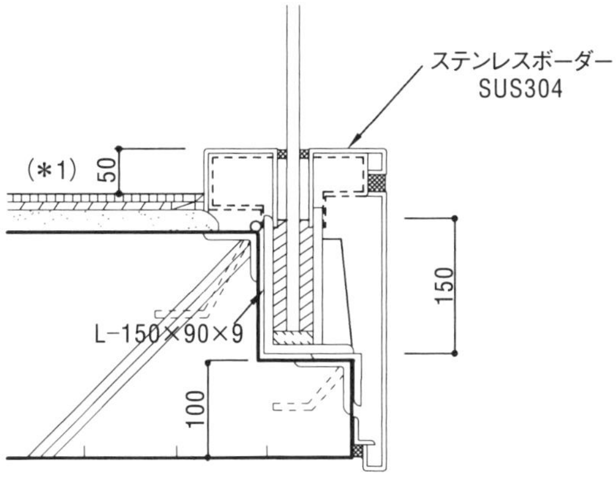

〔ボーダー部-1〕

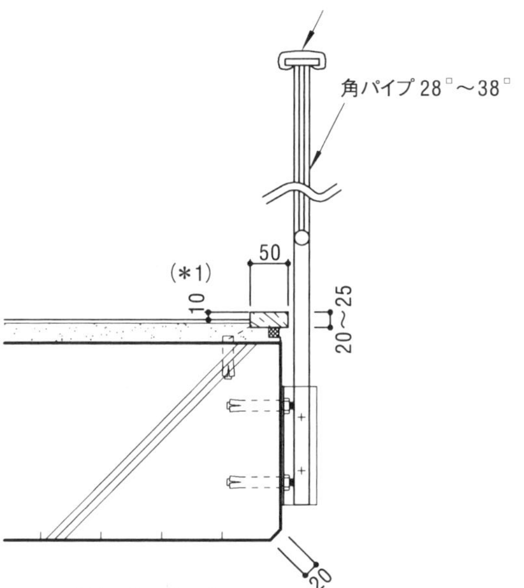

〔ボーダー部-2〕

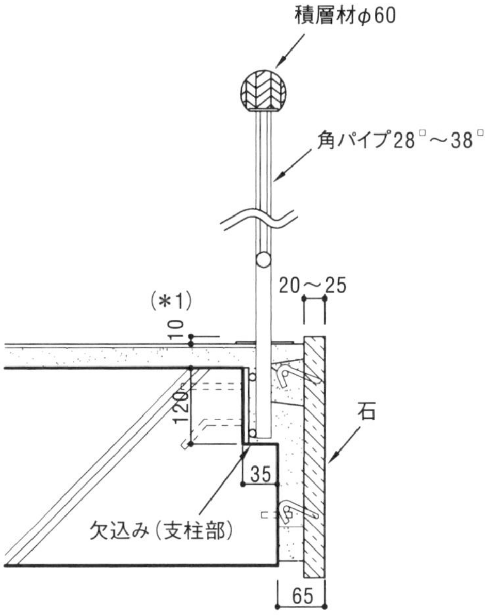

〔ボーダー部-3〕

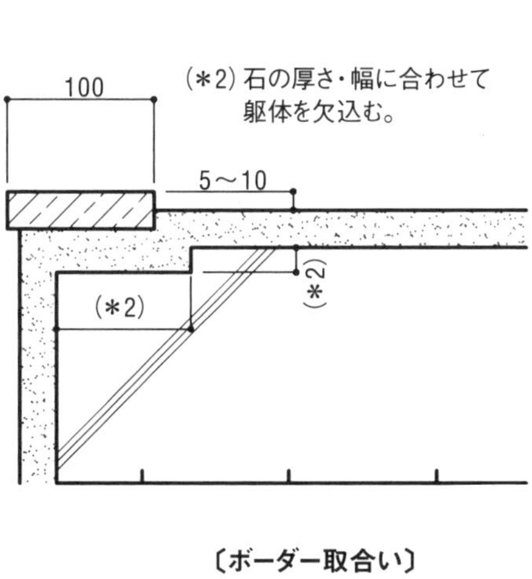

〔ボーダー取合い〕

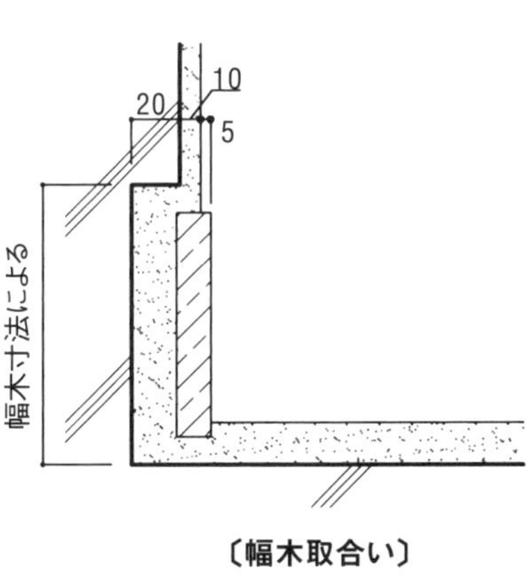

〔幅木取合い〕

◆No.4（便所）

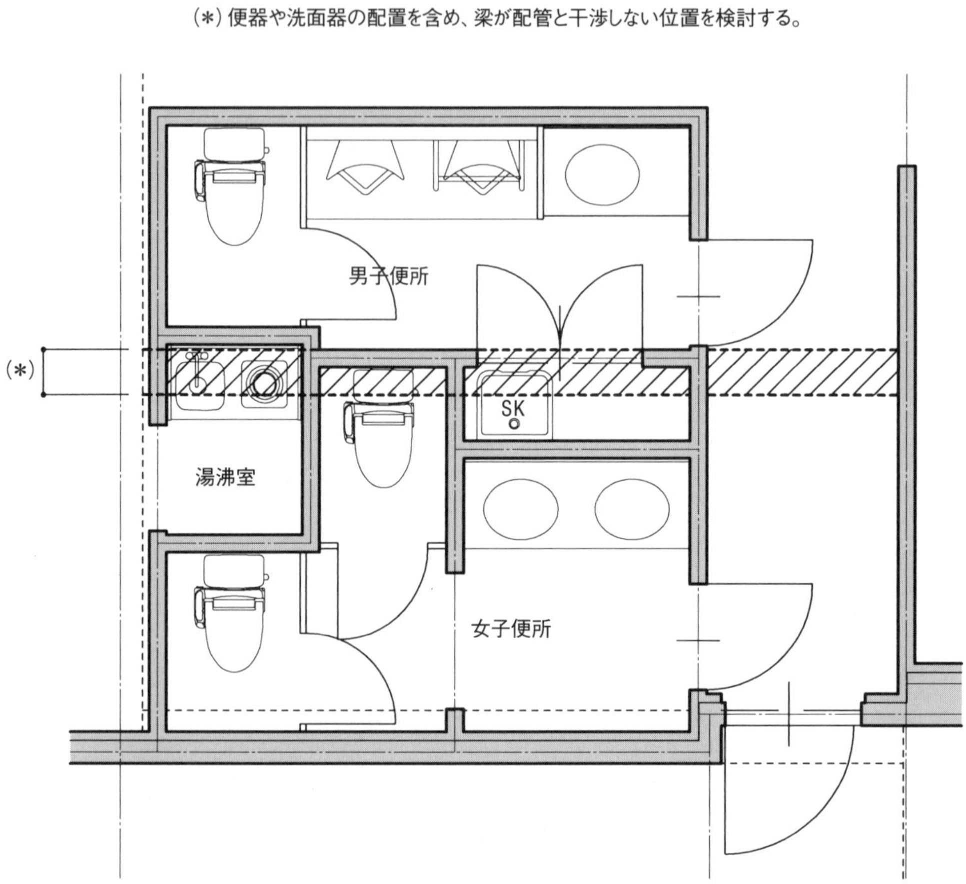

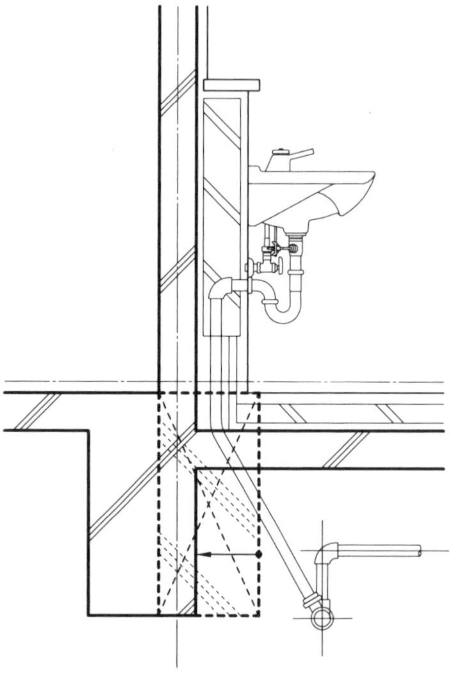

洗面器用のライニング（配管用スペース）が梁の位置にあるため、梁を移動した例。

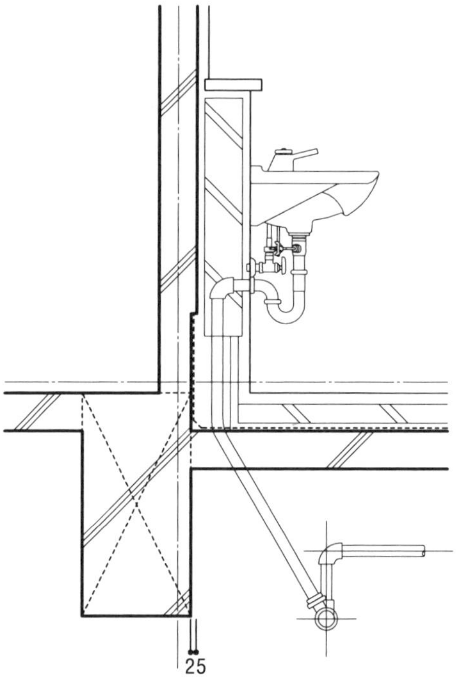

防水立上りのために梁を移動した例。
梁の移動ができない場合は、梁の天端を下げることもある。

◆No.5（パイプシャフト）

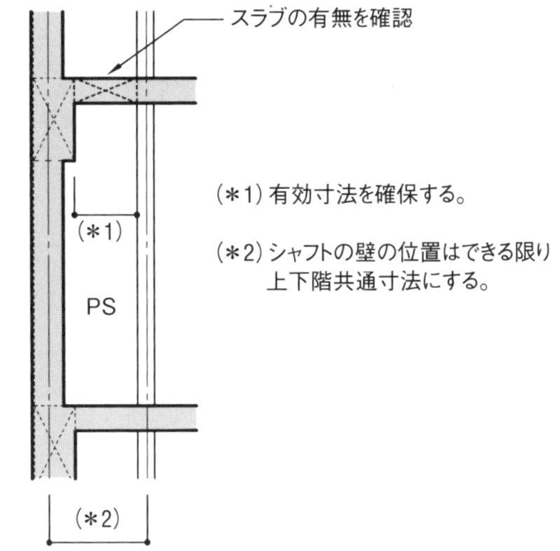
スラブの有無を確認
(＊1)
PS
(＊2)
(＊1) 有効寸法を確保する。
(＊2) シャフトの壁の位置はできる限り
上下階共通寸法にする。

◆No.6（消火器ボックス）

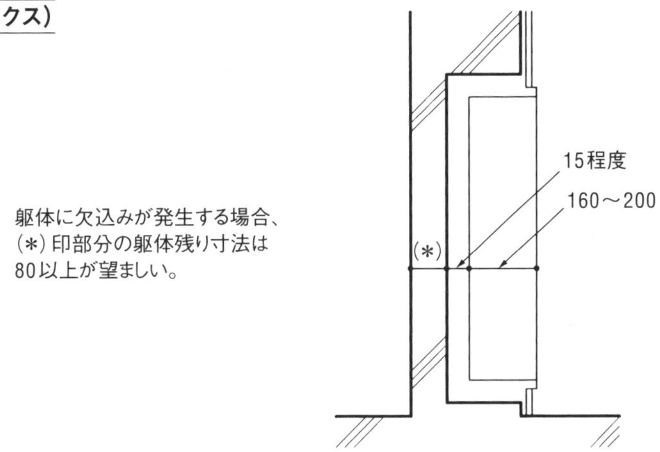
躯体に欠込みが発生する場合、
(＊)印部分の躯体残り寸法は
80以上が望ましい。
15程度
160～200
(＊)

◆No.7（梁）

【ポイント-1】

梁と壁にはさまれた空間が狭く、型枠が解体できない場合がある。
この場合はコンクリートを増打ちする。

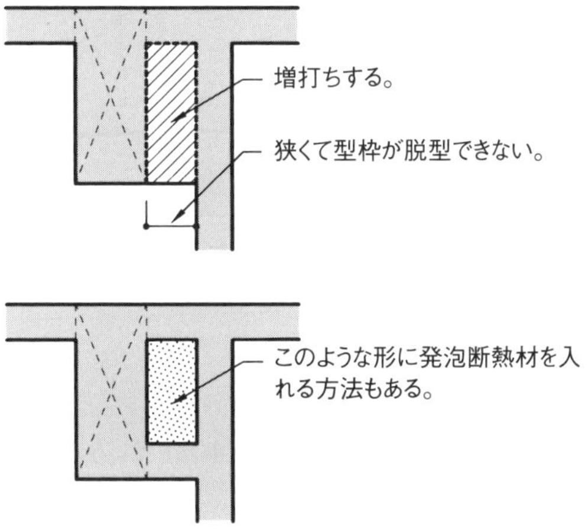
増打ちする。
狭くて型枠が脱型できない。
このような形に発泡断熱材を入
れる方法もある。

【ポイント-2】

天井の施工性を考慮し、梁下を増打ちする場合がある。

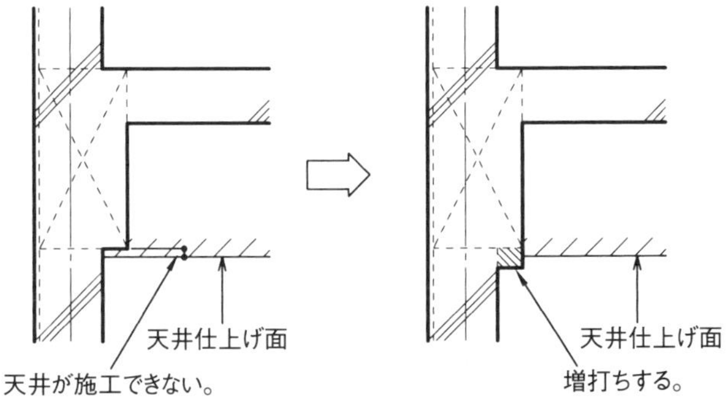
天井仕上げ面
天井が施工できない。
天井仕上げ面
増打ちする。

【ポイント-3】
隣り合う梁がずれている場合、これを通すことによって配筋が楽になる。

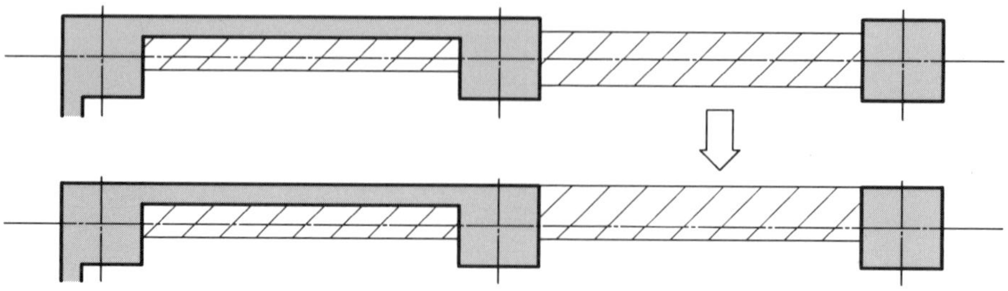

【ポイント-4】
貫通孔の大きさは、梁成に応じた範囲を確実に守る。

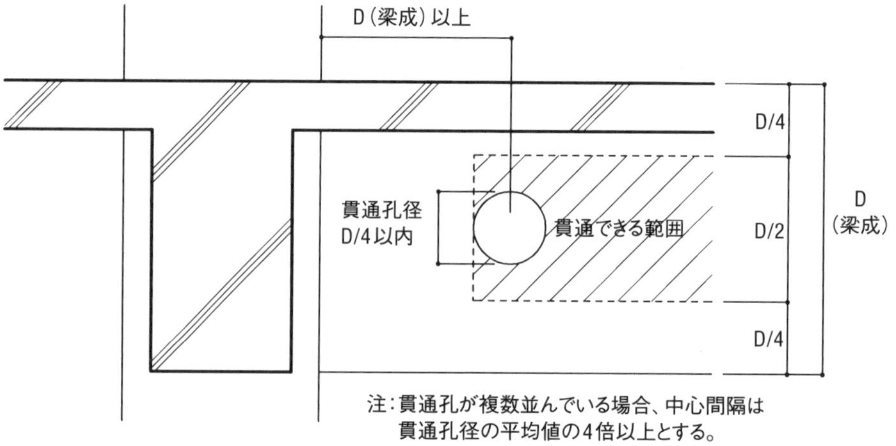

注：貫通孔が複数並んでいる場合、中心間隔は
貫通孔径の平均値の4倍以上とする。

【ポイント-5】
直交する梁同士の成に十分注意する。

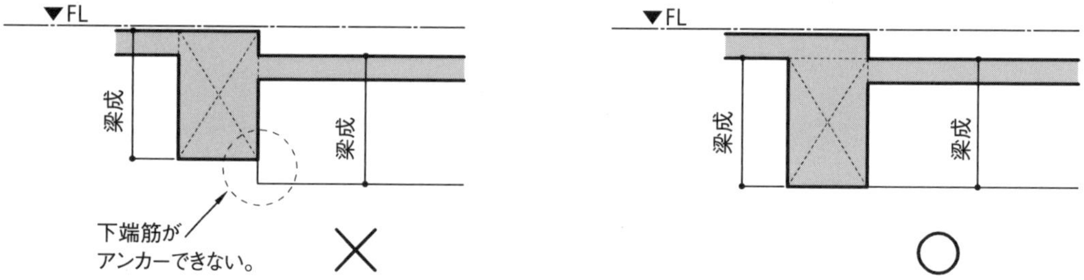

【ポイント-6】
梁に断面欠損が生じないように注意する。

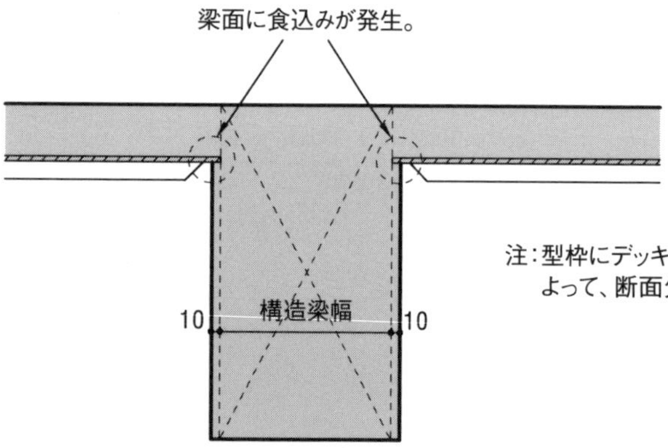

注：型枠にデッキプレートなどを用いる場合、端部が梁に食い込む形になる。
よって、断面欠損を防ぐために、梁幅を10mm程度増打ちする。

【ポイント-7】
上階に、フロアヒンジを用いたドアが梁の上にある場合、梁に断面欠損が生じないようにする（フロアヒンジの箱の深さは、メーカーや建具サイズによって異なるので注意）。

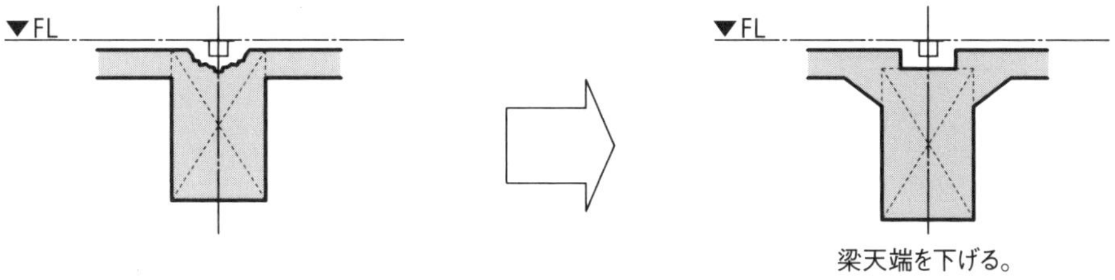

【ポイント-8】
壁の上部に梁がない場合、梁を増打ちする必要がある。

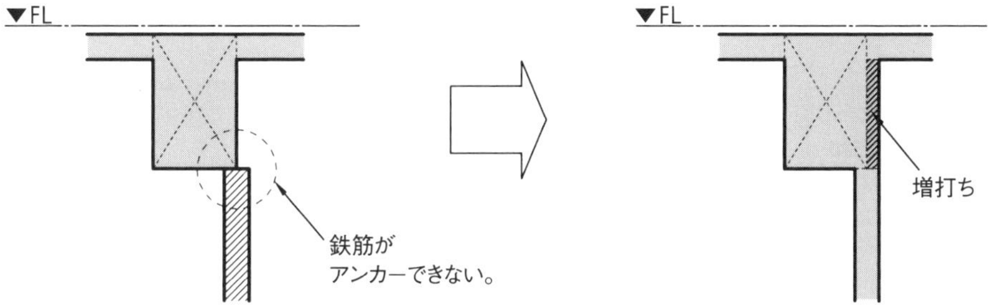
▼FL
鉄筋が
アンカーできない。
▼FL
増打ち

◆No.8（スラブ）

【ポイント−1】

段差がある場合、配筋を考慮して一定の幅を確保する。

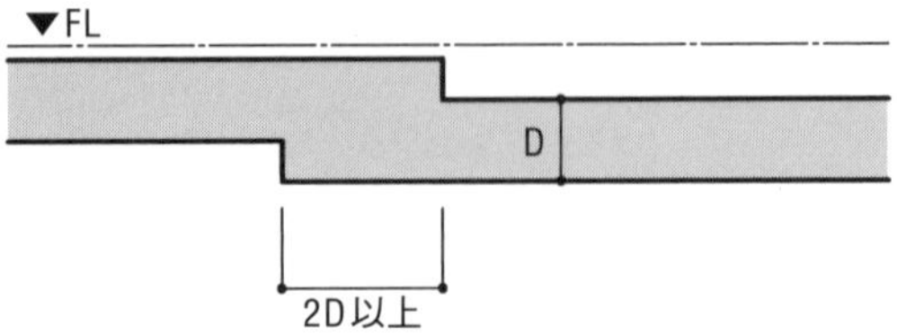

【ポイント−2】

スラブにハンチを付けることもある。

例1：斜めハンチ

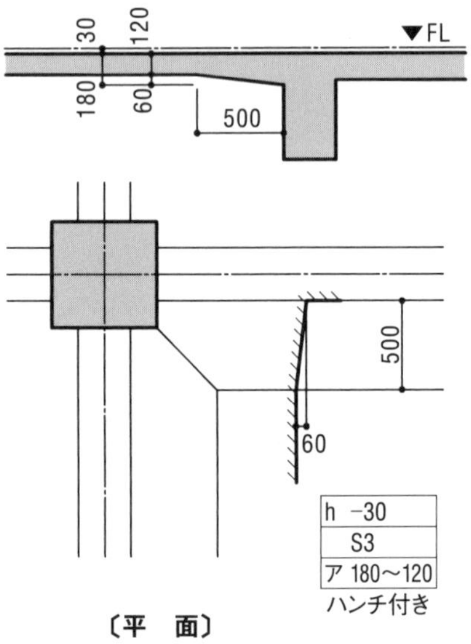

〔平　面〕

例2：ドロップハンチ

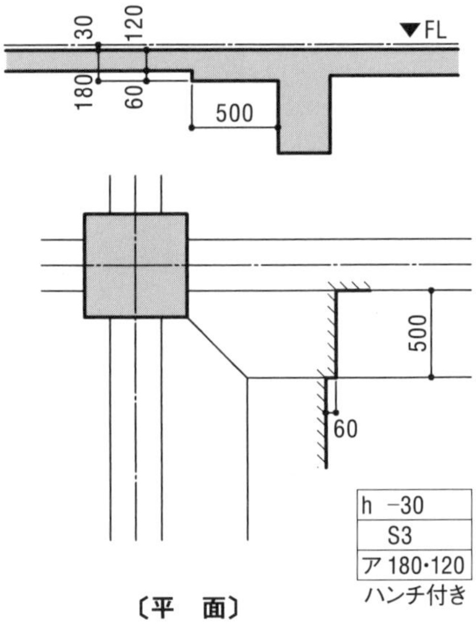

〔平　面〕

◆No.9（ひび割れ誘発目地＝収縮目地）

外壁が打放し仕上げの場合

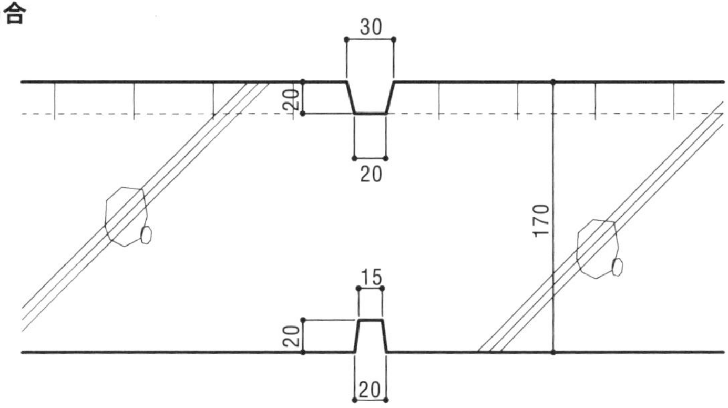

注：断面欠損（内外目地深さの合計）は、壁厚の20%以上とする。
壁厚が厚い場合、片方の目地で深くしすぎると目地棒が抜けなくなるので、
目地底にアングルを設置するなどの工夫をするとよい。
また、こうした点を考慮した既製品もある。

目地配置の基本

ひび割れ誘発目地と水平打継目地（下図参照）とで囲まれた壁の面積は、25m^{2}未満とする。

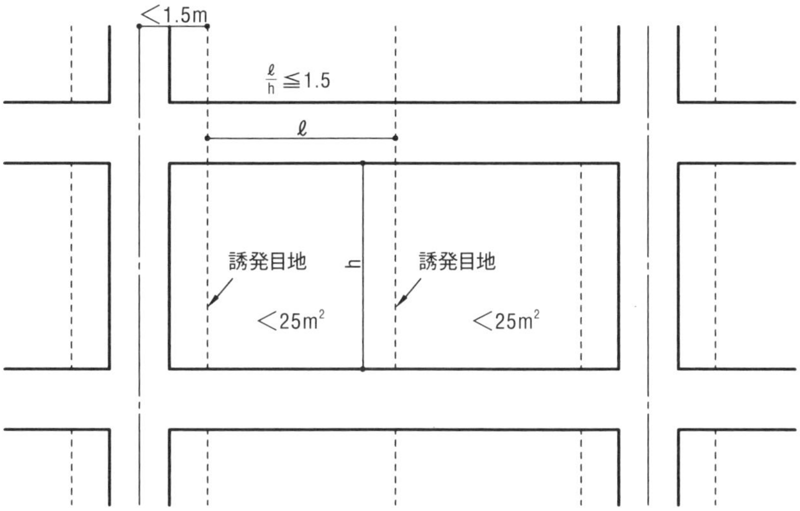

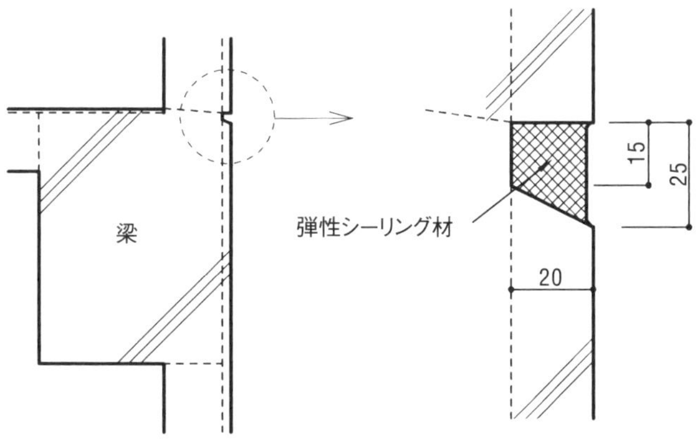

水平打継目地

柱際および開口部の両側に設置する。
間隔(ℓ1)は3m程度とし、柱際の壁の長さは100mm以内とする。

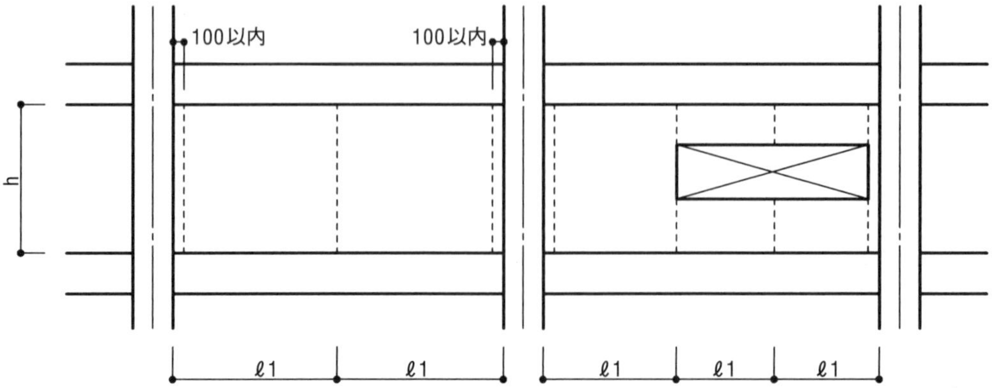

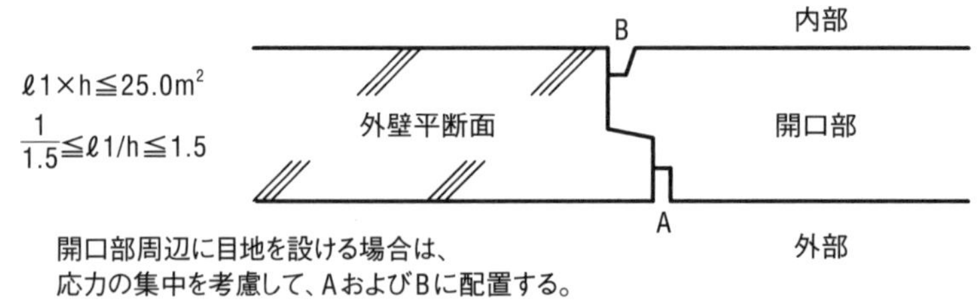

柱際に設置できない場合、柱芯からの寸法(ℓ2)は1.5m以内とする。

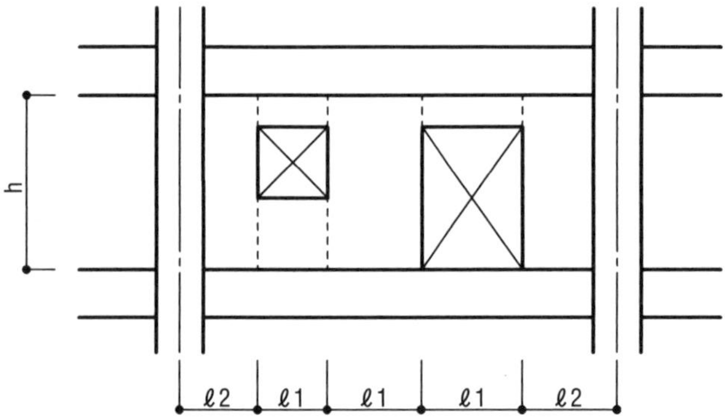

開口部の両側に設置できない場合は、開口部の中央に設置する。

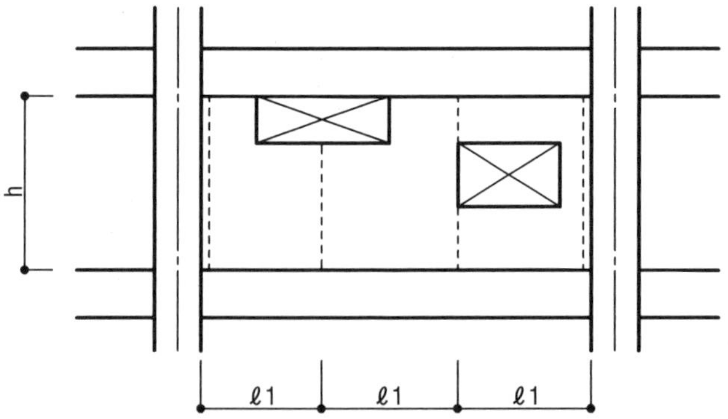

外壁がタイル張りの場合

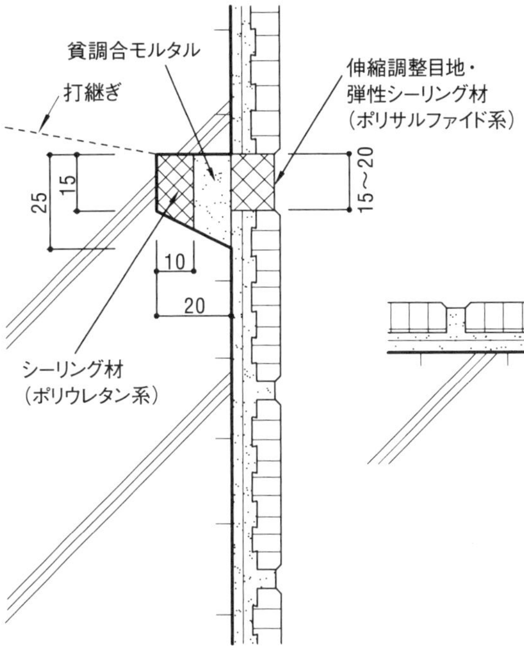

〔断　面〕

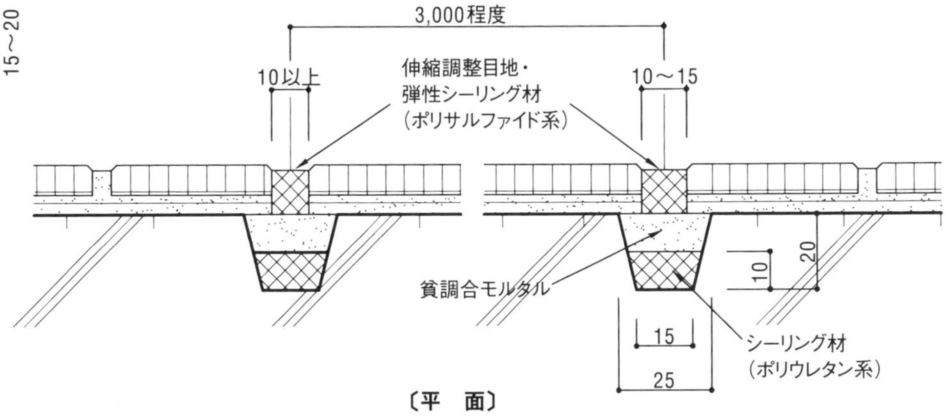

〔平　面〕

注：タイル面の伸縮調整目地と躯体のひび割れ誘発目地の位置は、一致させなければならない。
そのためには、躯体図に先立って外壁のタイル割付図を作成する必要がある。
水平打継目地・構造スリットにおいても、タイルの伸縮調整目地は一致させる。

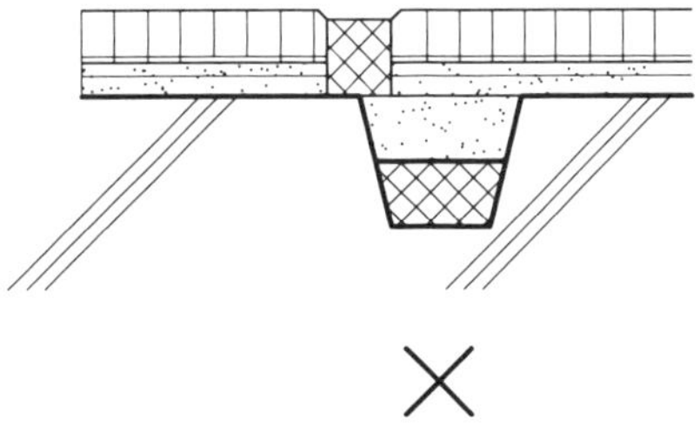

〔不具合の事例〕

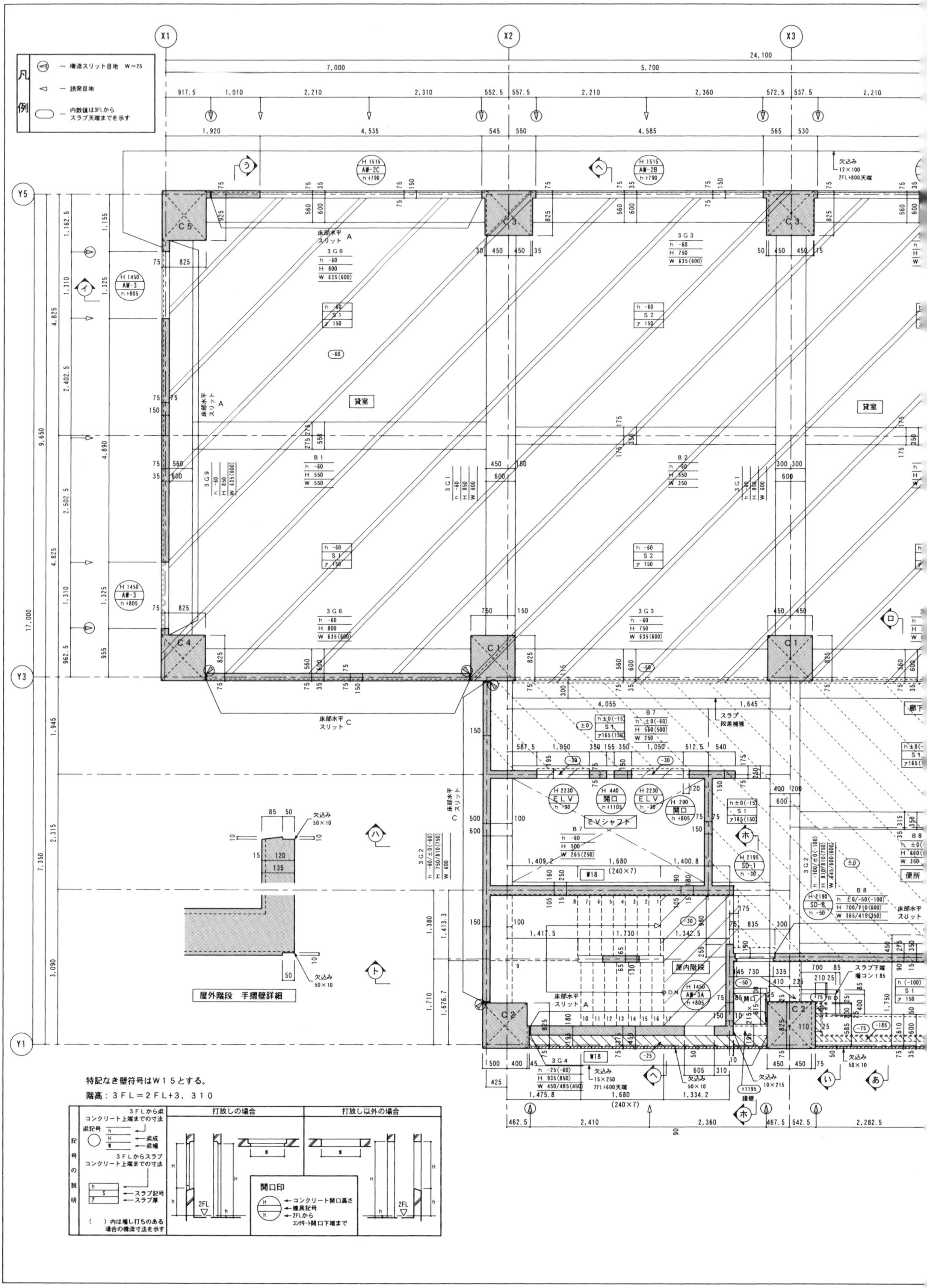
凡例
構造スリット目地 W=25
誘発目地
内数値は3FLからスラブ天端までを示す
貸室
EVシャフト
屋内階段
屋外階段　手摺壁詳細
便所
特記なき壁符号はW15とする。
階高：3FL＝2FL+3，310
記号の説明
打放しの場合
打放し以外の場合
開口印
( )内は増し打ちのある場合の構造寸法を示す

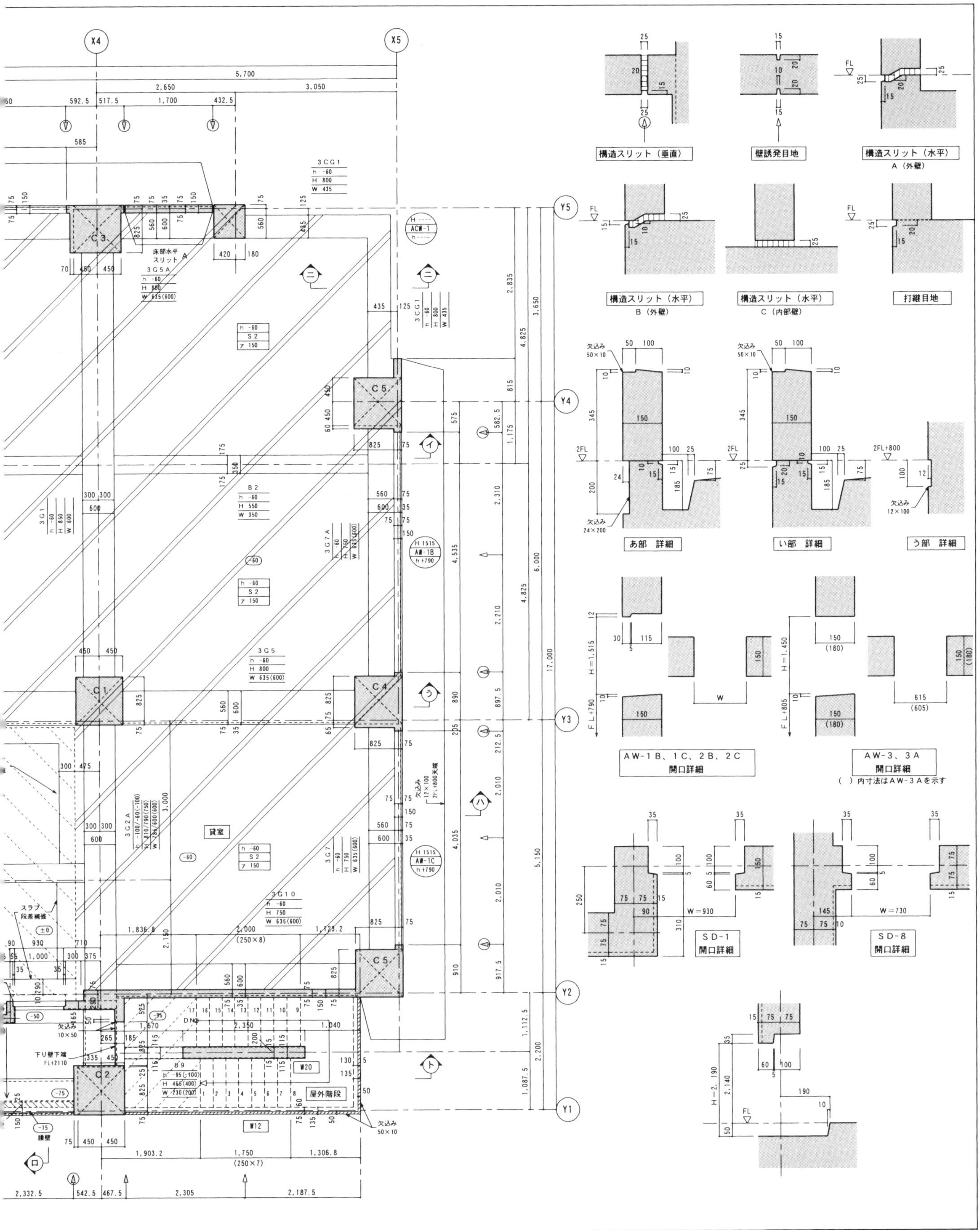

工事名	○○ビル新築工事			
図　名	基準階　躯体平面図			
縮　尺	1/50	日　付	○年 ○月 ○日	図面番号
担　当	○○	作　図	○○	○○○
○○建設株式会社○○支店				

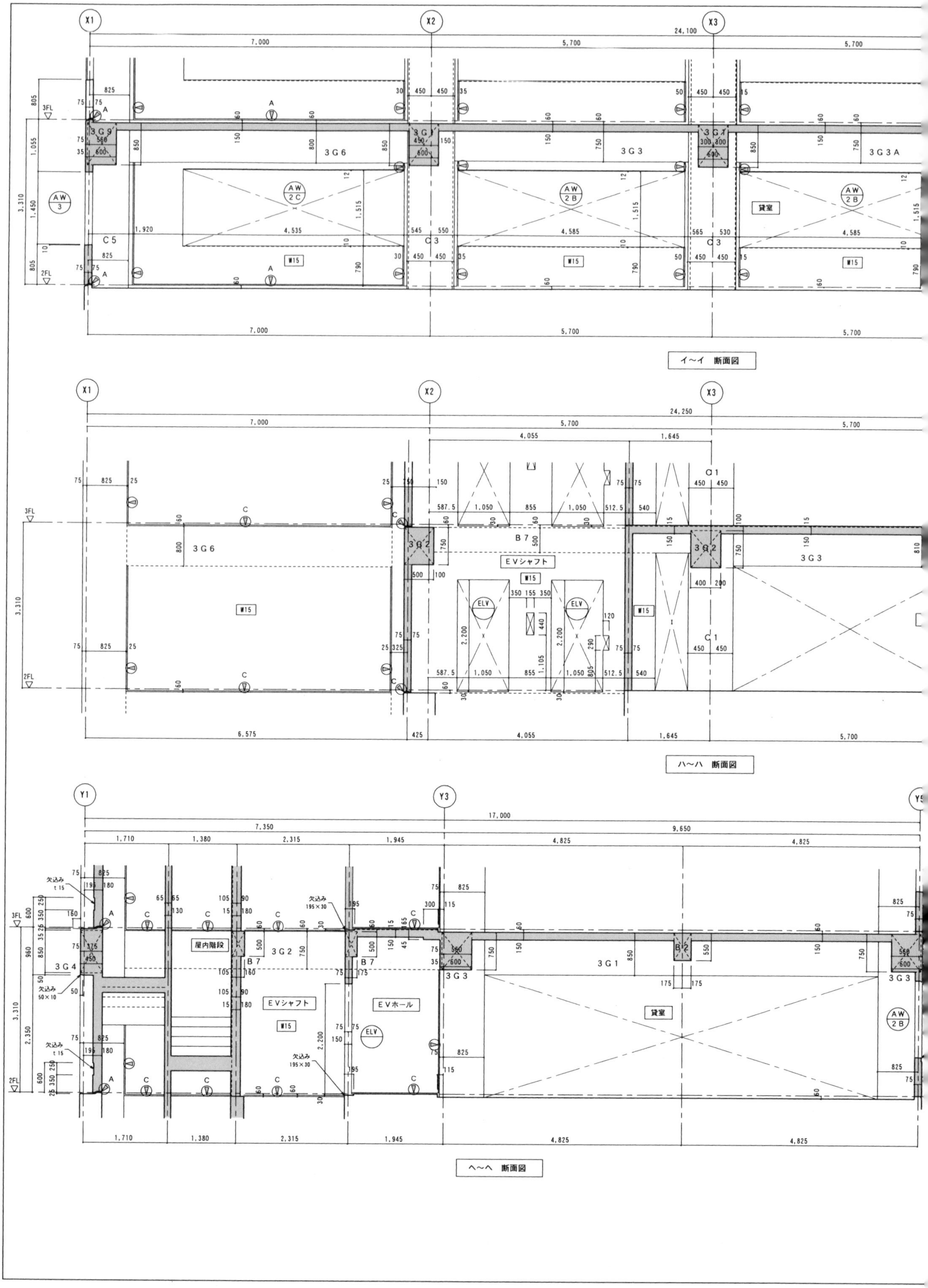
イ～イ 断面図
ハ～ハ 断面図
ヘ～ヘ 断面図
貸室
EVシャフト
EVホール
屋内階段
欠込み
3FL
2FL

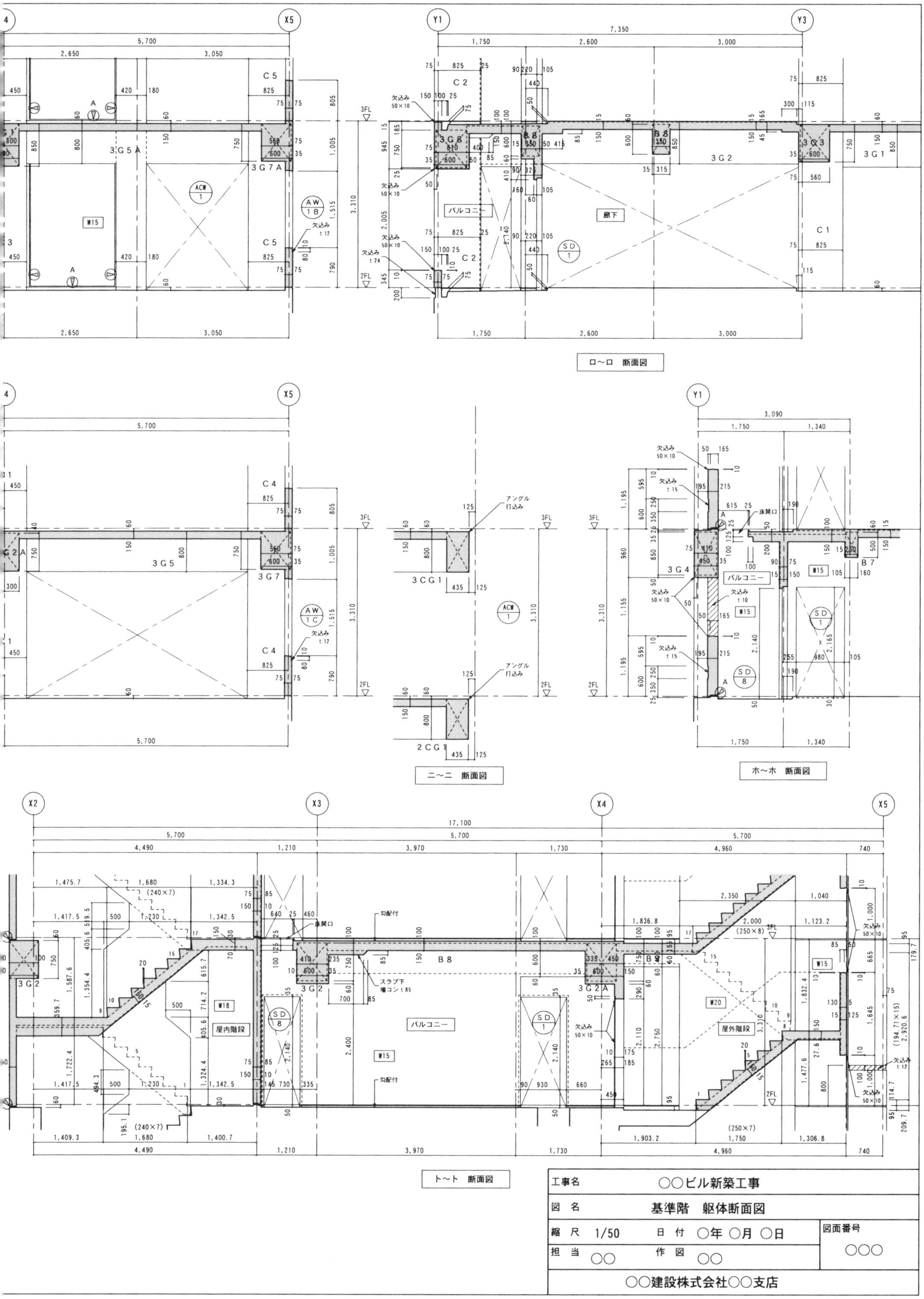
ロ～ロ　断面図
ニ～ニ　断面図
ホ～ホ　断面図
ト～ト　断面図
工事名　○○ビル新築工事
図　名　基準階　躯体断面図
縮　尺　1/50　日　付　○年　○月　○日
担　当　○○　作　図　○○
図面番号　○○○
○○建設株式会社○○支店

5 最上階および屋上躯体図作成のポイント

■設計図■

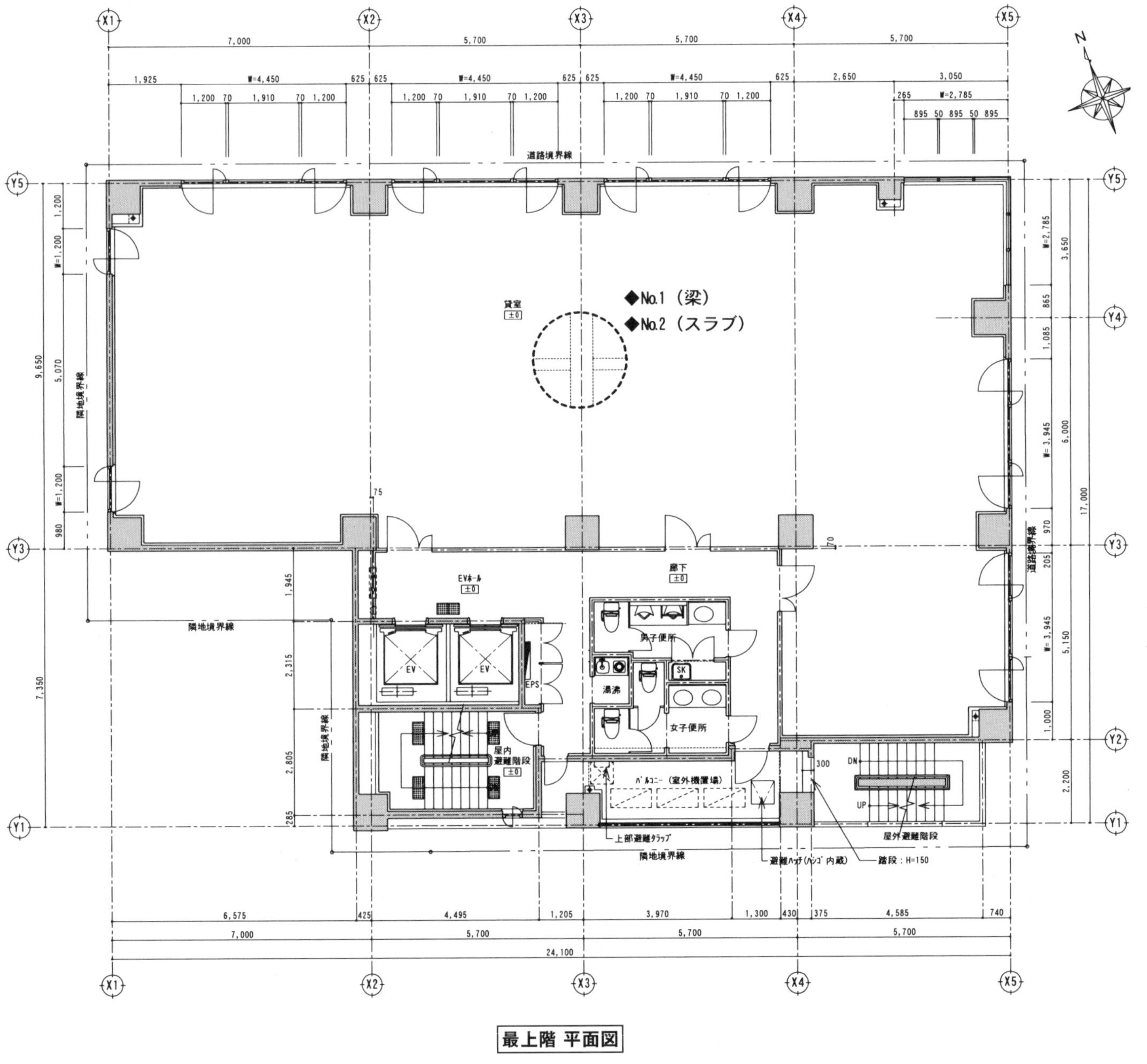

最上階 平面図

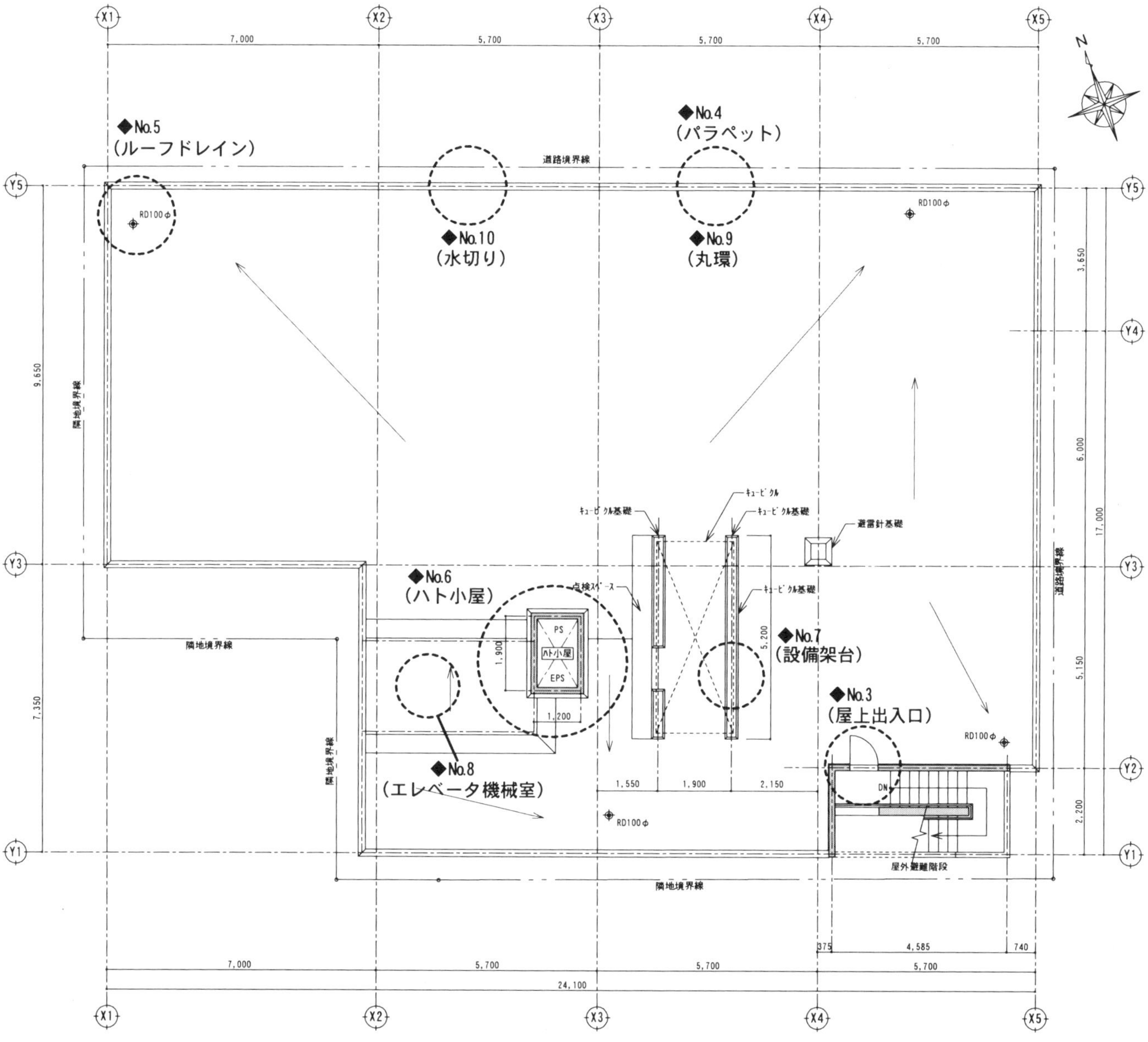
X1
X2
X3
X4
X5
Y1
Y2
Y3
Y4
Y5
7,000
5,700
5,700
5,700
24,100
9,650
7,350
3,650
6,000
5,150
2,200
17,000
1,550
1,900
2,150
375
4,585
740
5,200
1,900
1,200
N
◆No.5
（ルーフドレイン）
◆No.4
（パラペット）
◆No.10
（水切り）
◆No.9
（丸環）
◆No.6
（ハト小屋）
◆No.7
（設備架台）
◆No.3
（屋上出入口）
◆No.8
（エレベータ機械室）
道路境界線
隣地境界線
RD100φ
キュービクル
キュービクル基礎
避雷針基礎
点検スペース
PS
ハト小屋
EPS
DN
屋外避難階段

屋上平面図

◆No.1（梁）

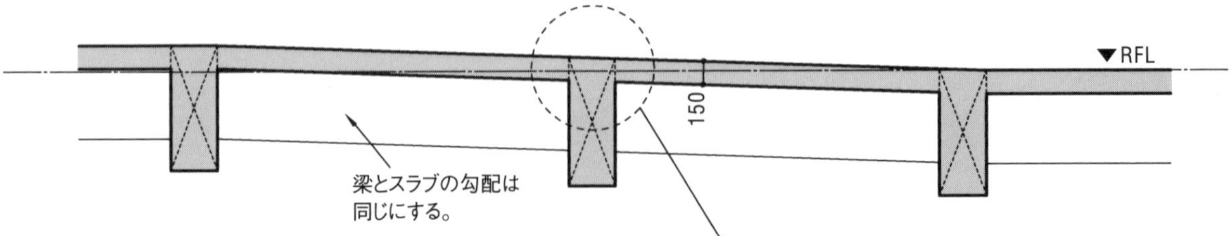

断　面

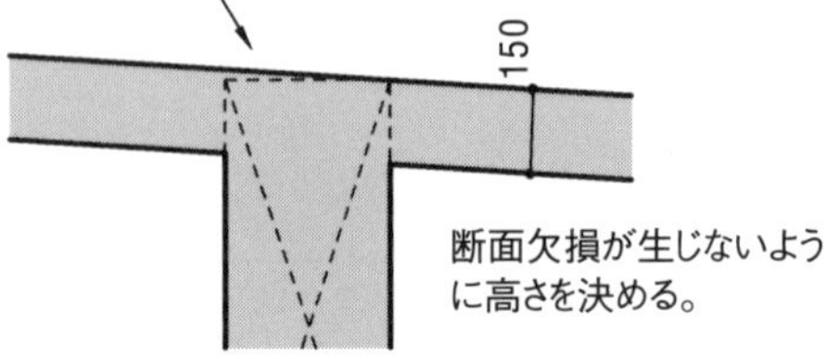

◆No.2（スラブ）

屋上スラブに水勾配を付ける方法は複数ある。

梁・スラブともに勾配をとる場合

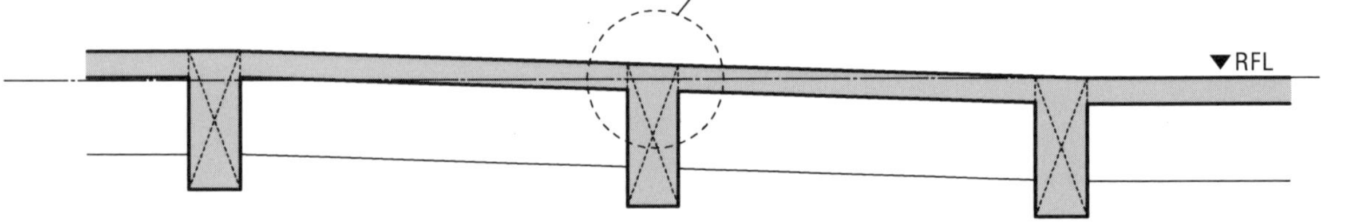

断　面

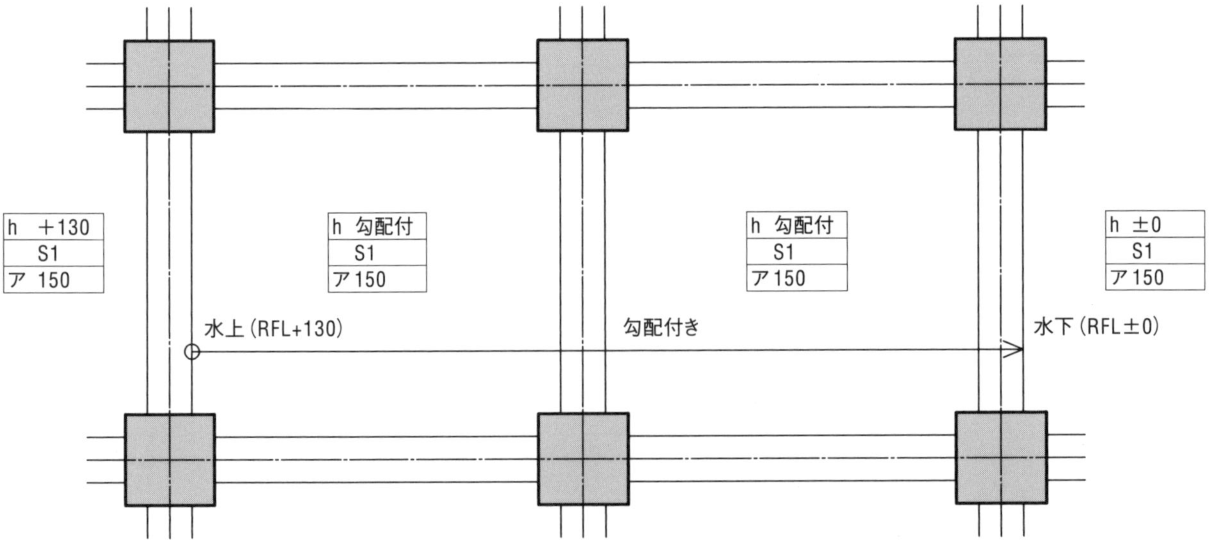

平　面

梁天端は水下の高さとし、スラブのみで勾配をとる場合

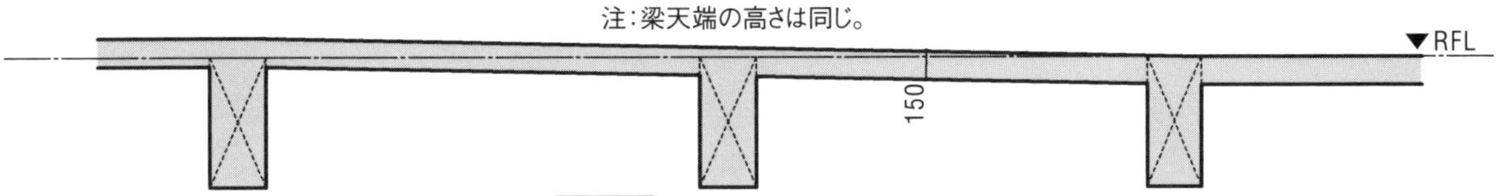

注：梁天端の高さは同じ。
RFL
150

断　面

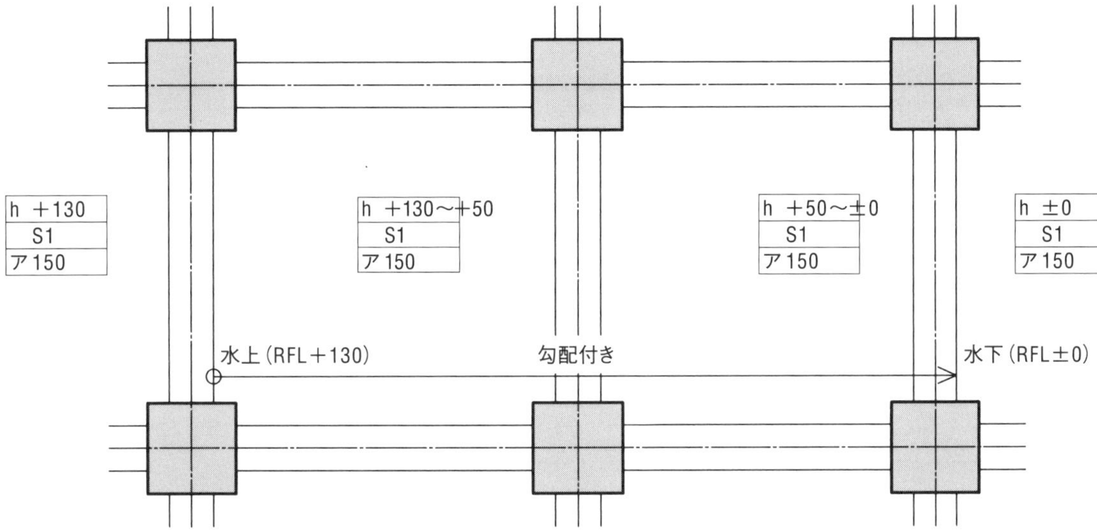

平　面

スラブの上端を増打ちして勾配をとる（スラブの下端は水平）場合

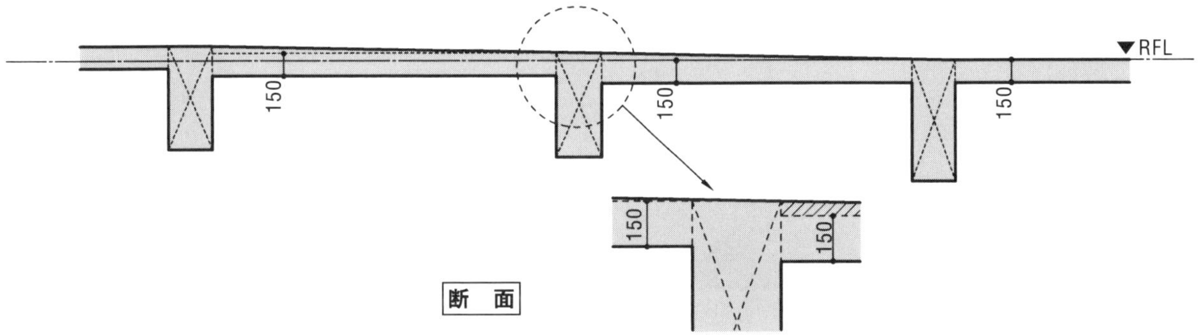

断　面

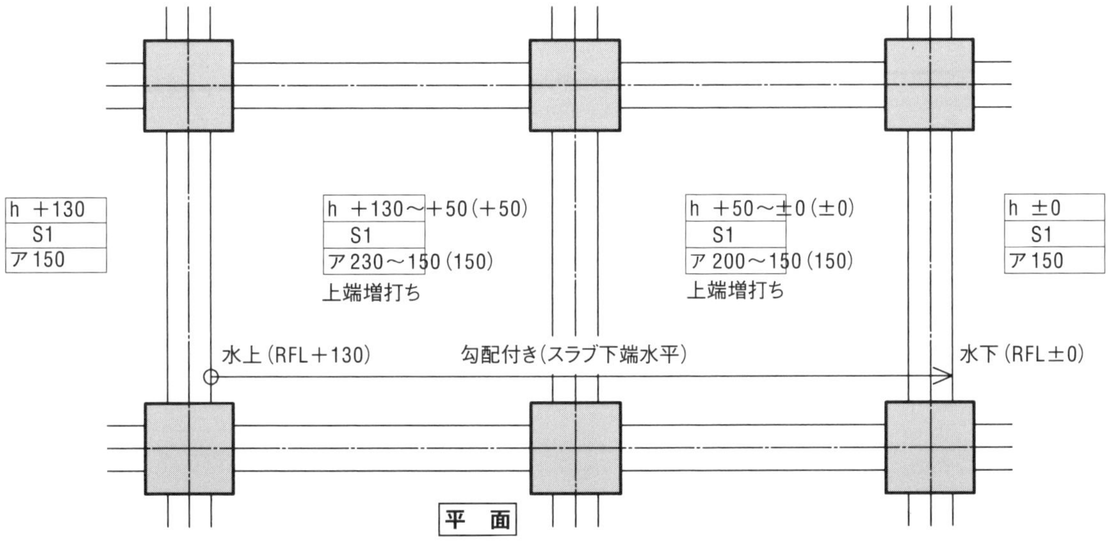

h ＋130
S1
ア150
h ＋130〜＋50（＋50）
S1
ア230〜150（150）
上端増打ち
h ＋50〜±0（±0）
S1
ア200〜150（150）
上端増打ち
h ±0
S1
ア150
水上（RFL＋130）
勾配付き（スラブ下端水平）
水下（RFL±0）

平　面

◆No.3（屋上出入口）

ドア下枠が梁に当たるおそれのある場合および庇がある場合

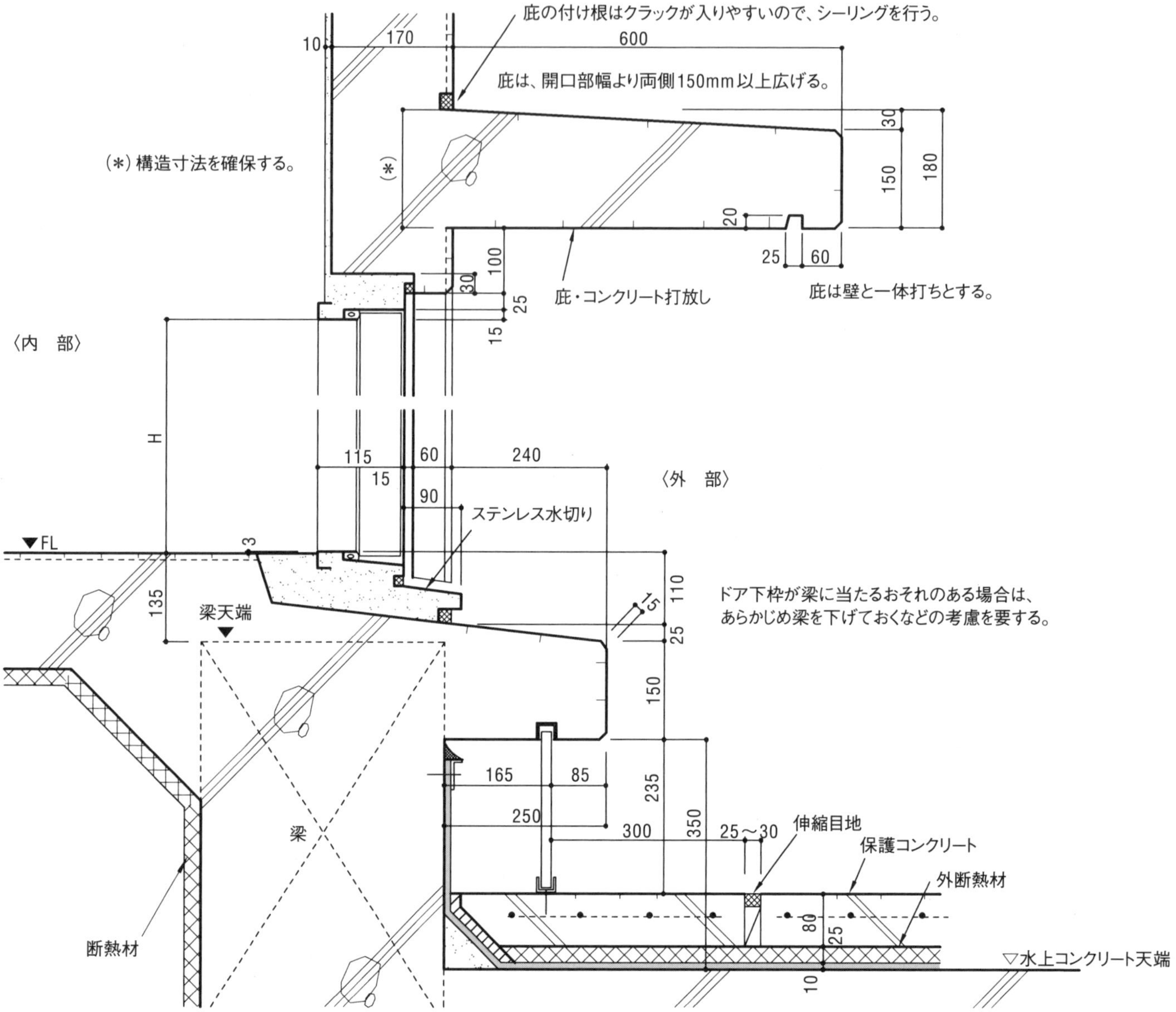
庇の付け根はクラックが入りやすいので、シーリングを行う。
庇は、開口部幅より両側150mm以上広げる。
（＊）構造寸法を確保する。
庇・コンクリート打放し
庇は壁と一体打ちとする。
〈内　部〉
〈外　部〉
ステンレス水切り
▼FL
梁天端
梁
ドア下枠が梁に当たるおそれのある場合は、
あらかじめ梁を下げておくなどの考慮を要する。
伸縮目地
保護コンクリート
外断熱材
断熱材
▽水上コンクリート天端

注：出入口枠は原則として、上図のようにパラペットの上に載せる。

庇下に照明器具がつく場合

ドアが照明器具にぶつからないように
注意する。

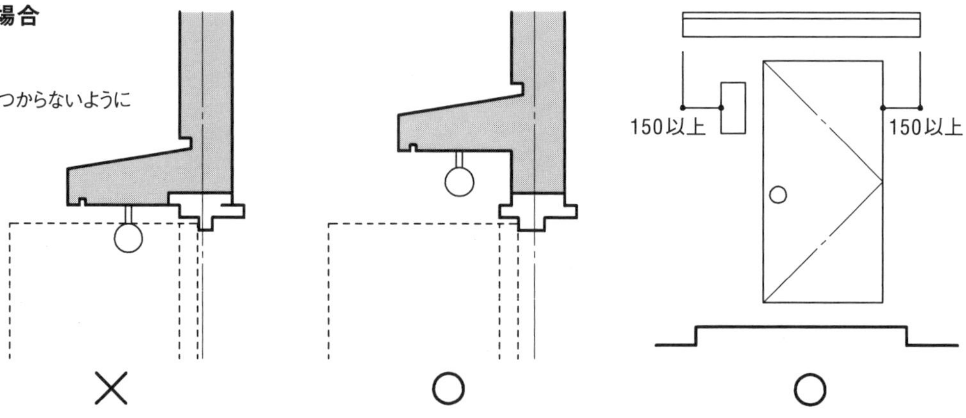
150以上
150以上
×
○
○

屋上出入口がパラペットよりも低い場合

屋上出入口がパラペットよりも低い場合は、防水の立上り寸法を考慮して出入口の高さを調整し、出入口の下端には必ずパラペットを設ける。

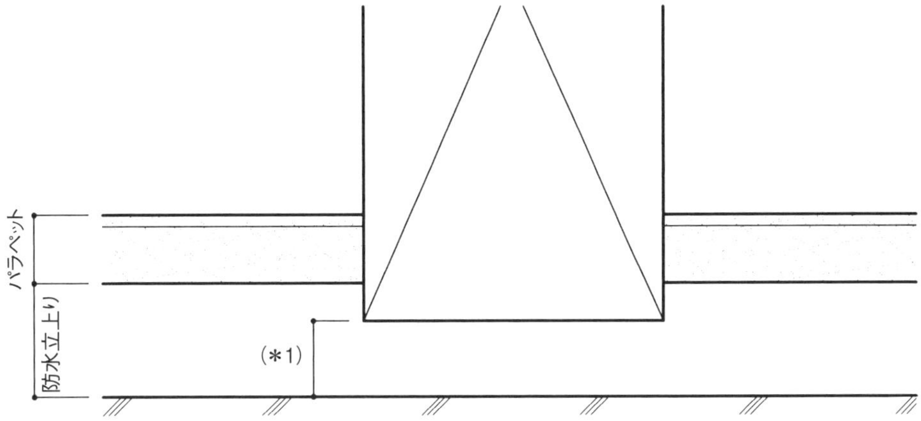

(＊1) この寸法が少ないと防水できない。
また、サッシ枠と防水の納まりが悪く、漏水の原因になりやすい。

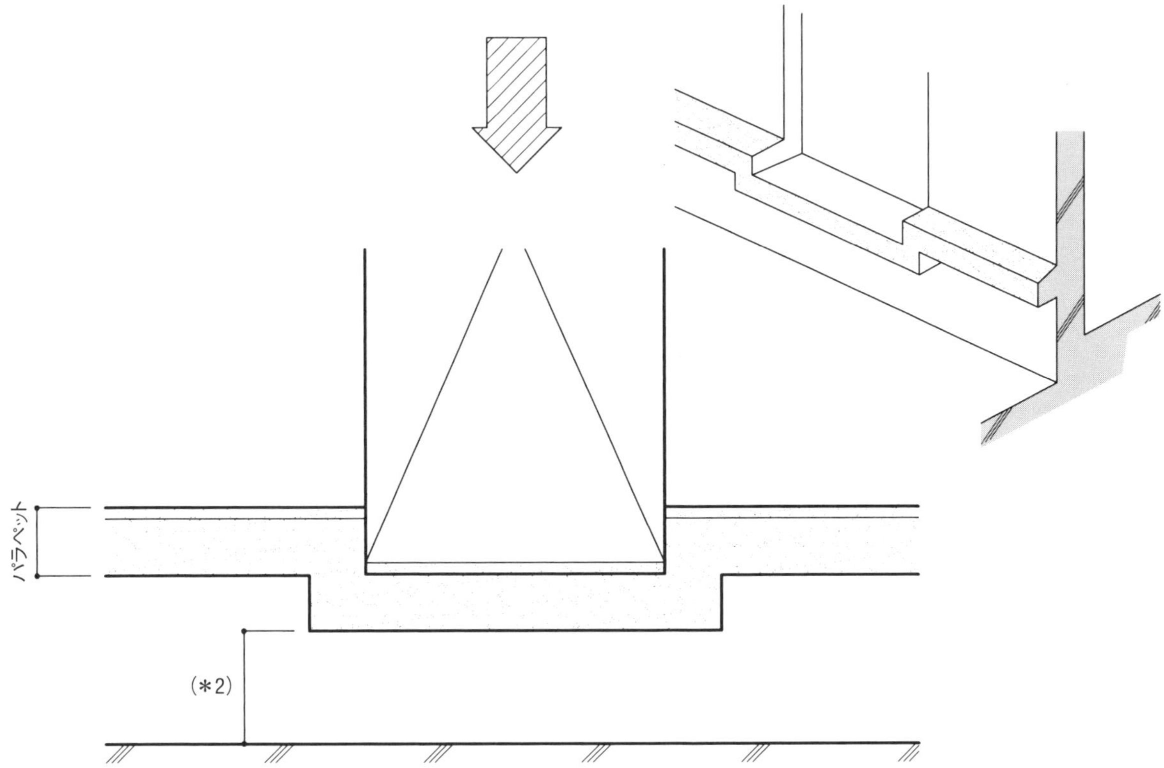

(＊2) 防水のアゴを設け、防水が施工できる最低寸法(200mm程度)を確保する。

◆No.4（パラペット）

外断熱で立上り保護材が乾式の場合

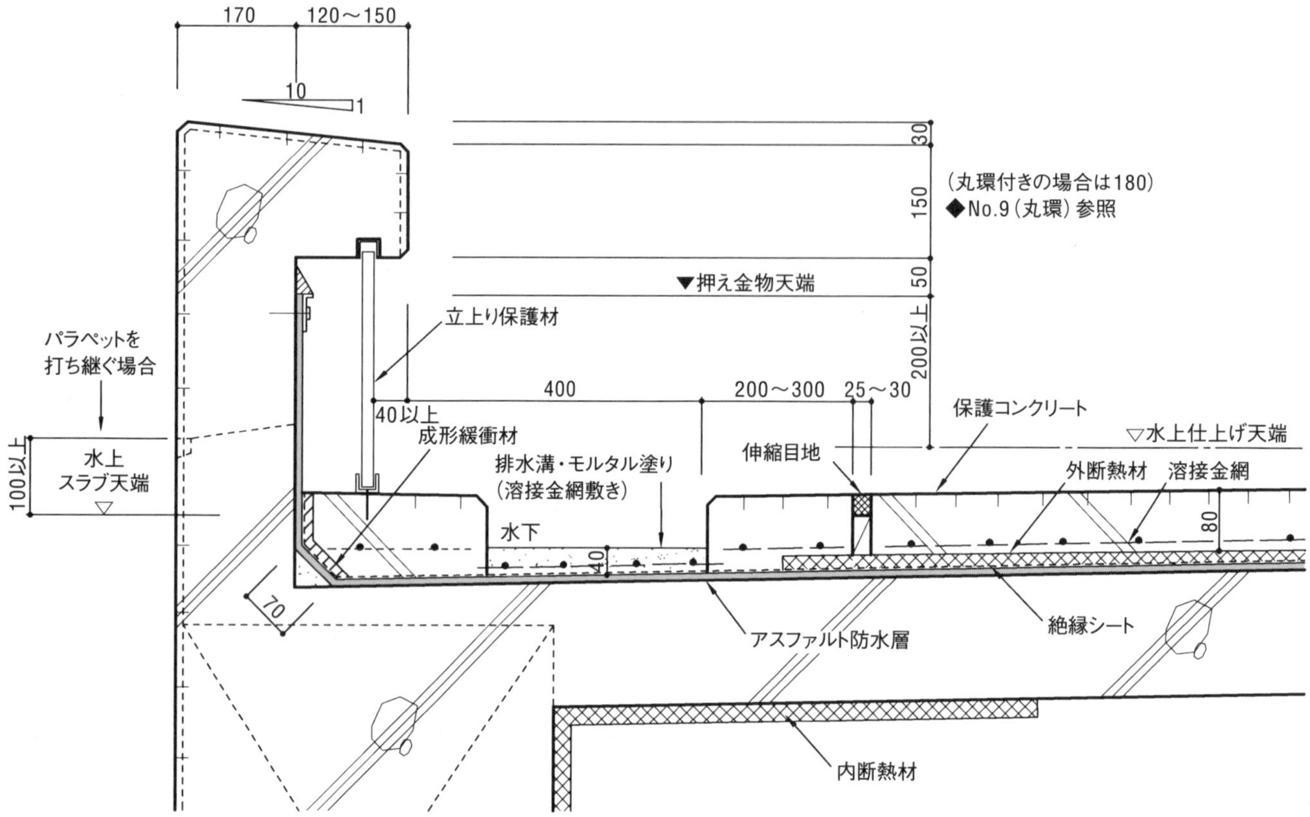

注：パラペットの立上りのコンクリートは、原則として屋根スラブと同時に打設する。
止むを得ない場合は、水上から100mm程度の立上りを設け、パラペット部分を後打ちする。

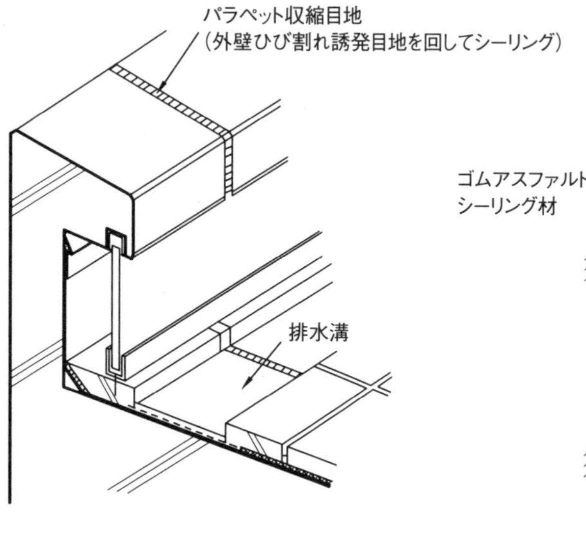

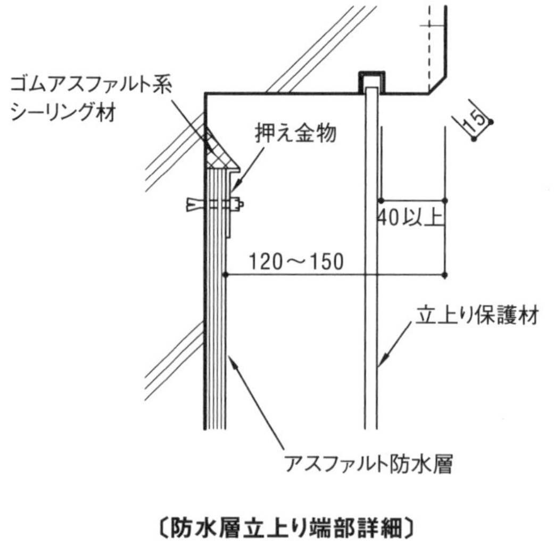

〔防水層立上り端部詳細〕

外断熱で立上り保護材が湿式の場合

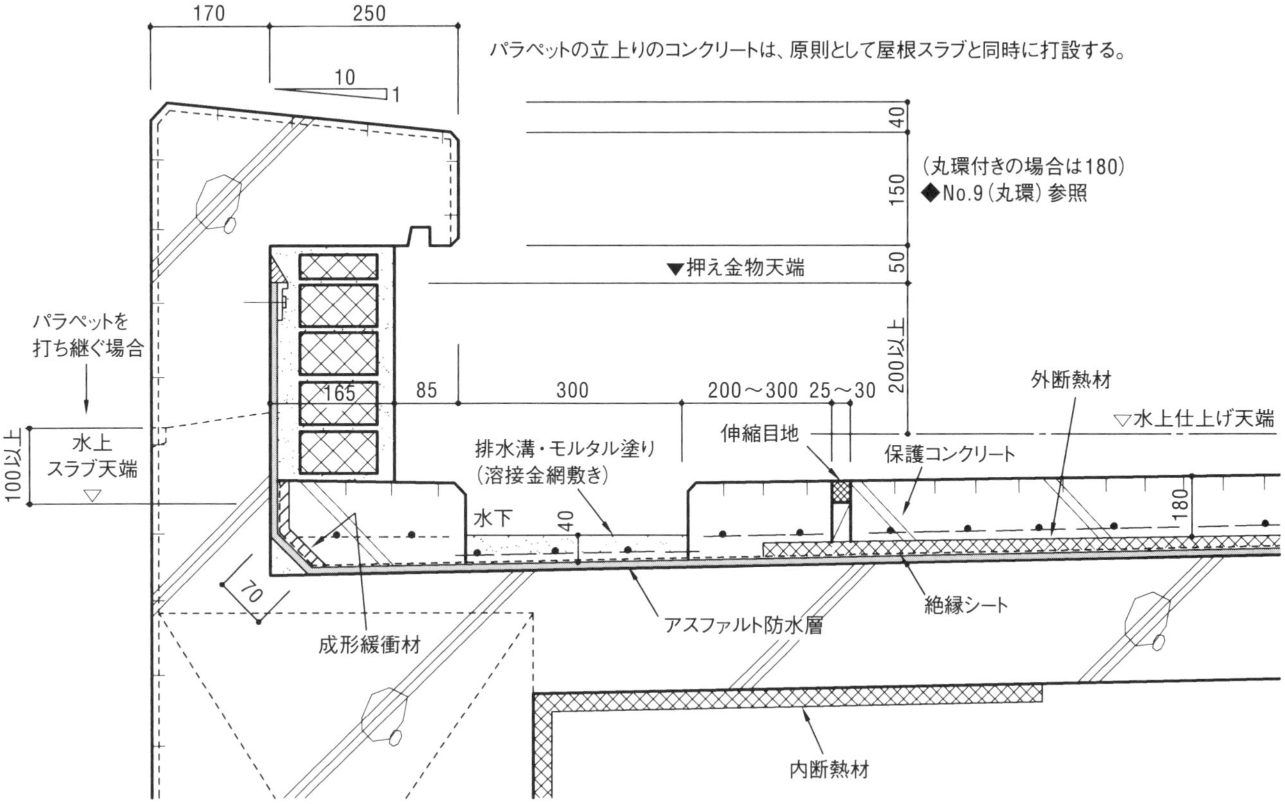

170
250
10
1
パラペットの立上りのコンクリートは、原則として屋根スラブと同時に打設する。
40
150
(丸環付きの場合は180)
◆No.9(丸環)参照
▼押え金物天端
50
200以上
パラペットを
打ち継ぐ場合
100以上
水上
スラブ天端
165
85
300
200～300
25～30
外断熱材
伸縮目地
▽水上仕上げ天端
保護コンクリート
排水溝・モルタル塗り
(溶接金網敷き)
水下
40
180
70
成形緩衝材
アスファルト防水層
絶縁シート
内断熱材

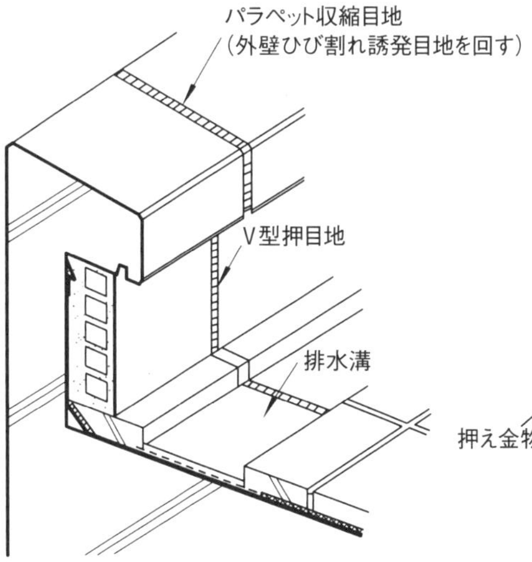

パラペット収縮目地
(外壁ひび割れ誘発目地を回す)
V型押目地
排水溝

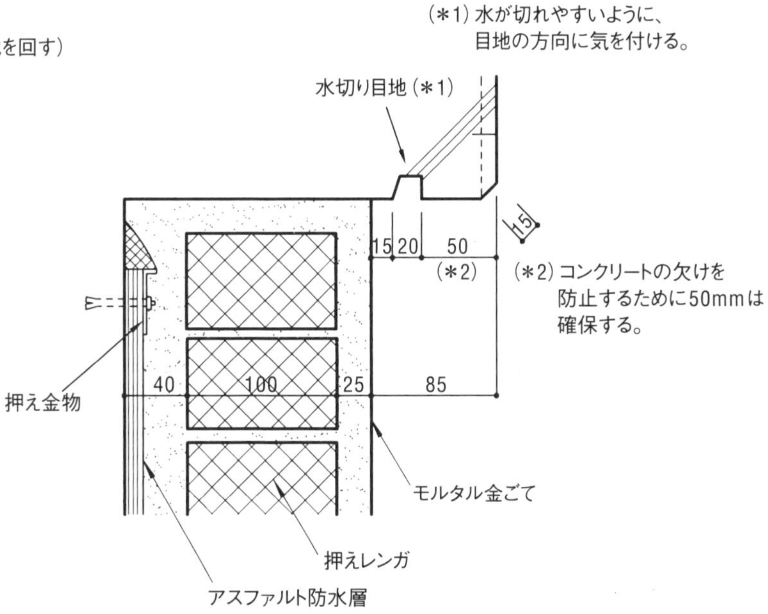

(＊1)水が切れやすいように、
目地の方向に気を付ける。
水切り目地(＊1)
15
15
20
50
(＊2)
(＊2)コンクリートの欠けを
防止するために50mmは
確保する。
押え金物
40
100
25
85
モルタル金ごて
押えレンガ
アスファルト防水層

〔防水層立上り端部詳細〕

外断熱で露出工法の場合

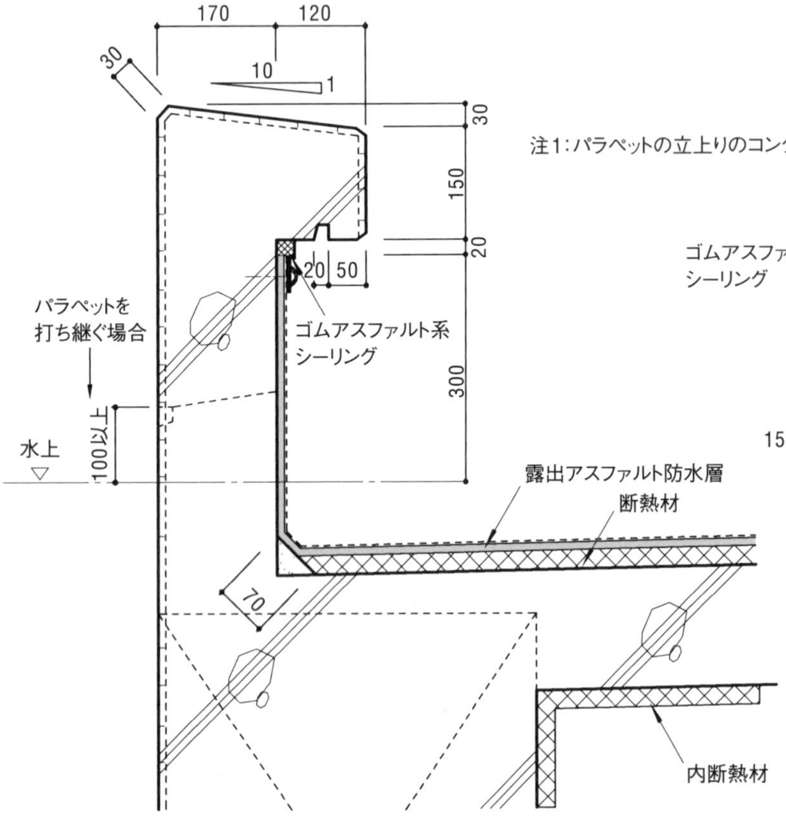

注1：パラペットの立上りのコンクリートは、原則として屋根スラブと同時に打設する。

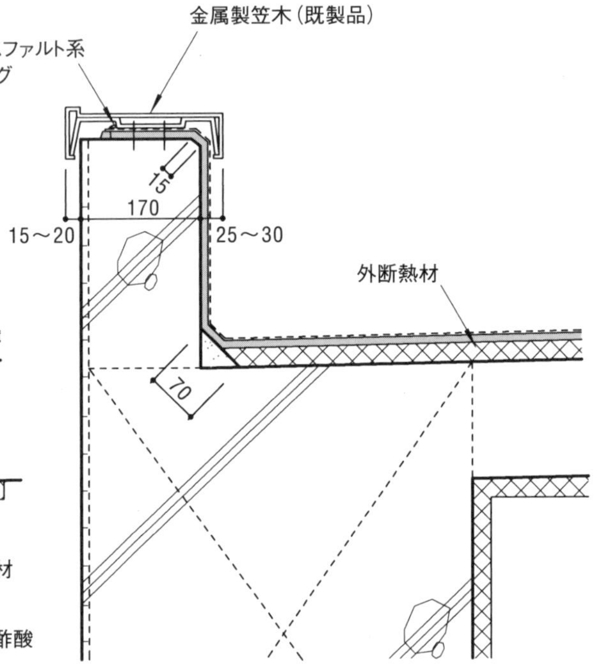

注2：シート防水（加硫ゴム系・塩化ビニル樹脂系・エチレン酢酸ビニル樹脂系）の場合も躯体の形状は同じでよい。

外壁がタイル張りの場合の納め方

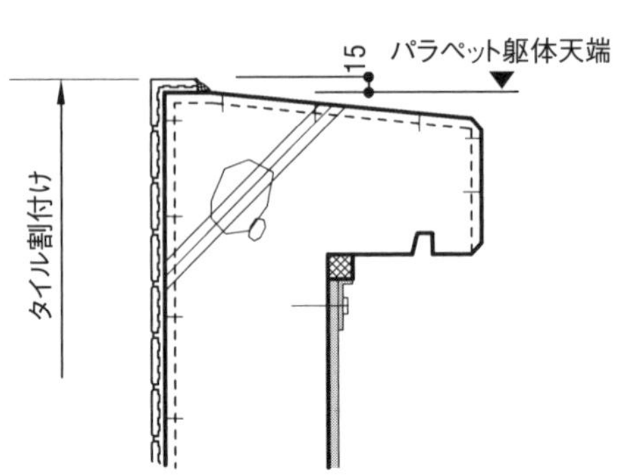

パラペット躯体天端欠込みなしでタイルを納めた例

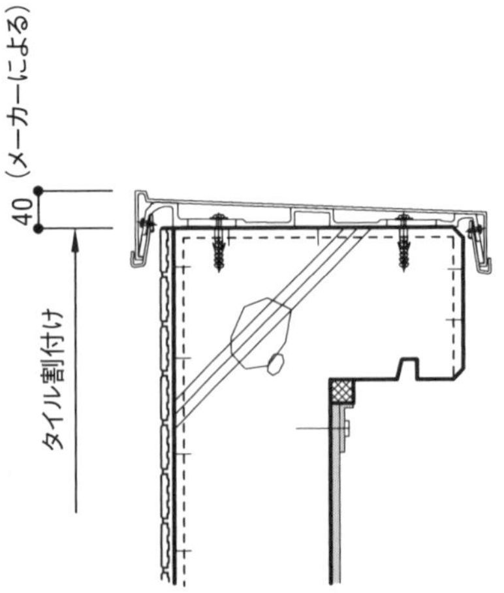

既製品のアルミ笠木の納まり例

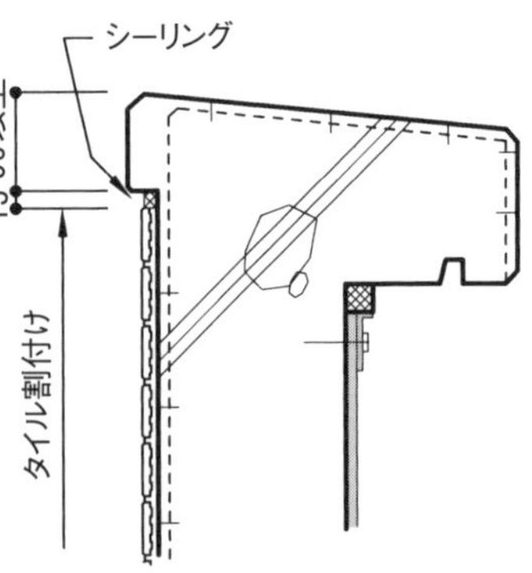

パラペット天端コンクリートを出した納まり例

◆No.5（ルーフドレイン）

縦型ルーフドレインの場合

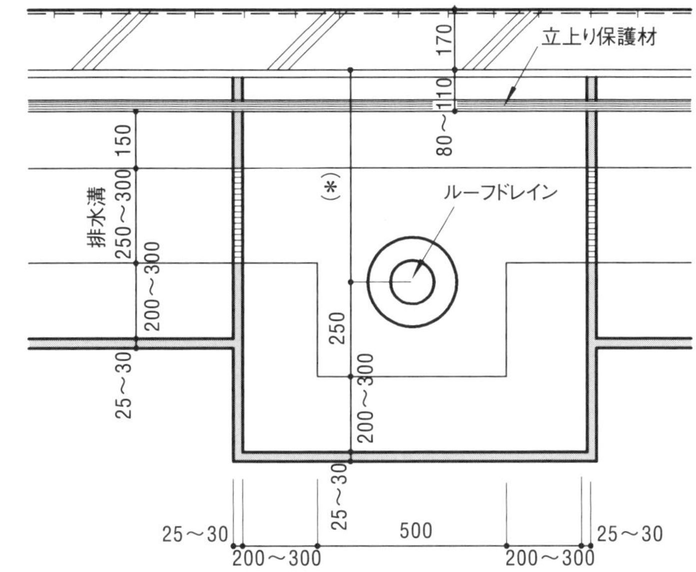

ルーフドレイン回りの平面

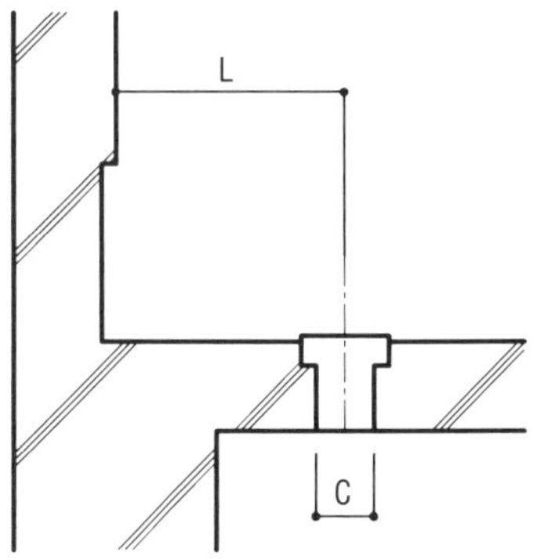

（＊）外壁面からルーフドレインまでの離れ（mm）

L	325	350	375	400	475
C	80	100	125	150	200

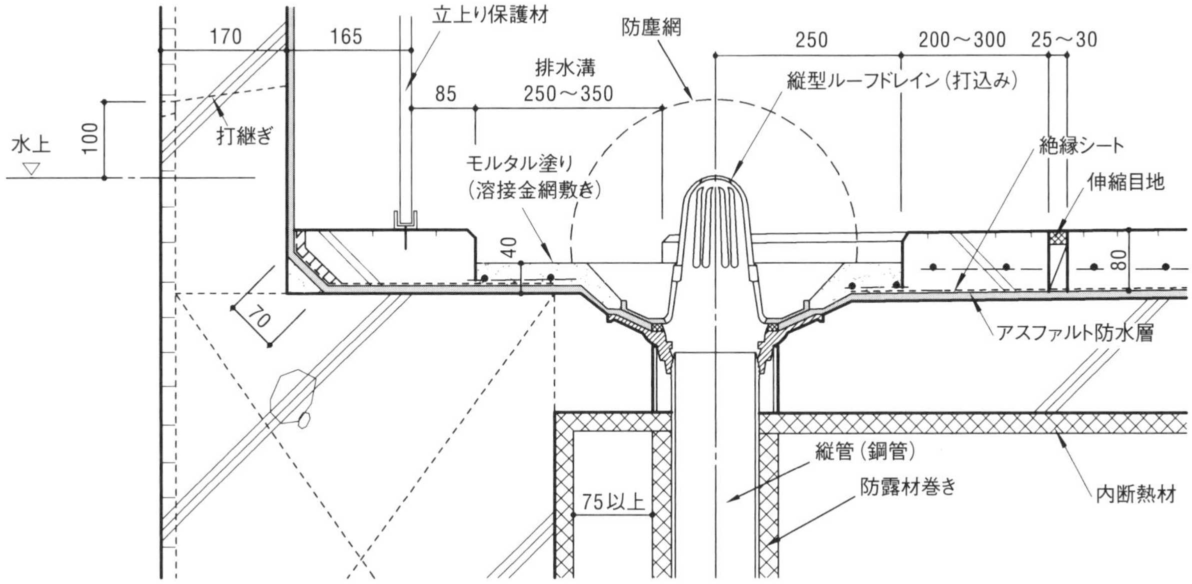

ルーフドレインは、スラブ面より下げる（15mm程度）。

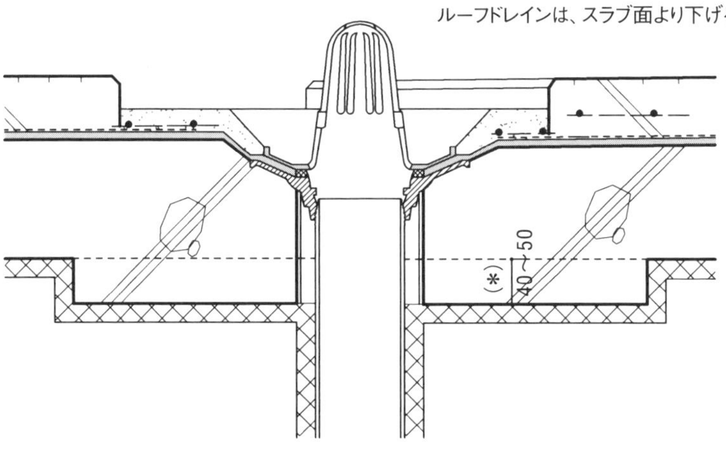

（＊）ルーフドレインを設置する部分のスラブは、鉄筋補強とするか、一部を40〜50mm下げることが望ましい。

横型ルーフドレインの場合

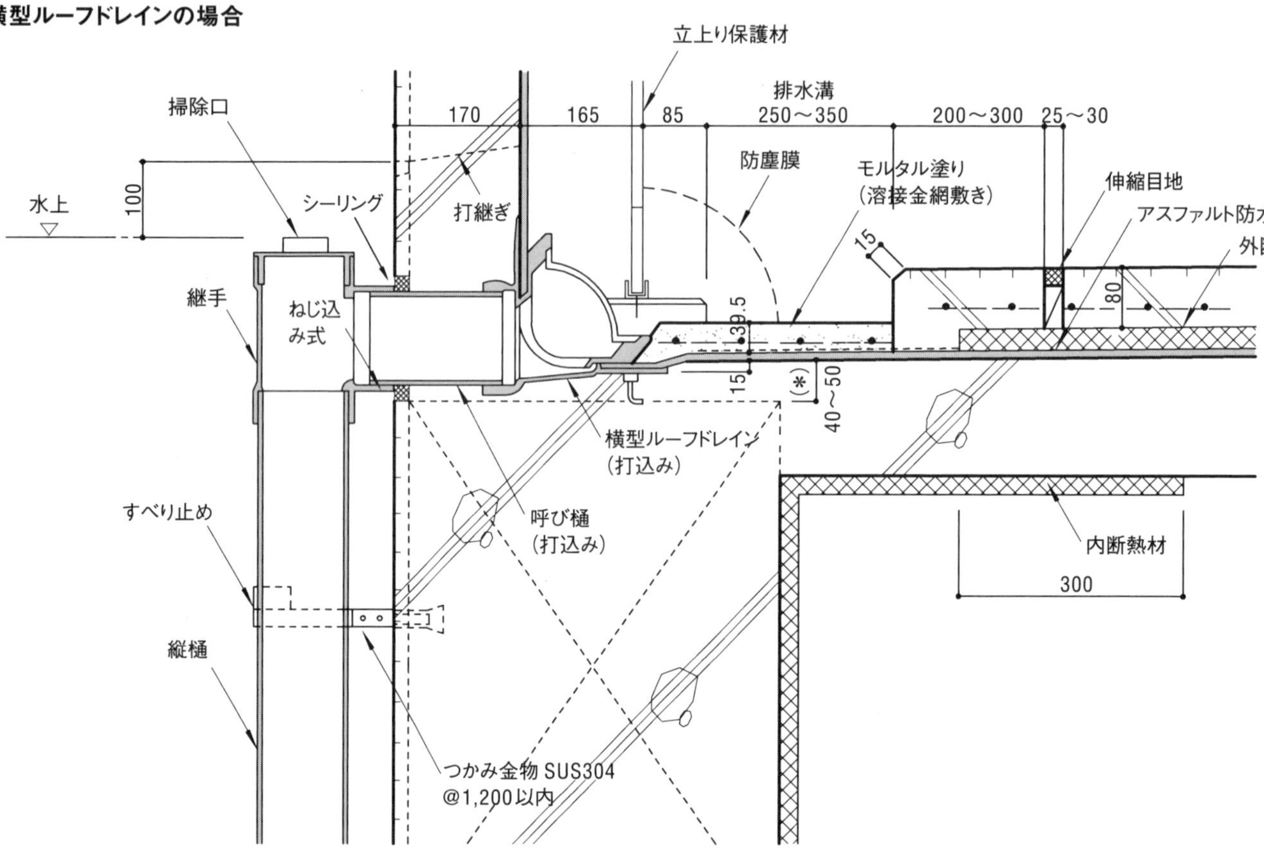

（*）梁に断面欠損が生じないように、梁天端をスラブ面から40～50mm程度下げる。

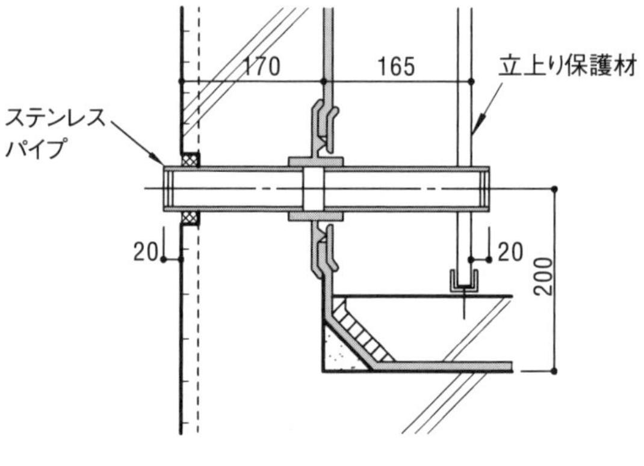

〔オーバーフロー管〕

注1：ルーフドレインの排水能力を超える集中豪雨時や、目詰りが発生した時に、一時的に屋上の雨水を排水する。
2：サッシがある場合、オーバーフロー管よりも高い位置に設置する。

◆No.6（ハト小屋）

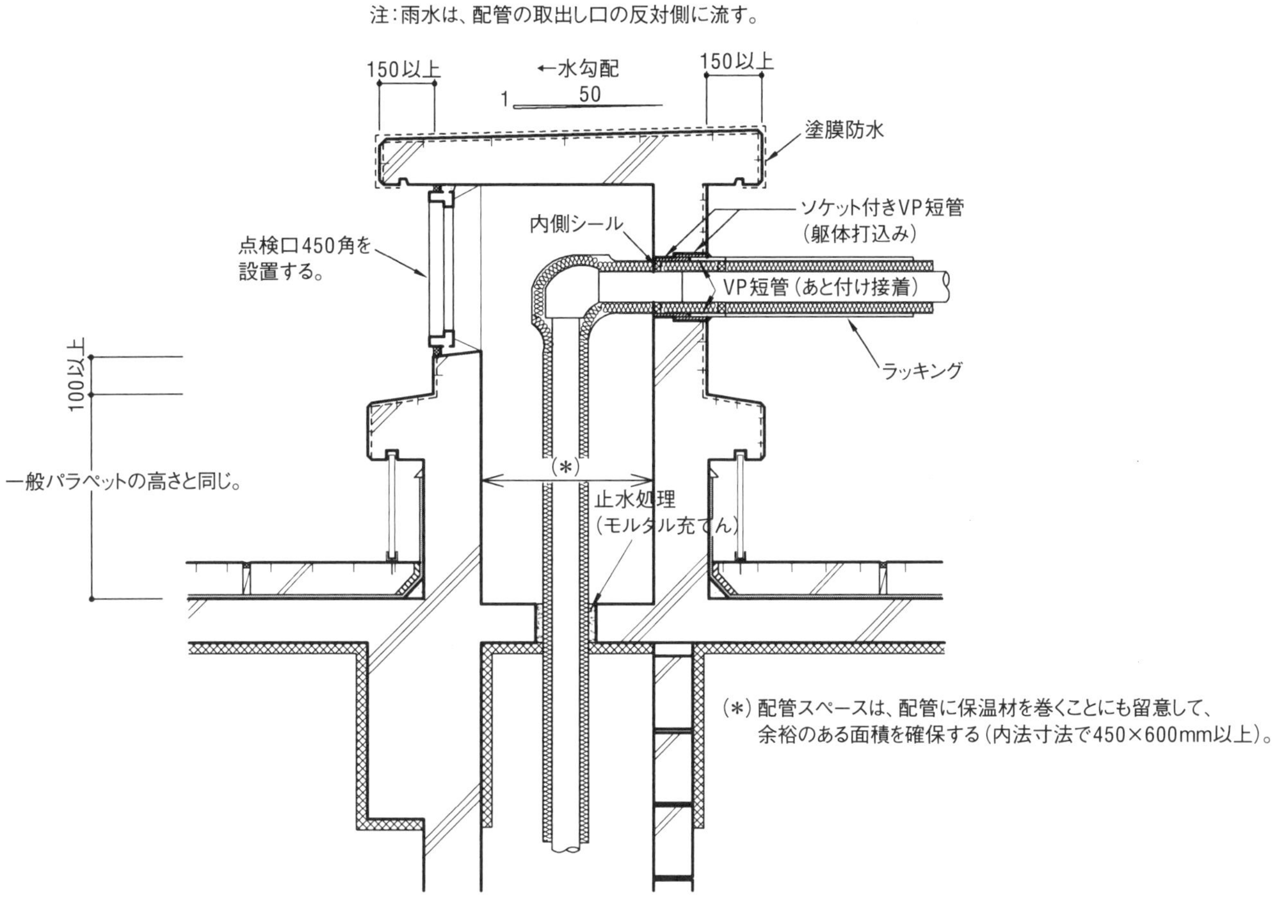
注：雨水は、配管の取出し口の反対側に流す。
150以上
←水勾配
1　50
150以上
塗膜防水
ソケット付きVP短管
（躯体打込み）
内側シール
点検口450角を
設置する。
VP短管（あと付け接着）
ラッキング
100以上
一般パラペットの高さと同じ。
（*）
止水処理
（モルタル充てん）
（*）配管スペースは、配管に保温材を巻くことにも留意して、
余裕のある面積を確保する（内法寸法で450×600mm以上）。

◆No.7（設備架台）

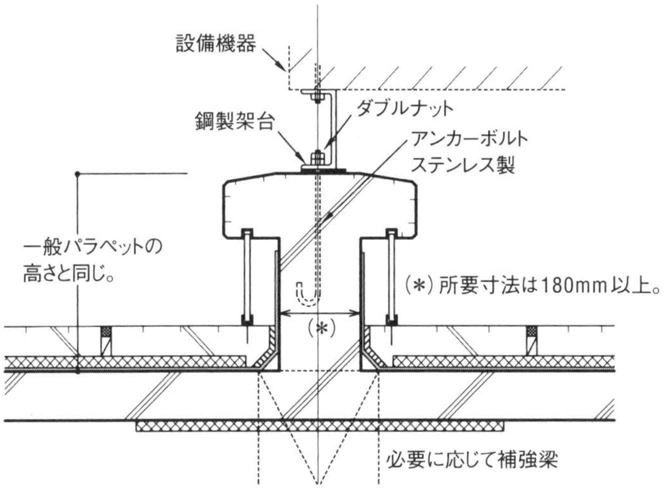
設備機器
鋼製架台
ダブルナット
アンカーボルト
ステンレス製
一般パラペットの
高さと同じ。
（*）所要寸法は180mm以上。
（*）
必要に応じて補強梁

〔重量機器の基礎（1,000kg/m²を超える大型機器）〕

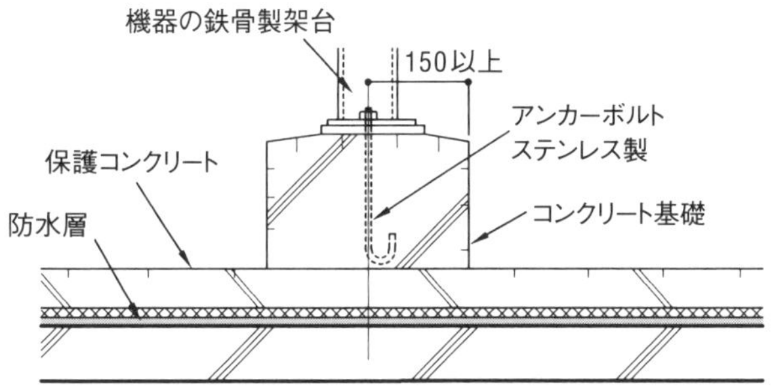
機器の鉄骨製架台
150以上
アンカーボルト
ステンレス製
保護コンクリート
コンクリート基礎
防水層

〔軽量機器の基礎（1,000kg/m²以下の機器）〕

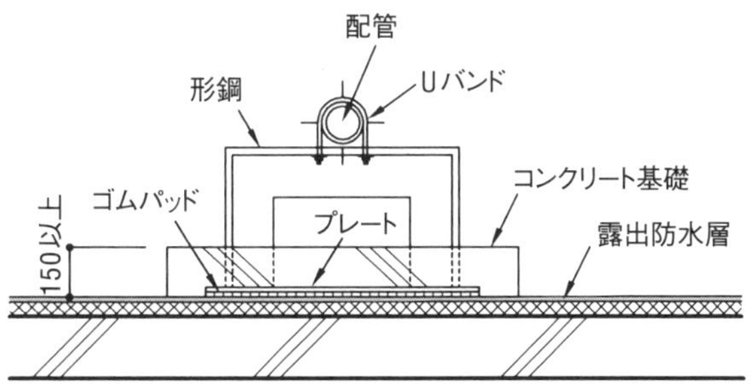
配管
形鋼
Uバンド
コンクリート基礎
ゴムパッド
プレート
露出防水層
150以上

〔屋上ころがし配管基礎（500kg/m²以下の機器）〕

設備架台の留意事項

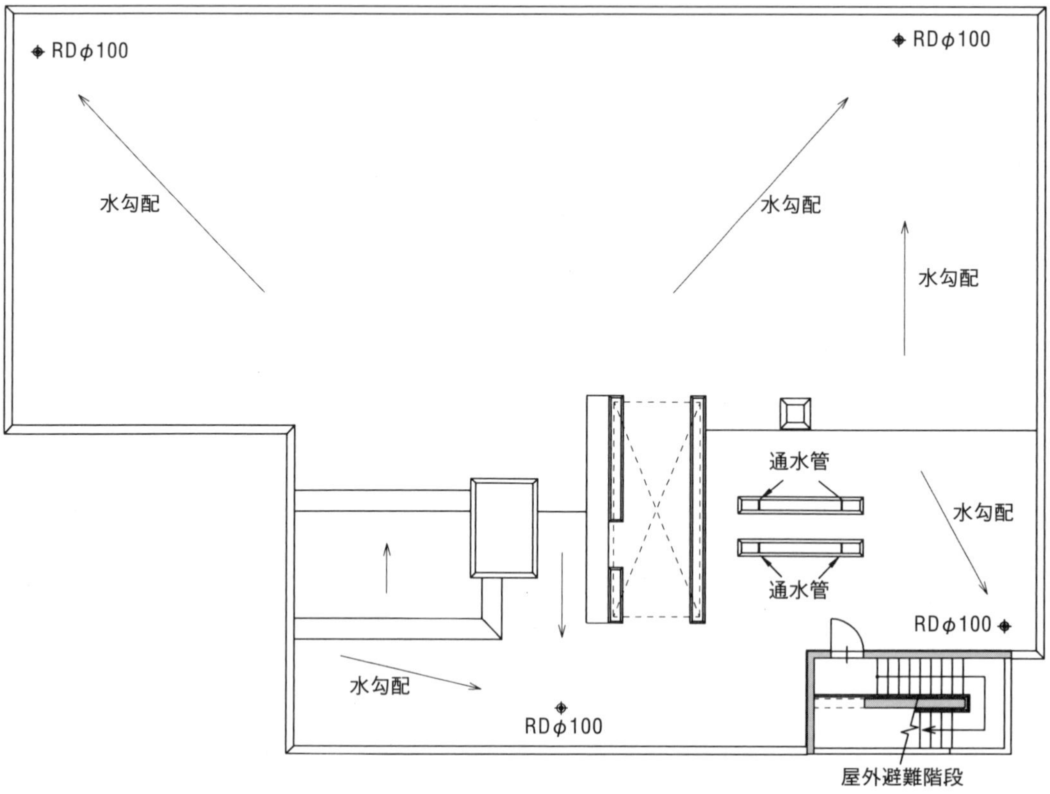
RDφ100
RDφ100
水勾配
水勾配
水勾配
通水管
水勾配
通水管
RDφ100
水勾配
RDφ100
屋外避難階段

屋上平面図

注：連続する基礎の場合、屋根の水勾配と平行するように配置する。
止むを得ない場合、通水管（硬質塩ビ管φ50）を設置する。

◆No.8（エレベータ機械室）

（＊1）A寸法が200mm以上の場合は、B＝1.8m以上必要。
不足している場合は、機械室面積として認められない。

（＊2）機械室の有効高さは、エレベータの速度によって決められている。

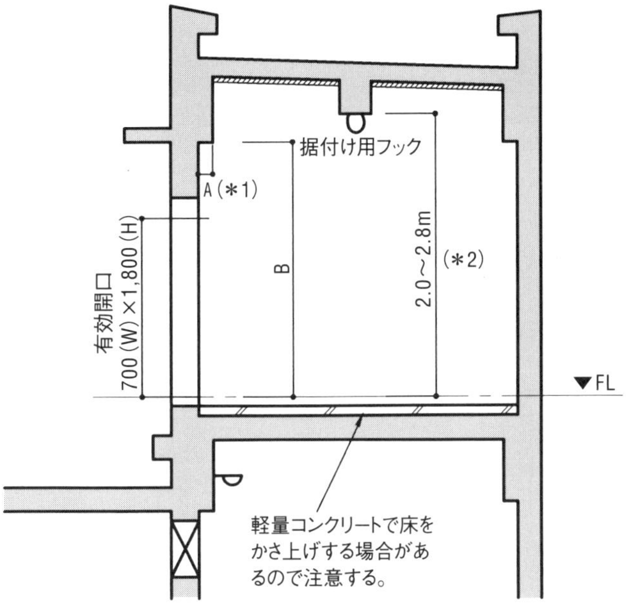

◆No.9（丸環）

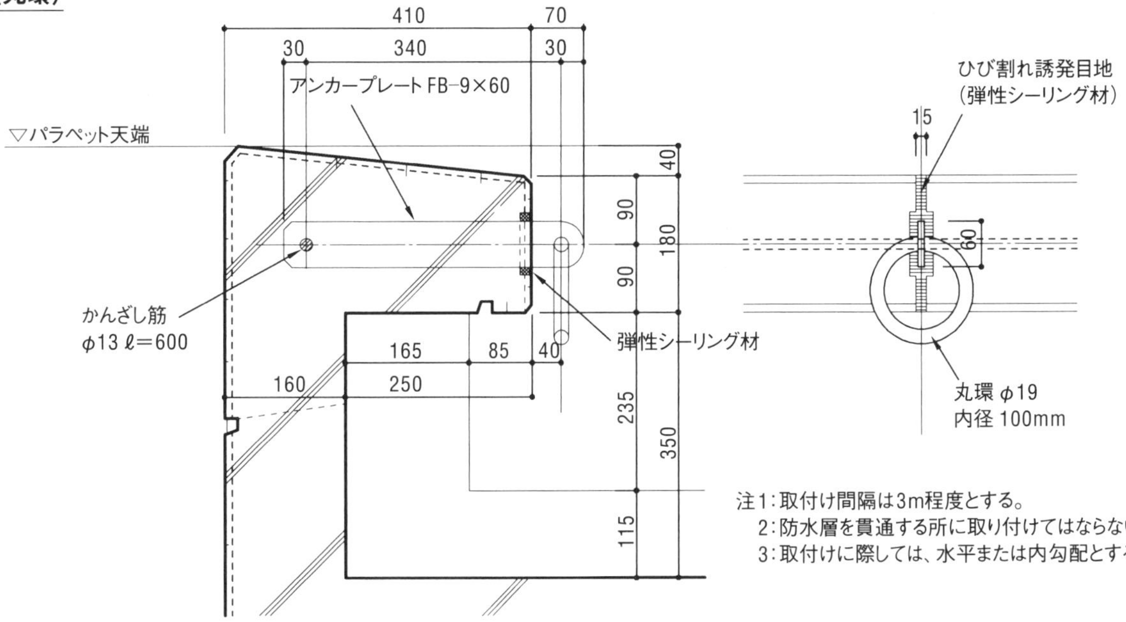

注1：取付け間隔は3m程度とする。
2：防水層を貫通する所に取り付けてはならない。
3：取付けに際しては、水平または内勾配とする。

◆No.10（水切り）

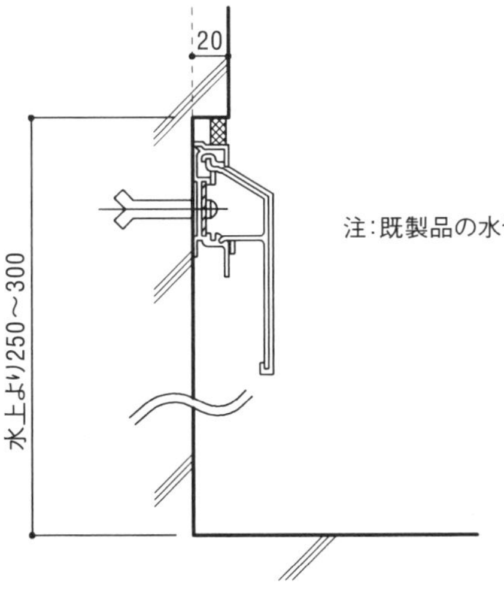

注：既製品の水切りを使う場合、躯体の欠込みが必要。

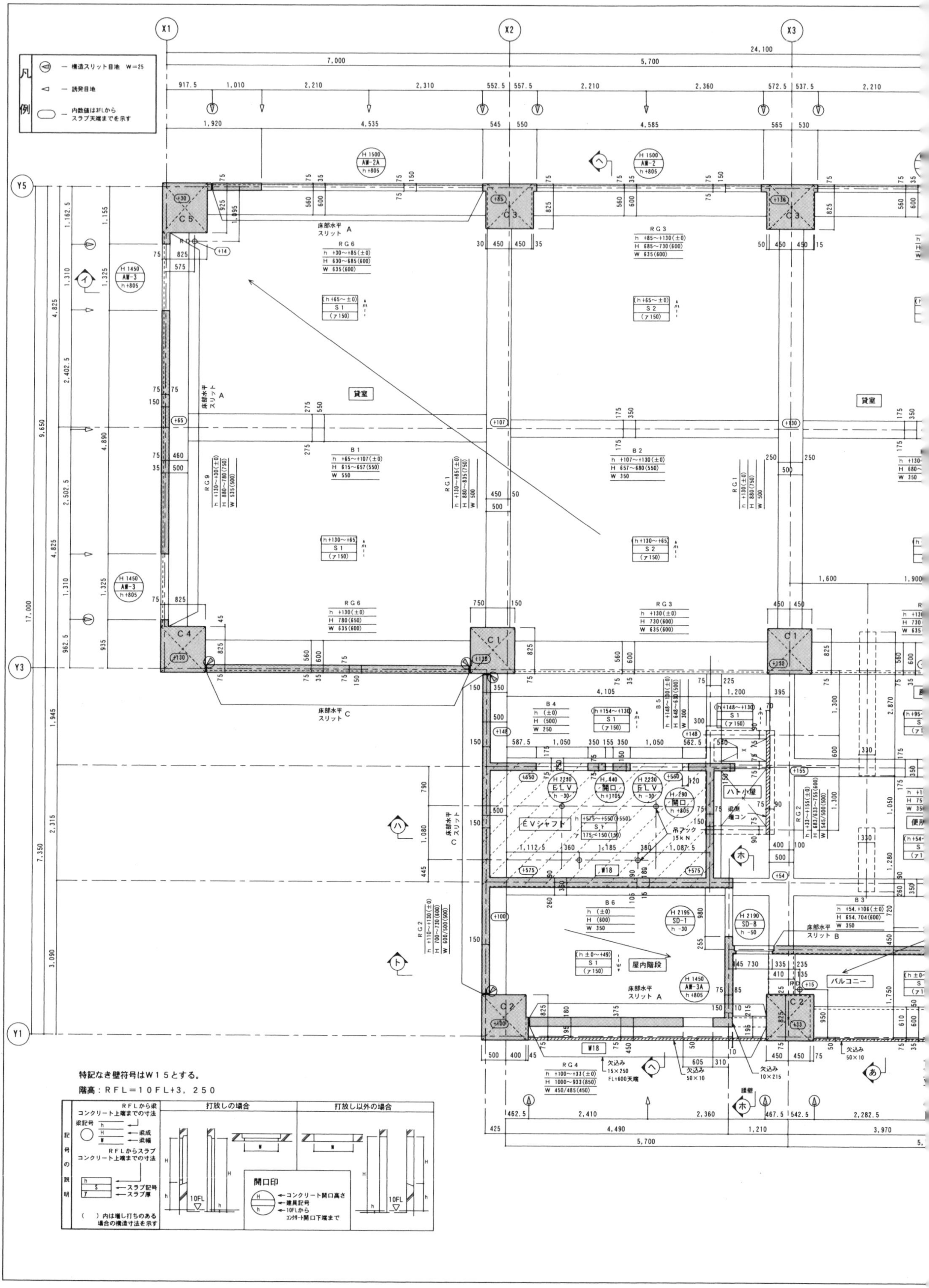
凡例
構造スリット目地 W=25
誘発目地
内数値は3FLからスラブ天端までを示す
X1
X2
X3
Y5
Y3
Y1
24,100
7,000
5,700
貸室
床部水平スリット A
床部水平スリット C
EVシャフト
ELV
ハト小屋
屋内階段
バルコニー
吊フック 15kN
特記なき壁符号はW15とする。
階高：RFL＝10FL+3，250
記号の説明
RFLから梁コンクリート上端までの寸法
梁記号
梁成
梁幅
RFLからスラブコンクリート上端までの寸法
スラブ記号
スラブ厚
（　）内は増し打ちのある場合の構造寸法を示す
打放しの場合
打放し以外の場合
開口印
コンクリート開口高さ
建具記号
10FLからコンクリート開口下端まで

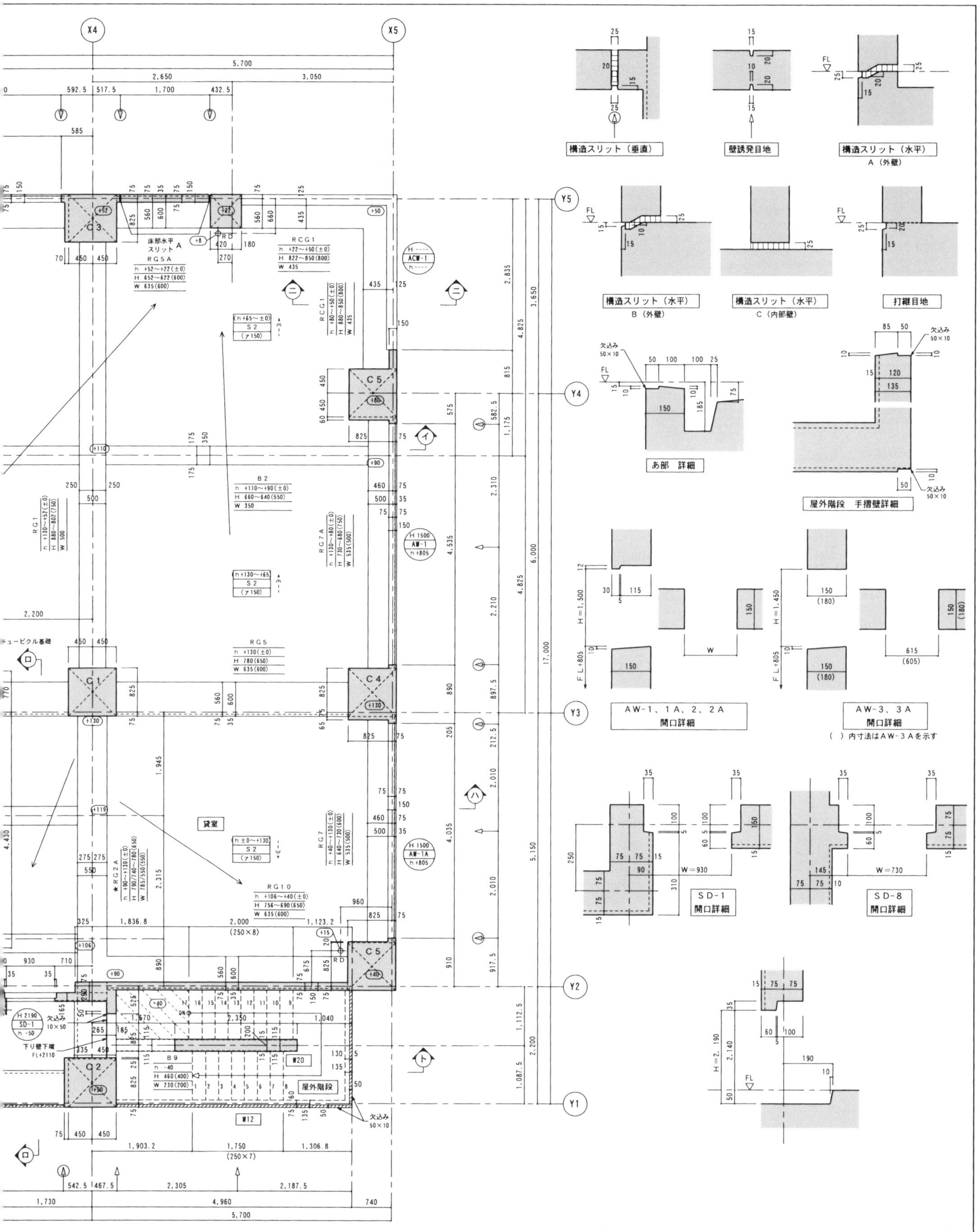

工事名	○○ビル新築工事			
図　名	最上階　躯体平面図			
縮　尺	1/50	日　付	○年 ○月 ○日	図面番号
担　当	○○	作　図	○○	○○○
○○建設株式会社○○支店				

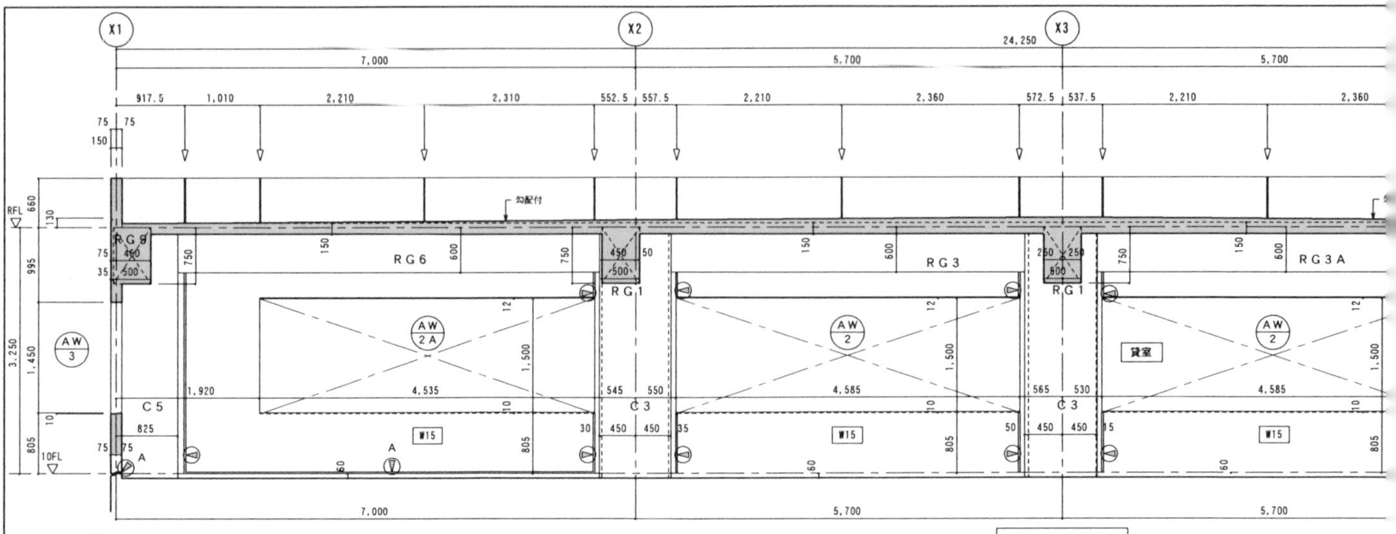

イ〜イ 断面図

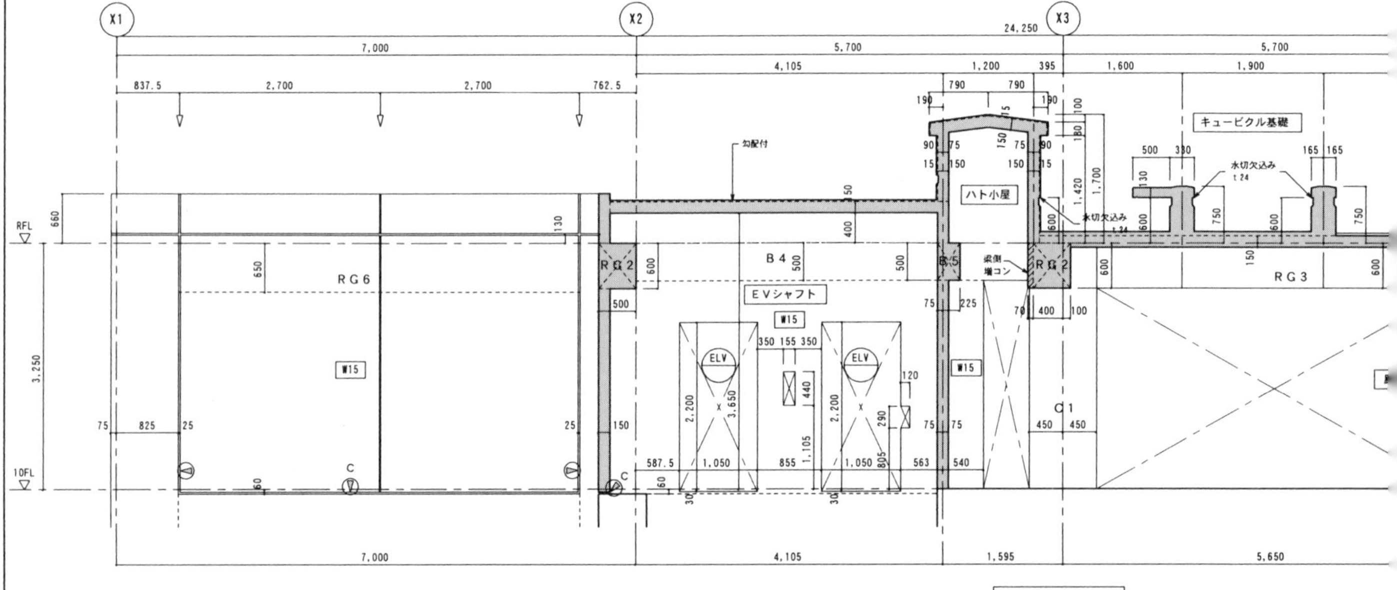

ハ〜ハ 断面図

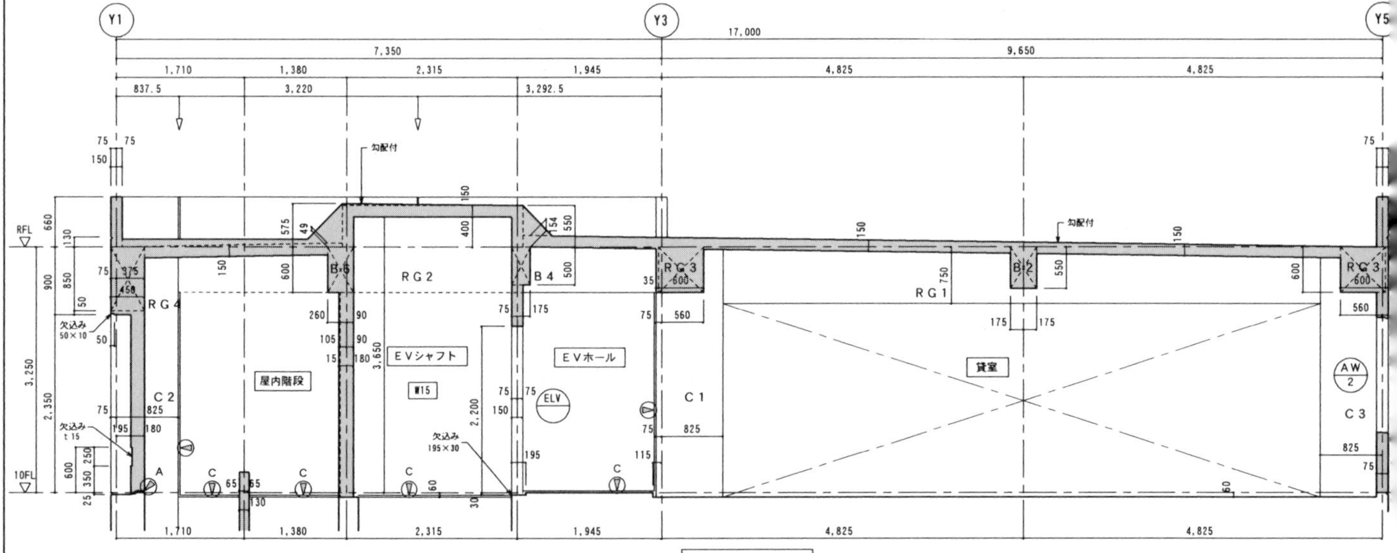

ヘ〜ヘ 断面図

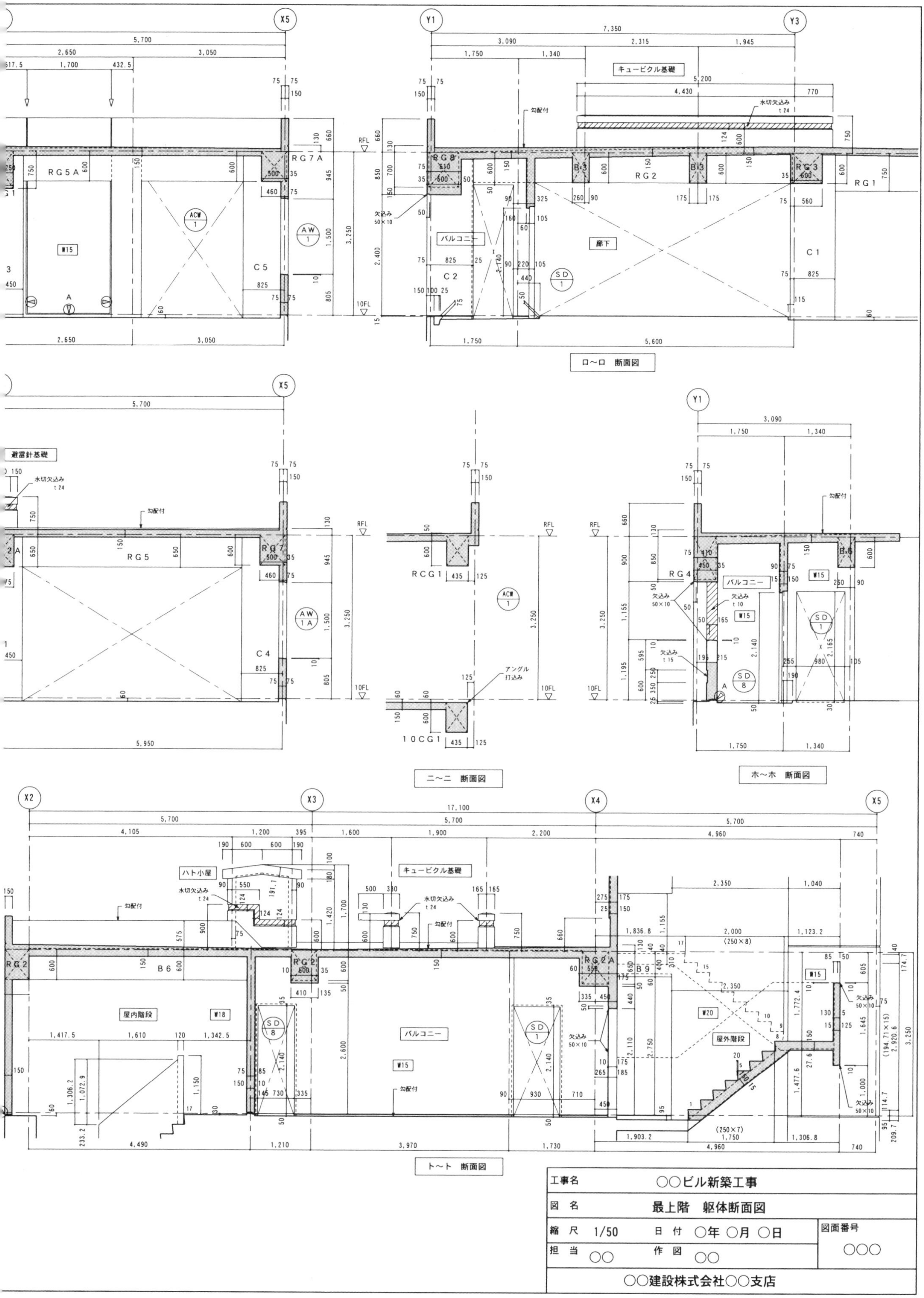
キュービクル基礎
水切欠込み t 24
勾配付
RG5A
RG7A
RG8
RG2
RG3
RG1
B3
バルコニー
廊下
C5
C2
C1
ロ～ロ　断面図
避雷針基礎
RG5
RG7
RCG1
10CG1
C4
アングル打込み
RG4
B6
ニ～ニ　断面図
ホ～ホ　断面図
ハト小屋
屋内階段
屋外階段
RG2A
B9
ト～ト　断面図
工事名　○○ビル新築工事
図名　最上階　躯体断面図
縮尺　1/50
日付　○年　○月　○日
図面番号　○○○
担当　○○
作図　○○
○○建設株式会社○○支店

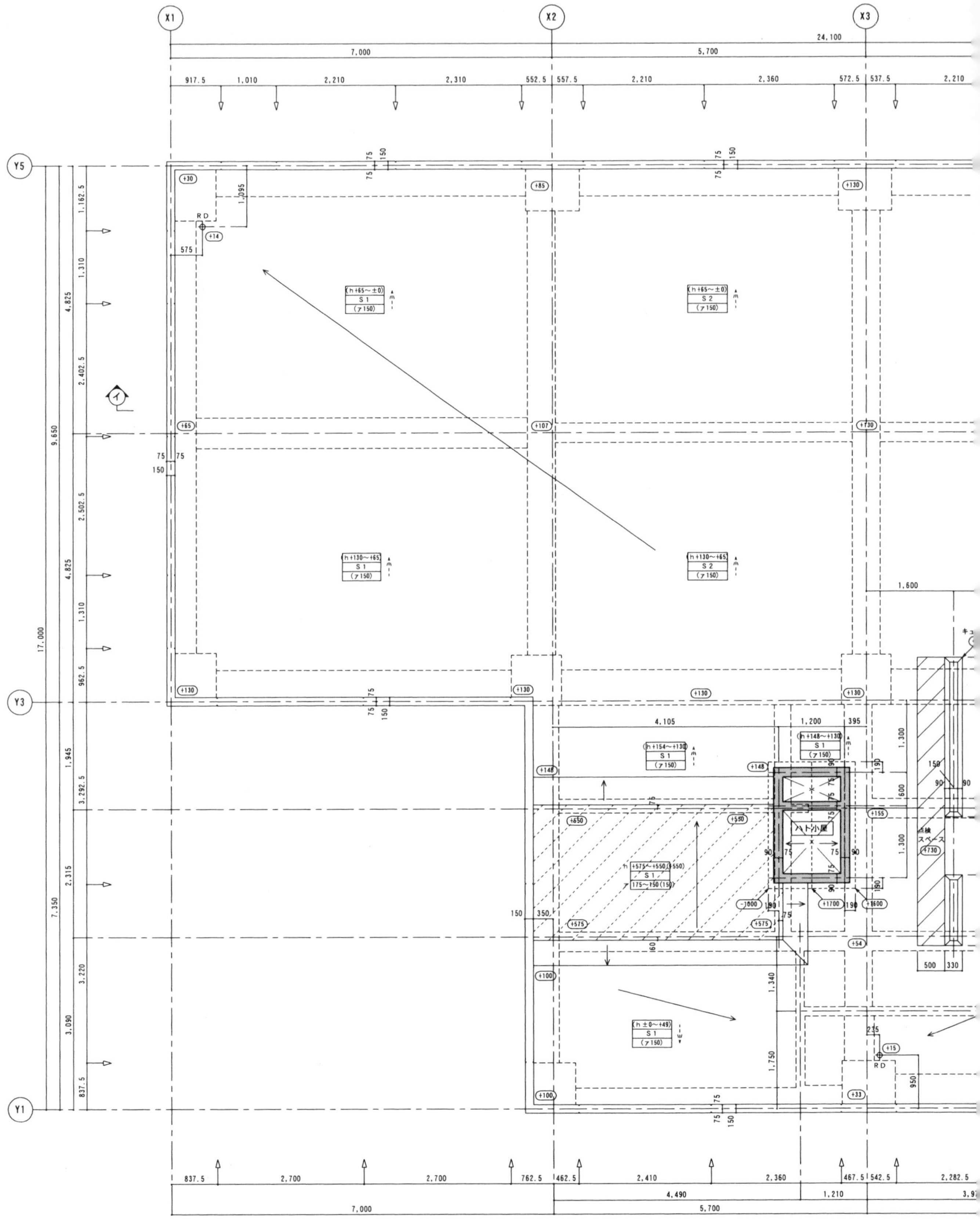

特記なき壁符号はＷ１５とする。

凡例

記号	内容
◁（丸囲み）	― 構造スリット目地　W=25
◁	― 誘発目地
⬭	― 内数値はRFLから スラブ天端までを示す

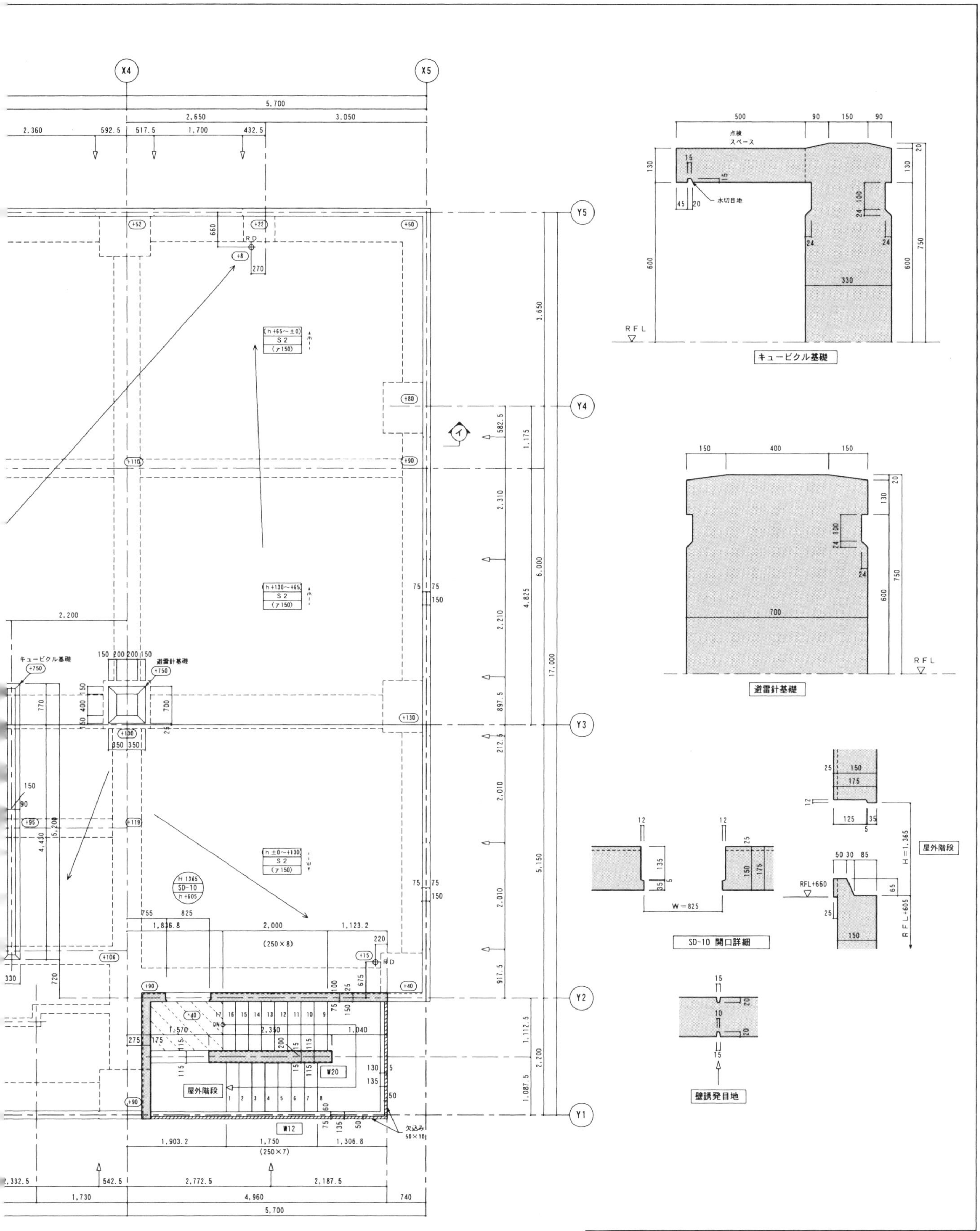

工事名	○○ビル新築工事			
図 名	最上階 床伏図			
縮 尺	1/50	日 付	○年 ○月 ○日	図面番号
担 当	○○	作 図	○○	○○○
○○建設株式会社○○支店				

6 その他

◆構造スリット

基本的な設置位置

(──── :スリット)

※を完全スリットした場合の袖壁は、
方立て壁として扱う。

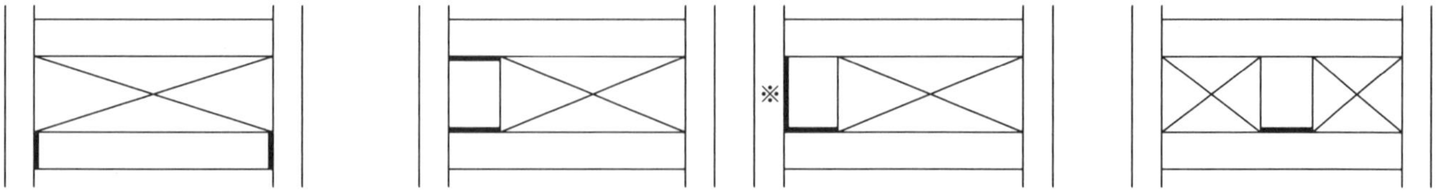
※
垂れ壁・腰壁
袖壁
方立て壁

構造スリットの記入方法例

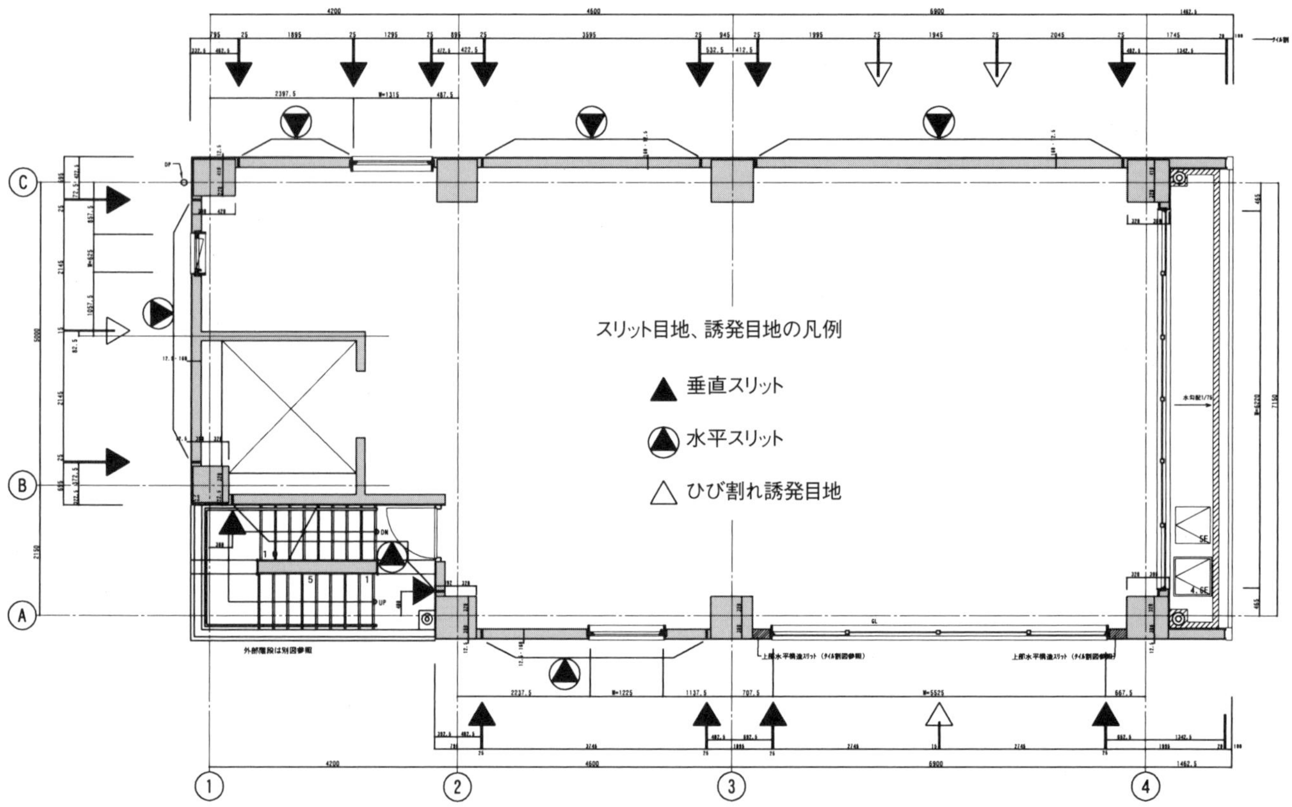
スリット目地、誘発目地の凡例
垂直スリット
水平スリット
ひび割れ誘発目地

垂直スリット

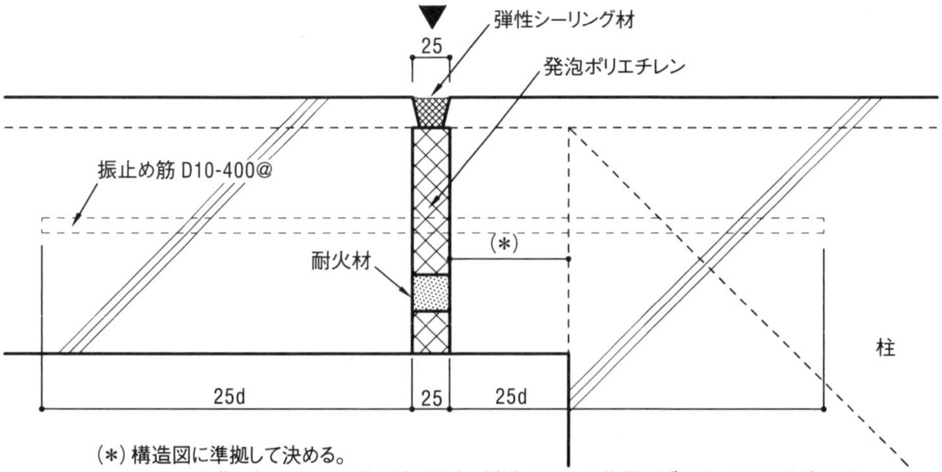
弾性シーリング材
25
発泡ポリエチレン
振止め筋 D10-400@
(*)
耐火材
柱
25d
25
25d

(*) 構造図に準拠して決める。
ただし、上階に行くにつれて柱を絞る場合、構造スリットの位置がずれないように注意する
(*の寸法は変化する)。

水平スリット

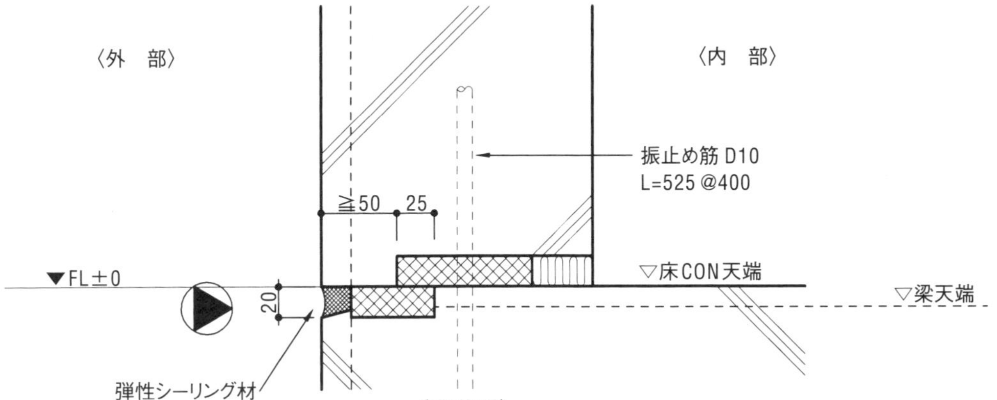
〈外　部〉
〈内　部〉
振止め筋 D10
L=525 @400
≧50
25
▼FL±0
20
▽床CON天端
▽梁天端
弾性シーリング材

(段差型)

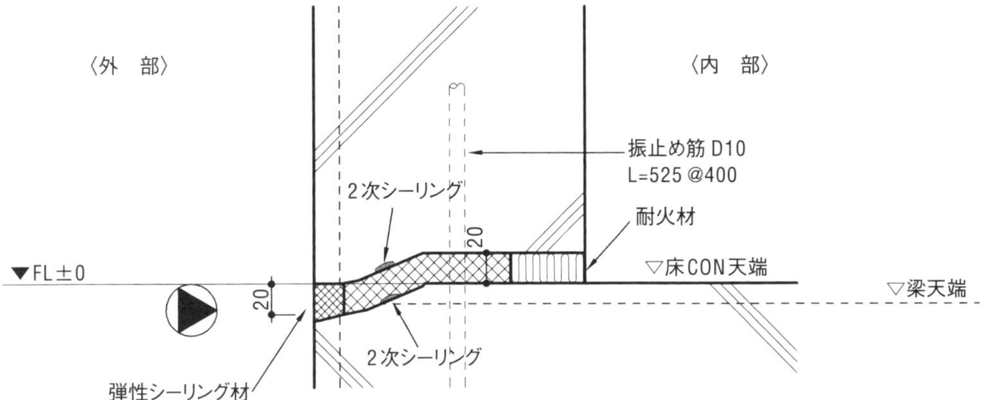
〈外　部〉
〈内　部〉
振止め筋 D10
L=525 @400
2次シーリング
20
耐火材
▽床CON天端
▼FL±0
▽梁天端
20
2次シーリング
弾性シーリング材

(テーパー型)

注意点！

(*) 防水と絡む場所では、スリットの高さや位置に注意する。

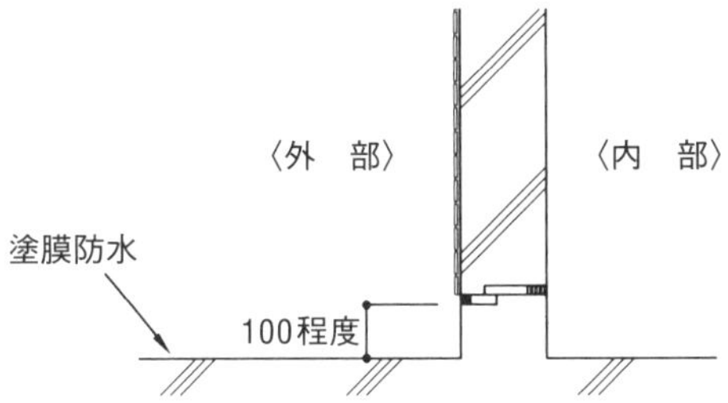
〈外　部〉
〈内　部〉
塗膜防水
100程度

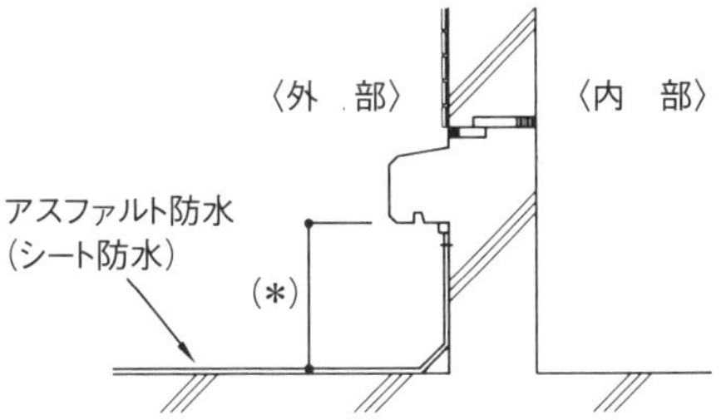
〈外　部〉
〈内　部〉
アスファルト防水
(シート防水)
(*)

注：床の高さが異なる場所では、スリットの高さを揃える。

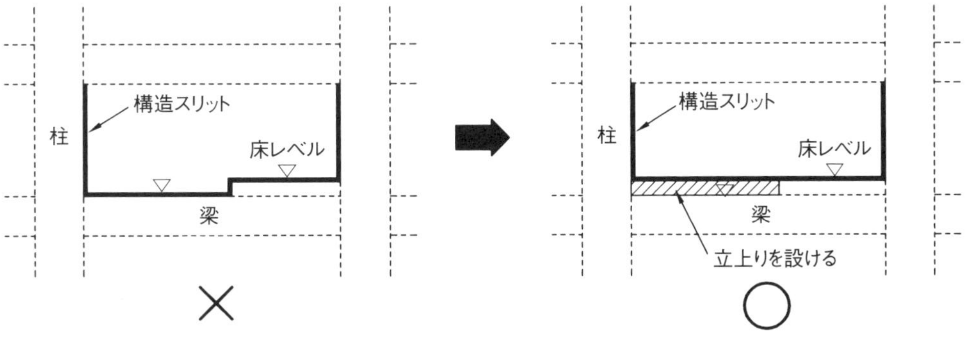
構造スリット
柱
床レベル
梁
×
構造スリット
柱
床レベル
梁
立上りを設ける
○

◆構造スリットの種類

複数のメーカーから、さまざまな形状の製品が市販されている。
このうち、水平スリットの形状が「段差型」と「テーパー型」のものを紹介する。

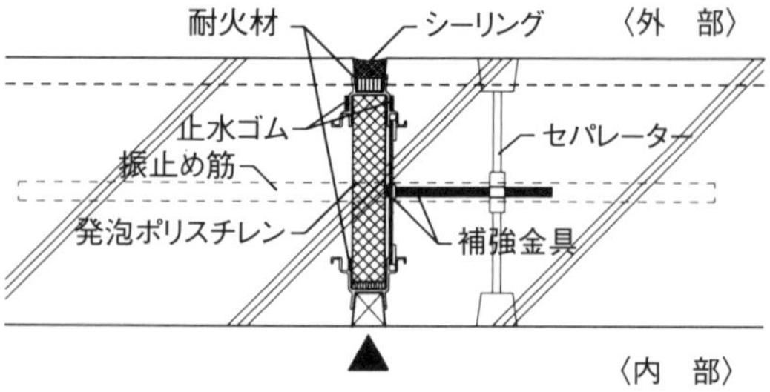

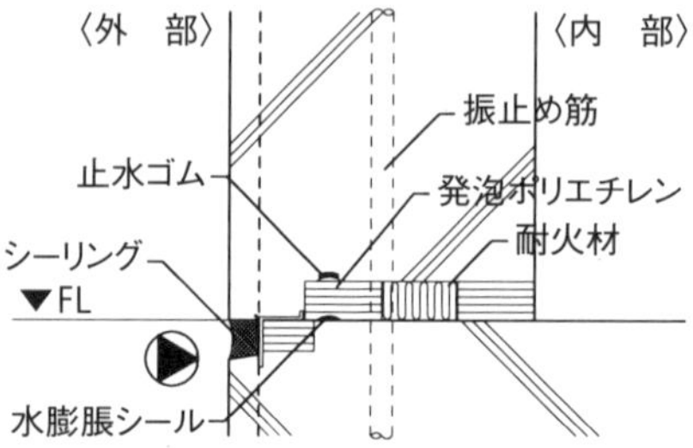

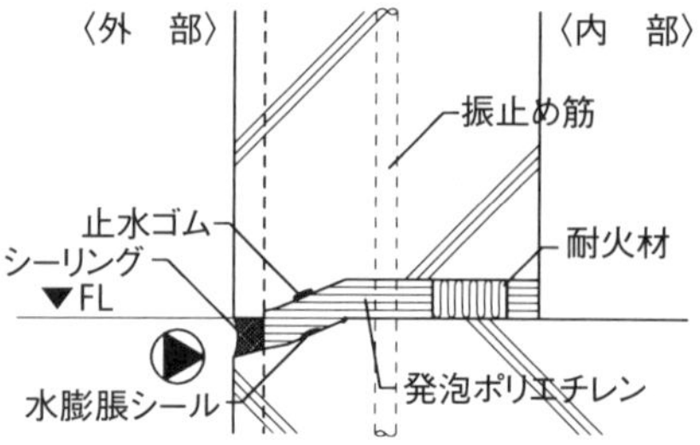

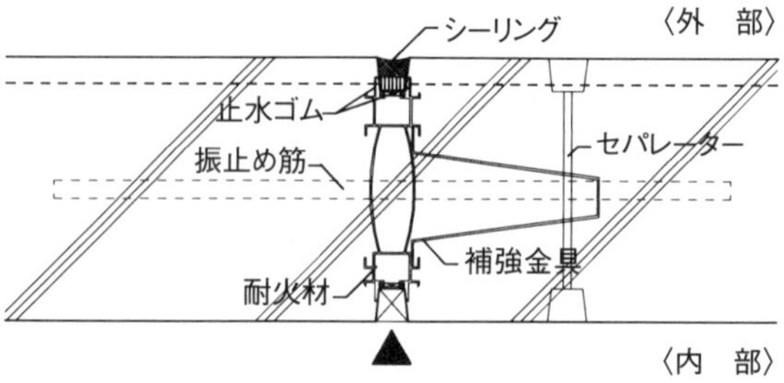

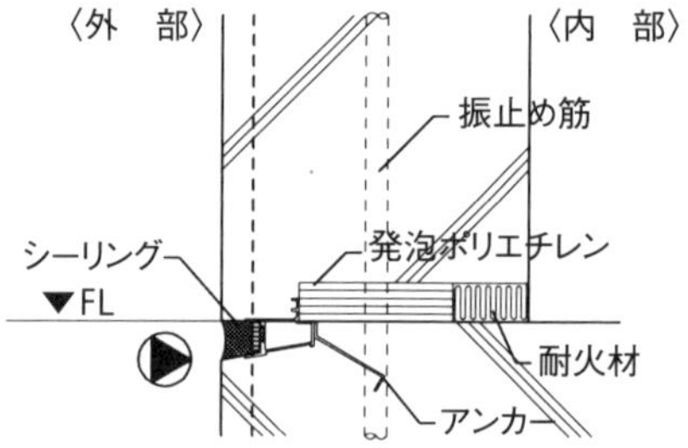

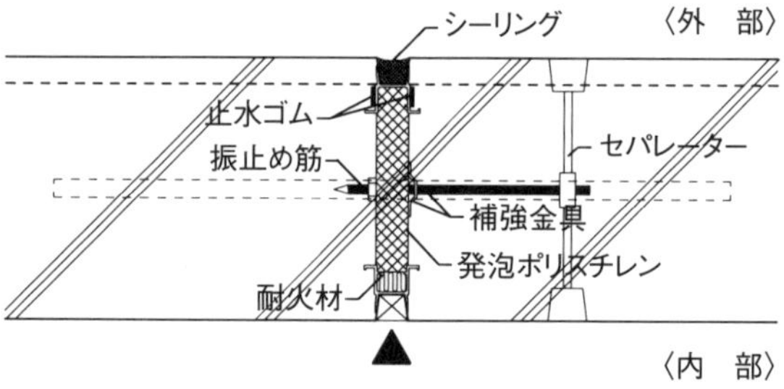

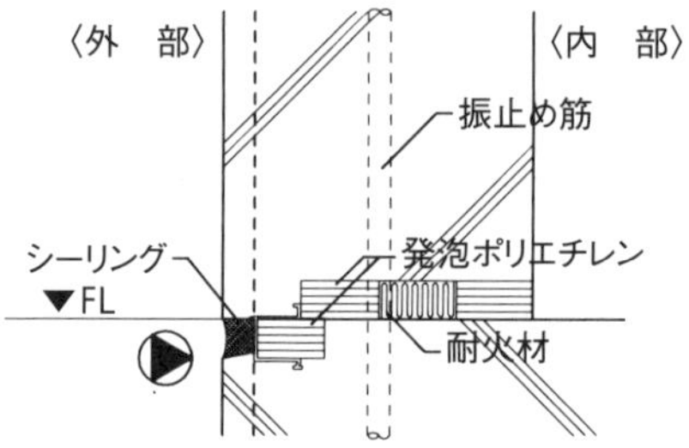

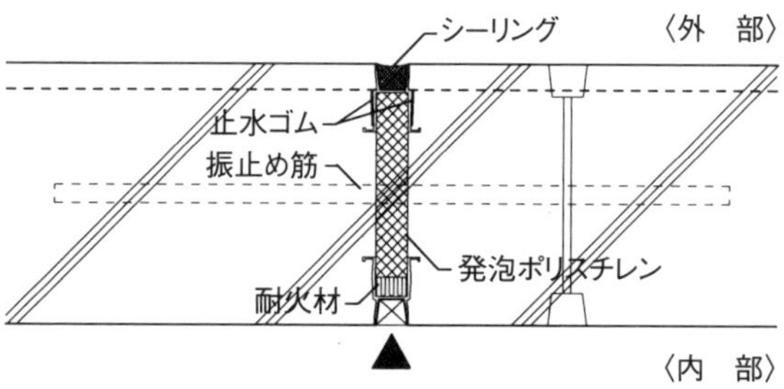

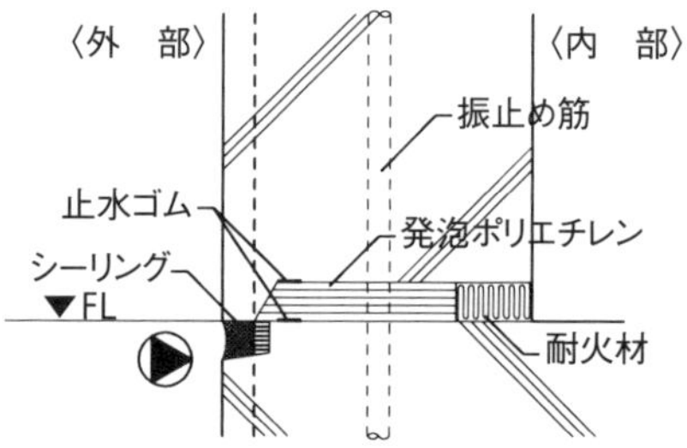

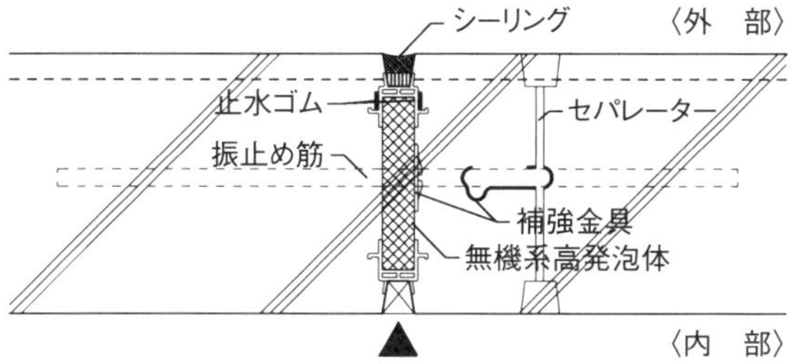
シーリング
〈外　部〉
止水ゴム
セパレーター
振止め筋
補強金具
無機系高発泡体
〈内　部〉

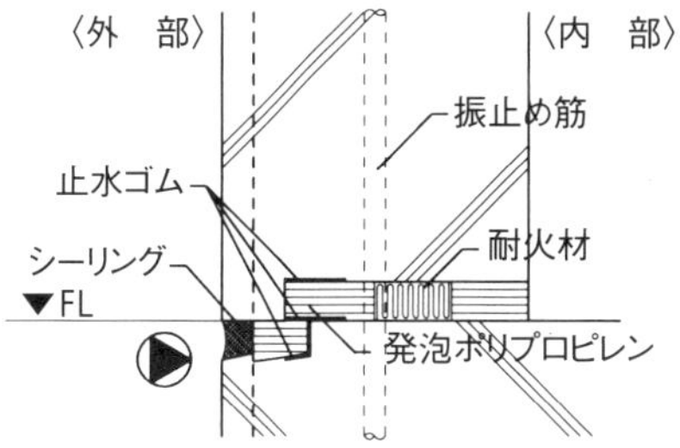
〈外　部〉
〈内　部〉
振止め筋
止水ゴム
耐火材
シーリング
▼FL
発泡ポリプロピレン

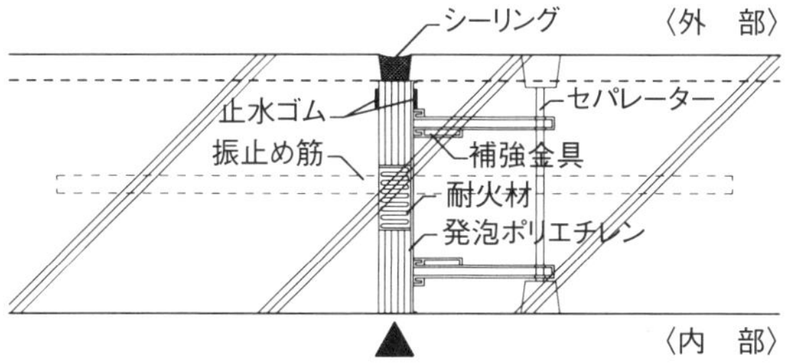
シーリング
〈外　部〉
止水ゴム
セパレーター
振止め筋
補強金具
耐火材
発泡ポリエチレン
〈内　部〉

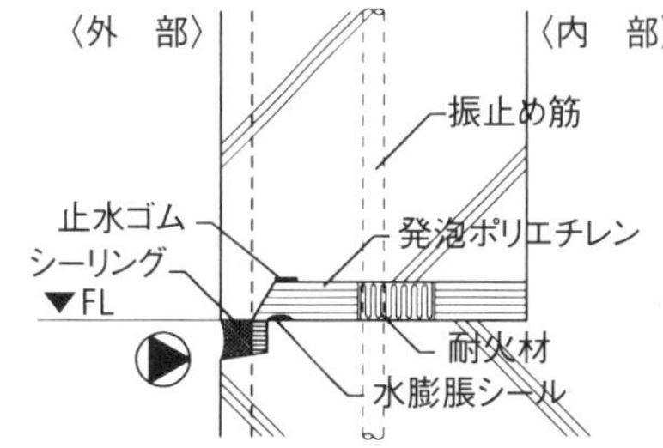
〈外　部〉
〈内　部〉
振止め筋
止水ゴム
発泡ポリエチレン
シーリング
▼FL
耐火材
水膨脹シール

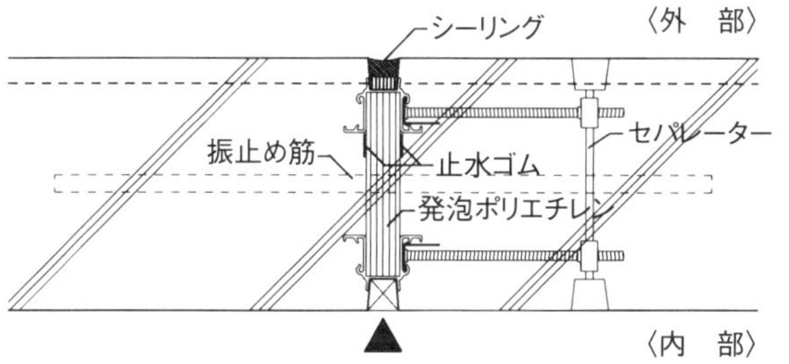
シーリング
〈外　部〉
セパレーター
振止め筋
止水ゴム
発泡ポリエチレン
〈内　部〉

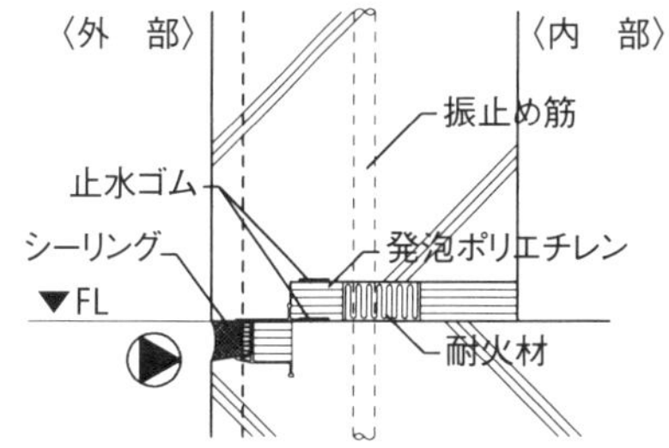
〈外　部〉
〈内　部〉
振止め筋
止水ゴム
シーリング
発泡ポリエチレン
▼FL
耐火材

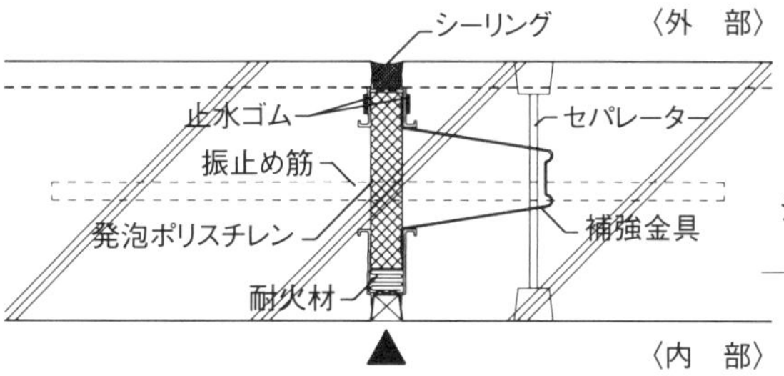
シーリング
〈外　部〉
止水ゴム
セパレーター
振止め筋
発泡ポリスチレン
補強金具
耐火材
〈内　部〉

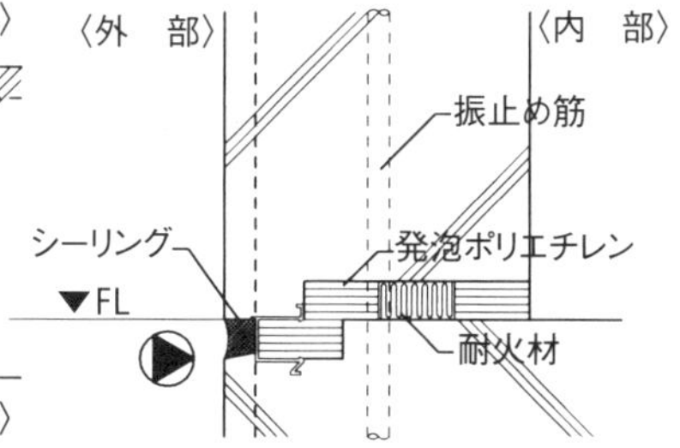
〈外　部〉
〈内　部〉
振止め筋
シーリング
発泡ポリエチレン
▼FL
耐火材

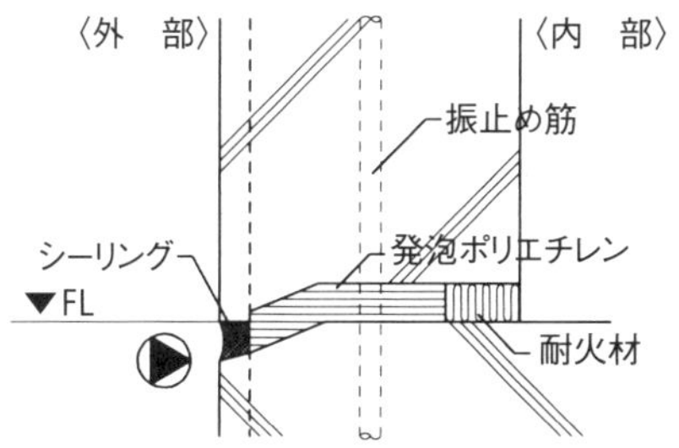
〈外　部〉
〈内　部〉
振止め筋
シーリング
発泡ポリエチレン
▼FL
耐火材

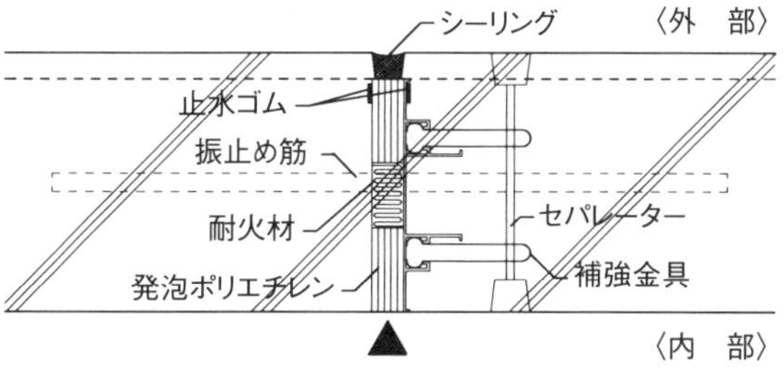
シーリング
〈外　部〉
止水ゴム
振止め筋
耐火材
セパレーター
補強金具
発泡ポリエチレン
〈内　部〉

6 その他

◆バルコニー

(＊) 屋内のスラブ天端よりも低くする。

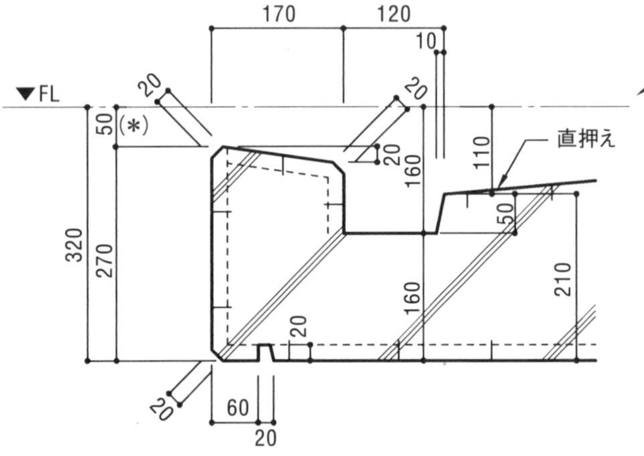

〔バルコニー詳細図〕

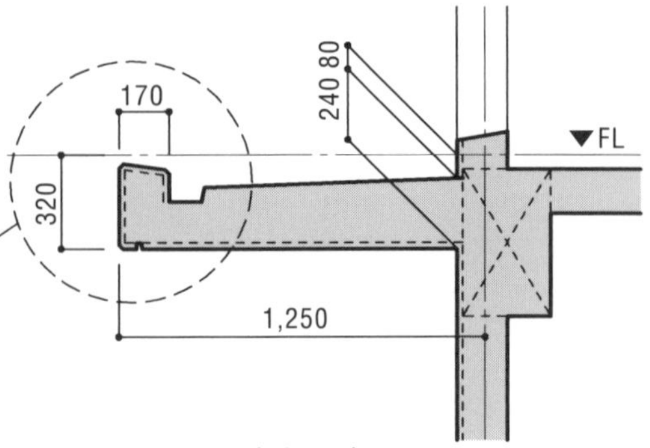

〔断　面〕

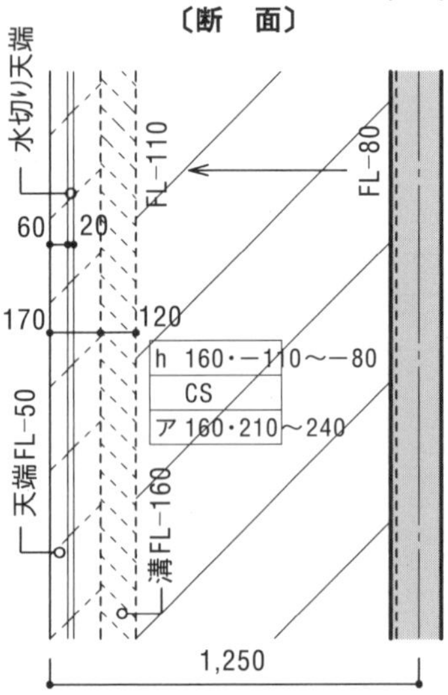

〔平　面〕

床の収縮目地

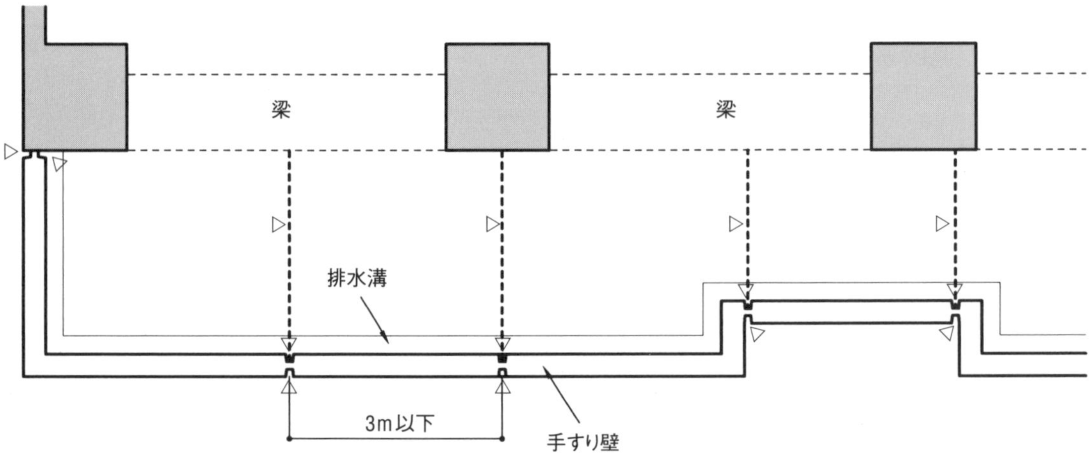

梁
梁
排水溝
3m以下
手すり壁

躯体断面図の表示方法

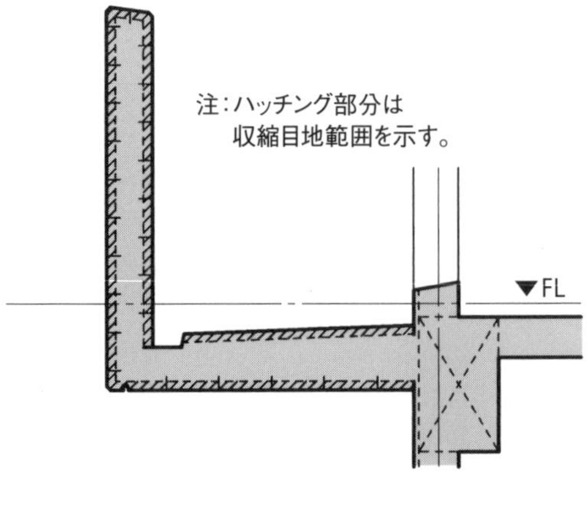

注：ハッチング部分は
収縮目地範囲を示す。
▼FL

◆非常用脱出口（避難ハッチ）

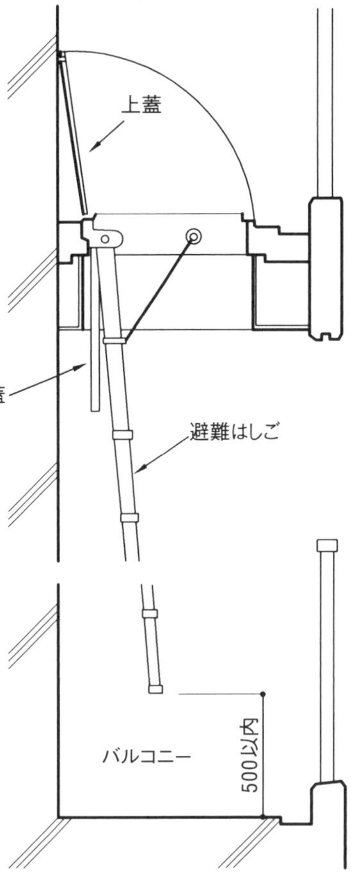

〔断　面〕

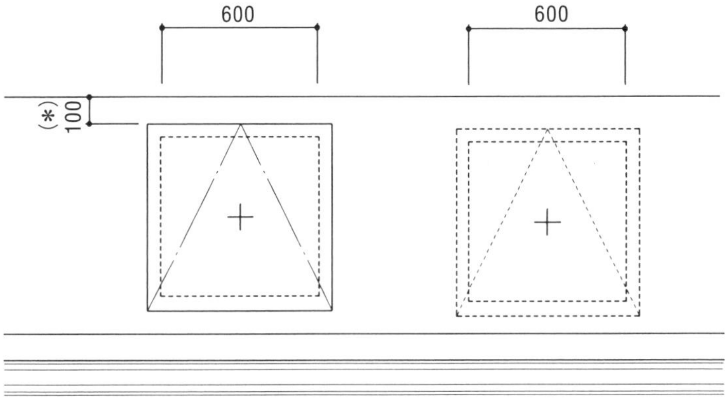

〔平　面〕

注：避難ハッチは、階ごとに交互に配置する。
　　また、使用の際に支障となる場所（設備機器等）を避けて設置する。

(*)壁からの離隔寸法は、自治体によって異なる。

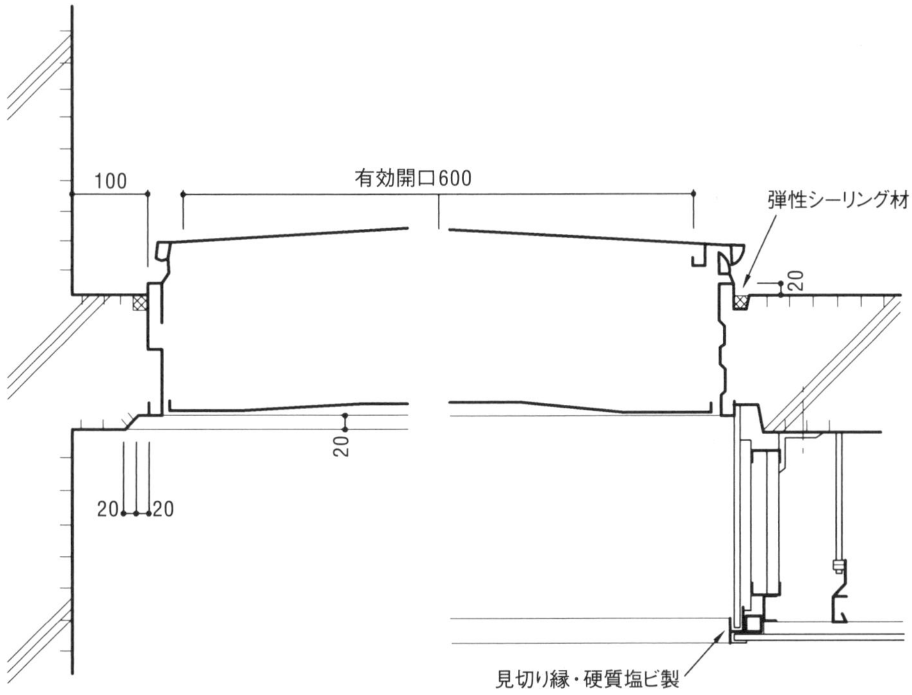

直天の場合　　軒天の場合

◆浴室（浴槽回り）

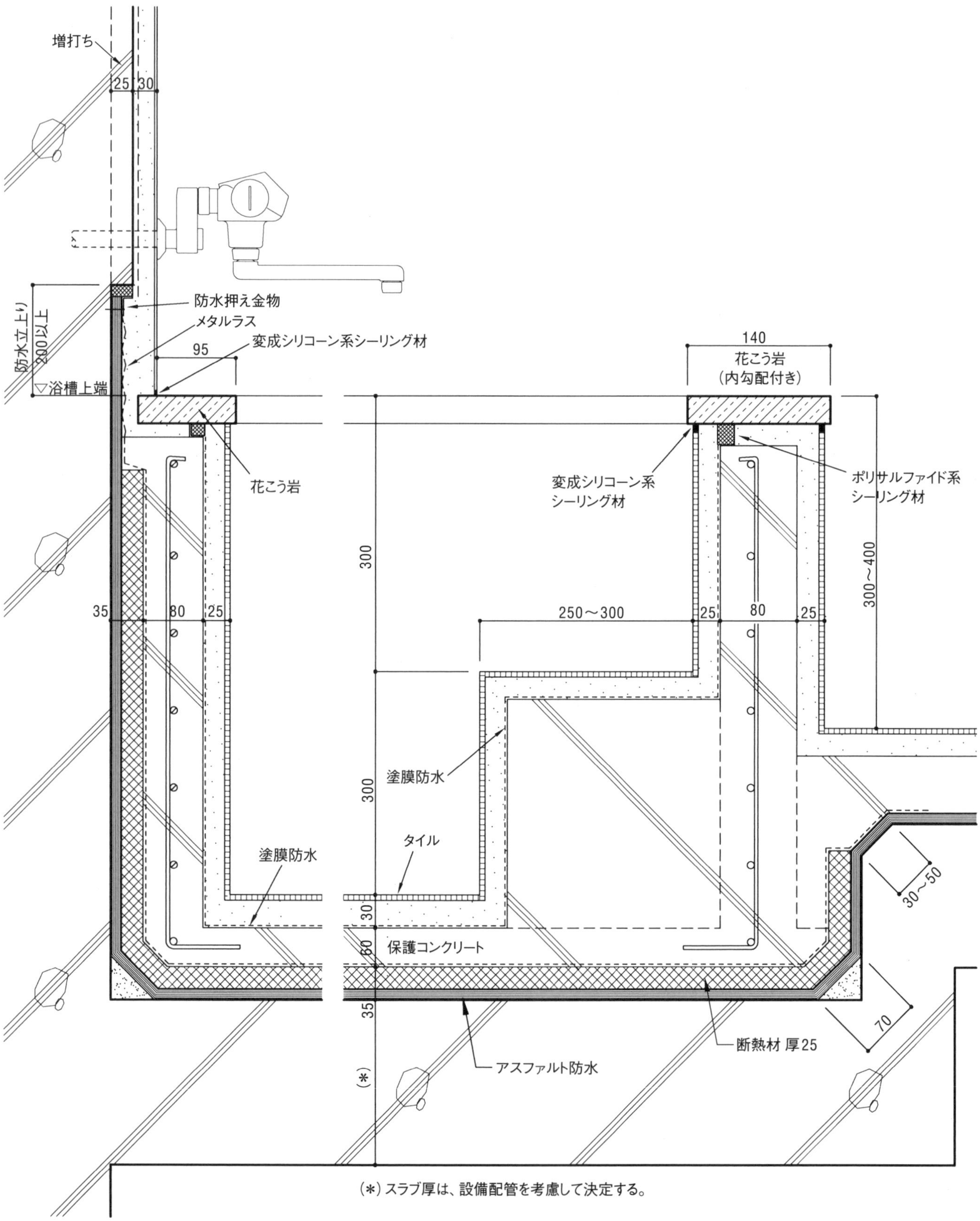

（*）スラブ厚は、設備配管を考慮して決定する。

◆浴室（窓回り）

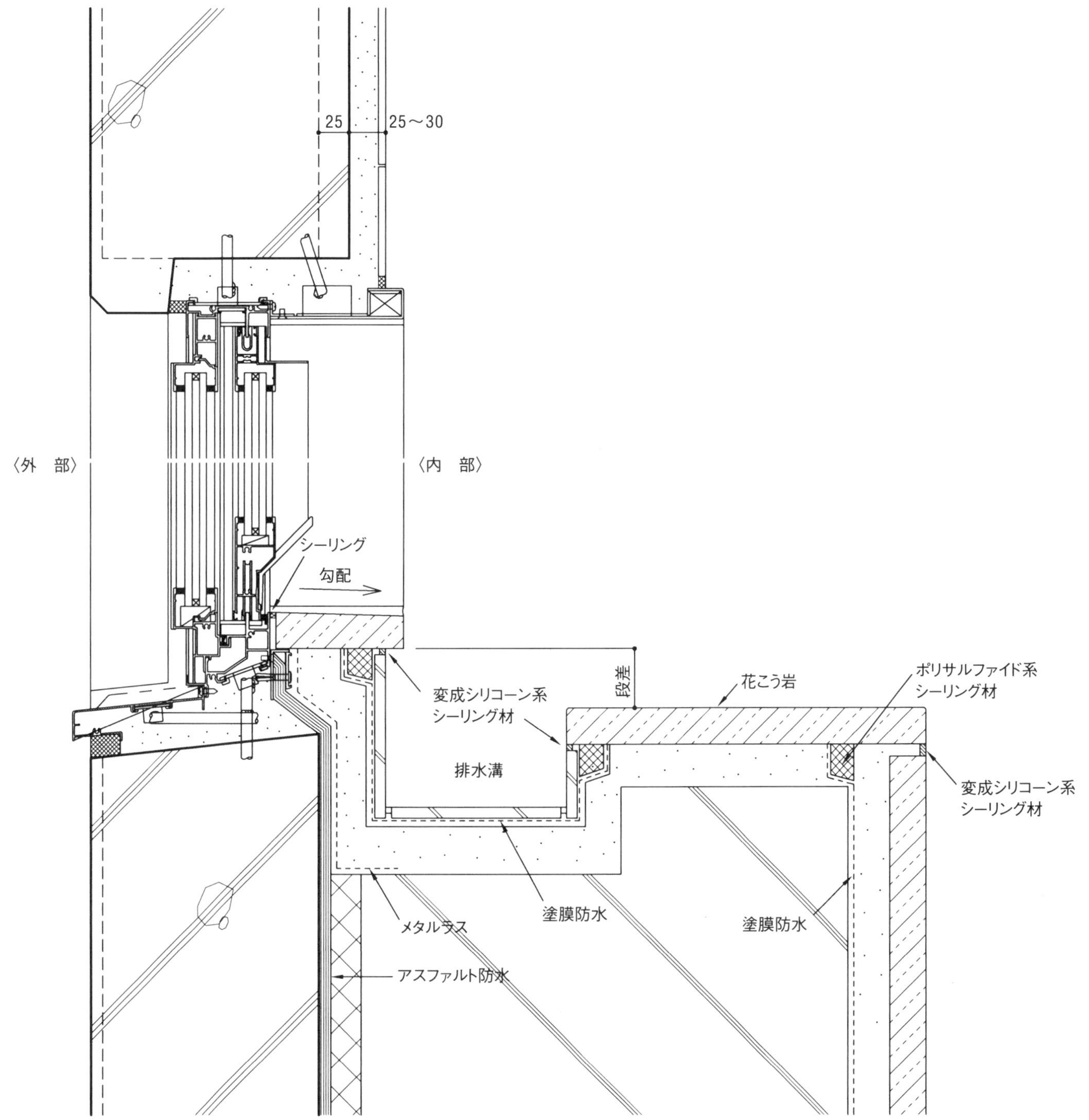
25
25～30
〈外　部〉
〈内　部〉
シーリング
勾配
段差
花こう岩
ポリサルファイド系
シーリング材
変成シリコーン系
シーリング材
排水溝
変成シリコーン系
シーリング材
メタルラス
塗膜防水
塗膜防水
アスファルト防水

各種仕上げと躯体との関係

壁や床で、仕上げ代の異なる材料が隣り合う場合、仕上げ面を揃えるためには、
下図のように躯体の位置をあらかじめ移動しておかなければならない。
したがって、仕上げ材料や工法による仕上げ代の知識は、躯体図の作成にあたって重要である。

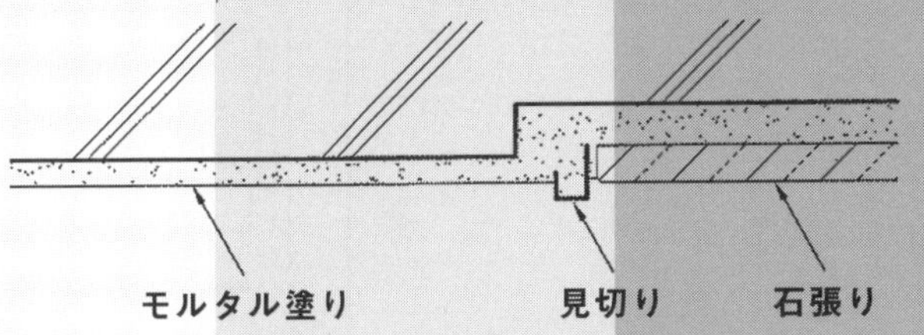
モルタル塗り
見切り
石張り

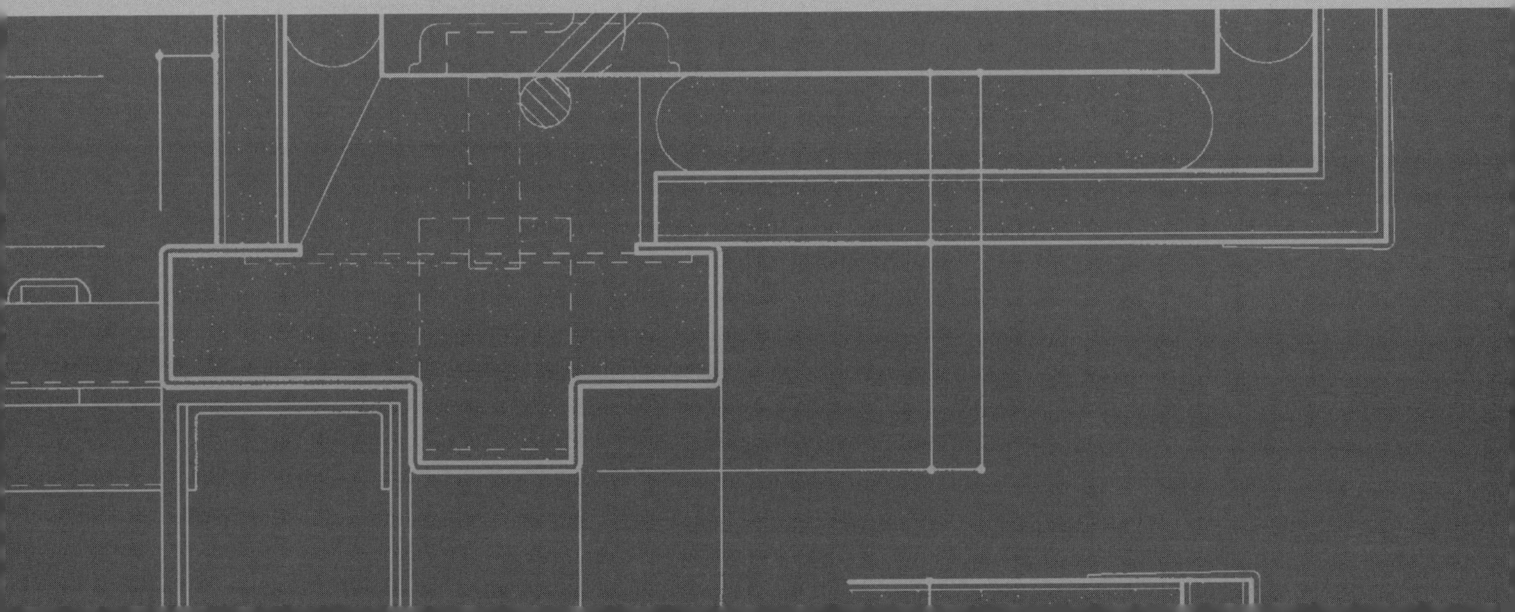

1 外壁

◆タイル張り

〈改良圧着張り〉

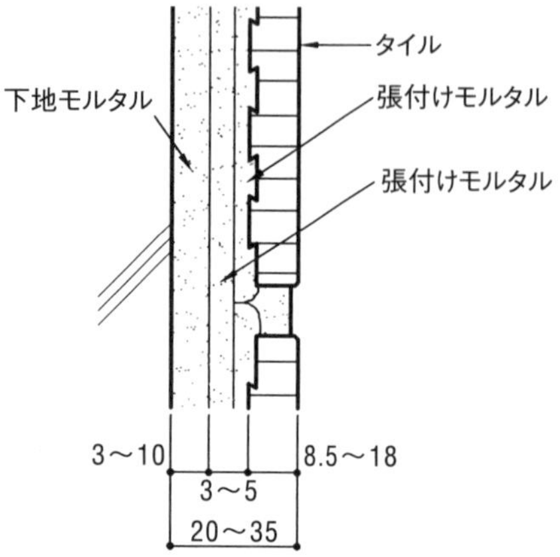
タイル
下地モルタル
張付けモルタル
張付けモルタル
3～10
8.5～18
3～5
20～35

適用タイル：小口平・二丁掛け

〈改良積上げ張り〉

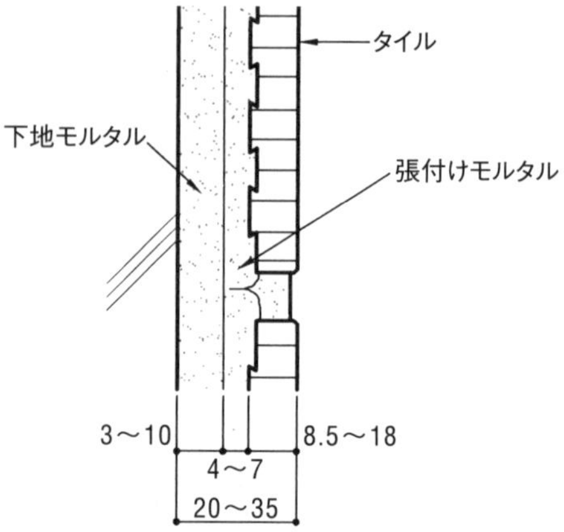
タイル
下地モルタル
張付けモルタル
3～10
8.5～18
4～7
20～35

適用タイル：二丁掛け・三丁掛け・四丁掛け

〈密着張り（ヴィブラート工法）〉

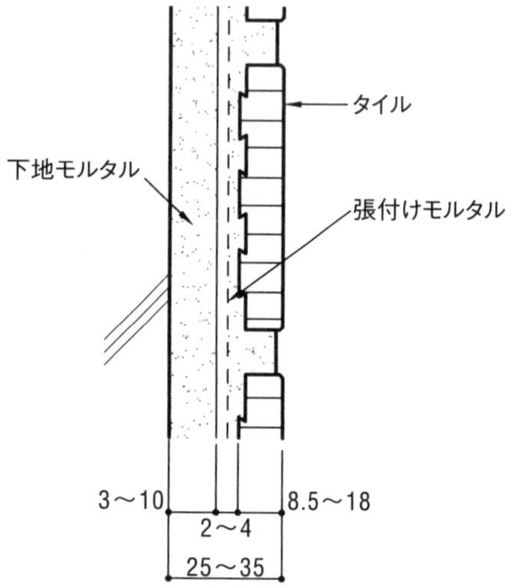
タイル
下地モルタル
張付けモルタル
3～10
8.5～18
2～4
25～35

適用タイル：小口平・二丁掛け・100角

〈マスク張り〉

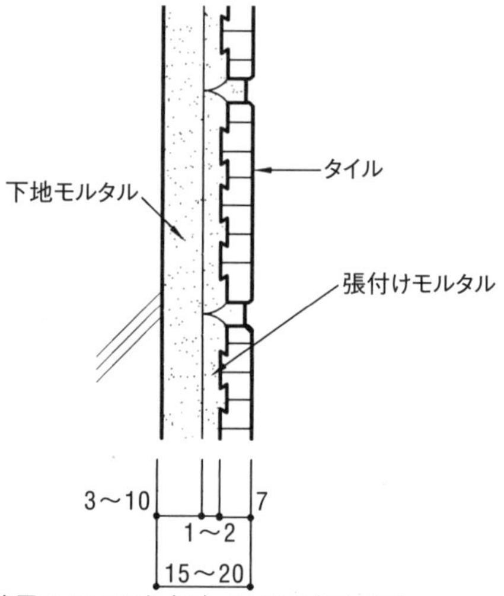
下地モルタル
タイル
張付けモルタル
3～10
7
1～2
15～20

適用タイル：50角（45）・50二丁（45二丁）・ニュー小口（94×54）

〈直・密着張り（ヴィブラート工法）〉

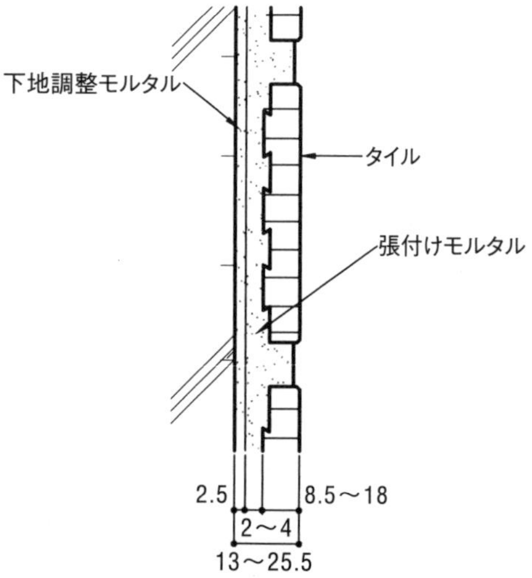
下地調整モルタル
タイル
張付けモルタル
2.5
8.5～18
2～4
13～25.5

適用タイル：小口平・二丁掛け

〈直・改良圧着張り〉

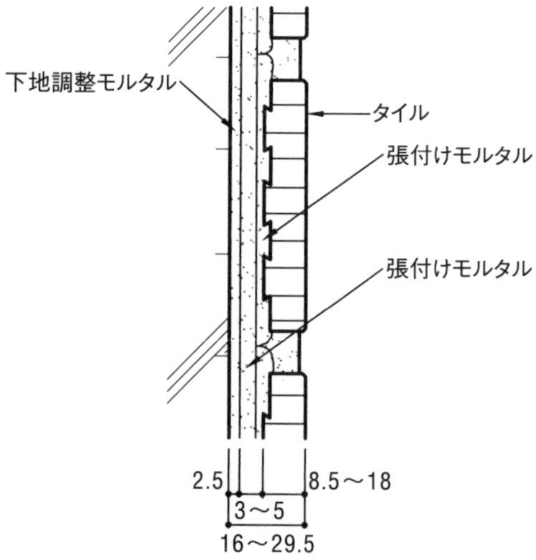
下地調整モルタル
タイル
張付けモルタル
張付けモルタル
2.5
8.5～18
3～5
16～29.5

適用タイル：小口平・二丁掛け

◆花こう岩張り

乾式工法・シングルファスナーの場合

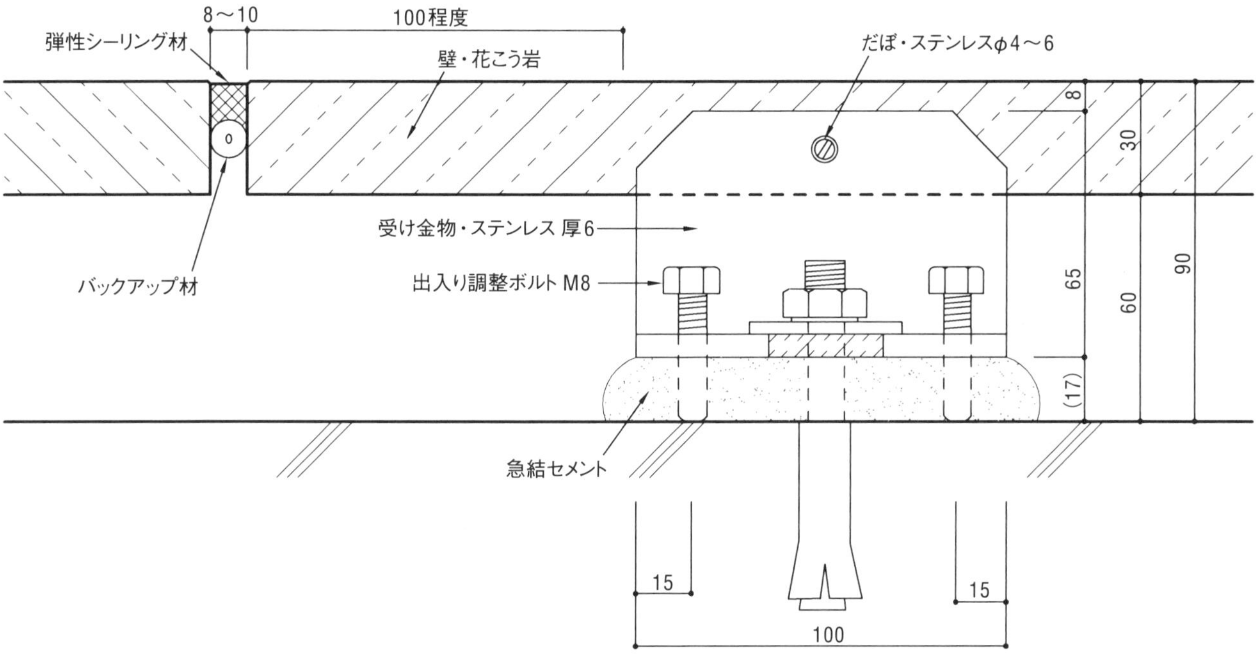

〔平　面〕

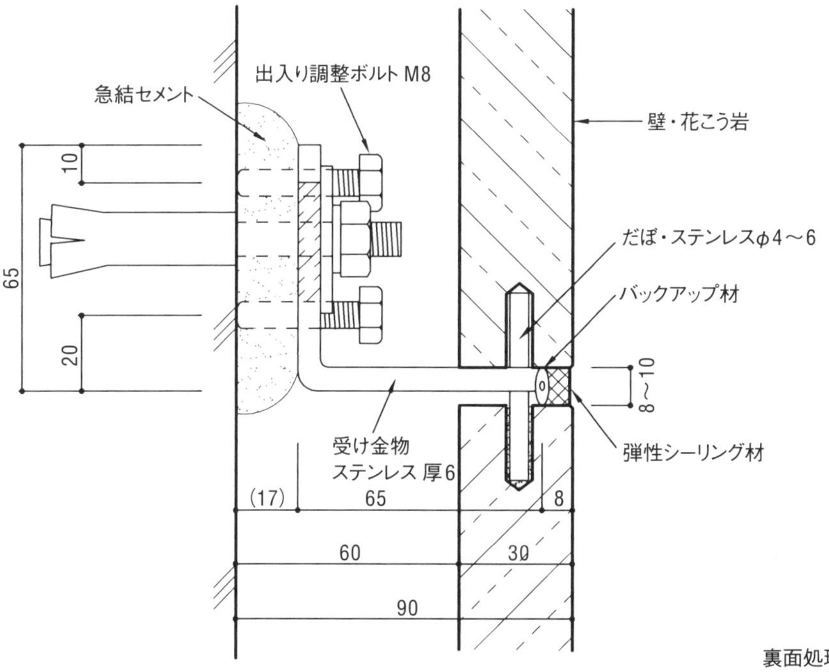

〔断　面〕

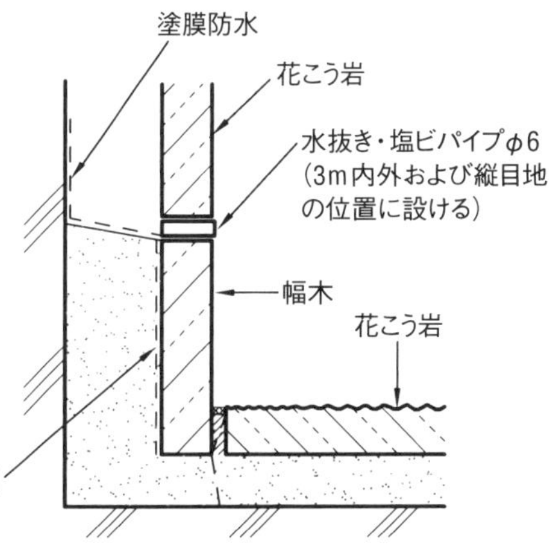

〔幅木部断面〕

乾式工法・ダブルファスナーの場合

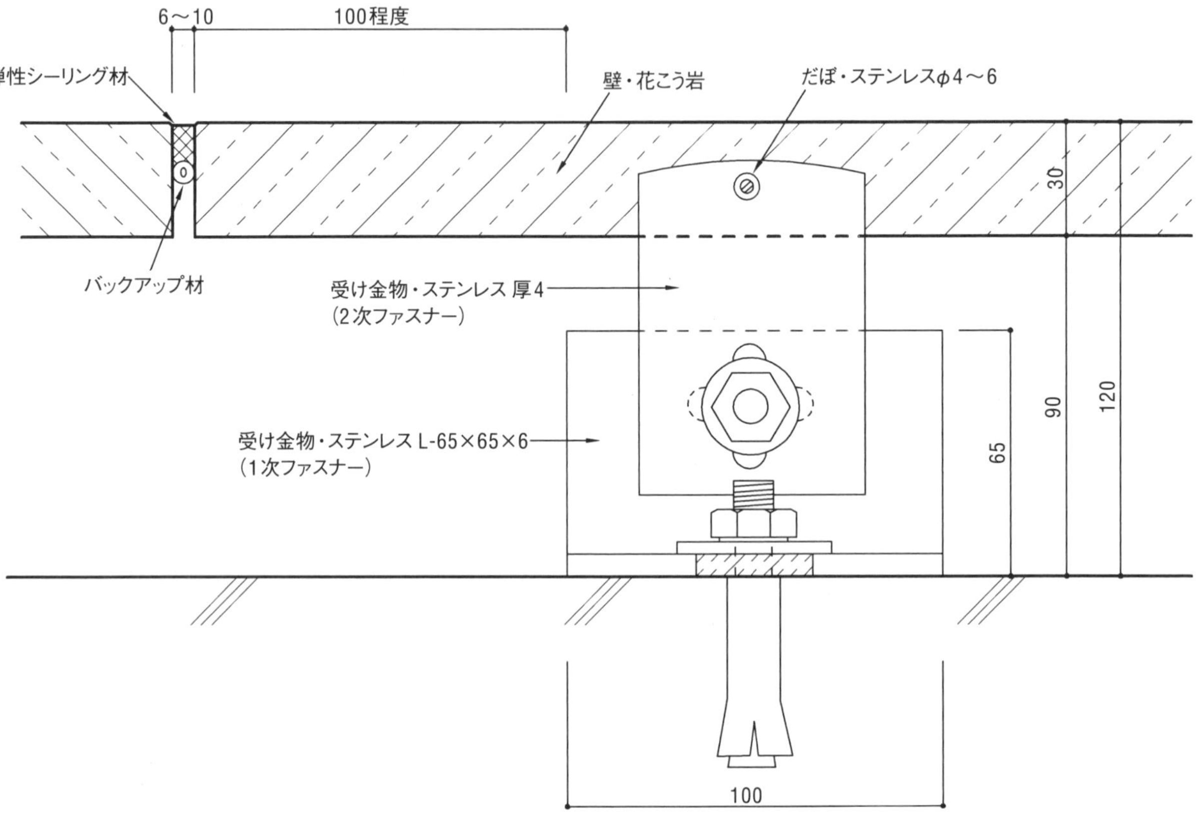

〔平　面〕

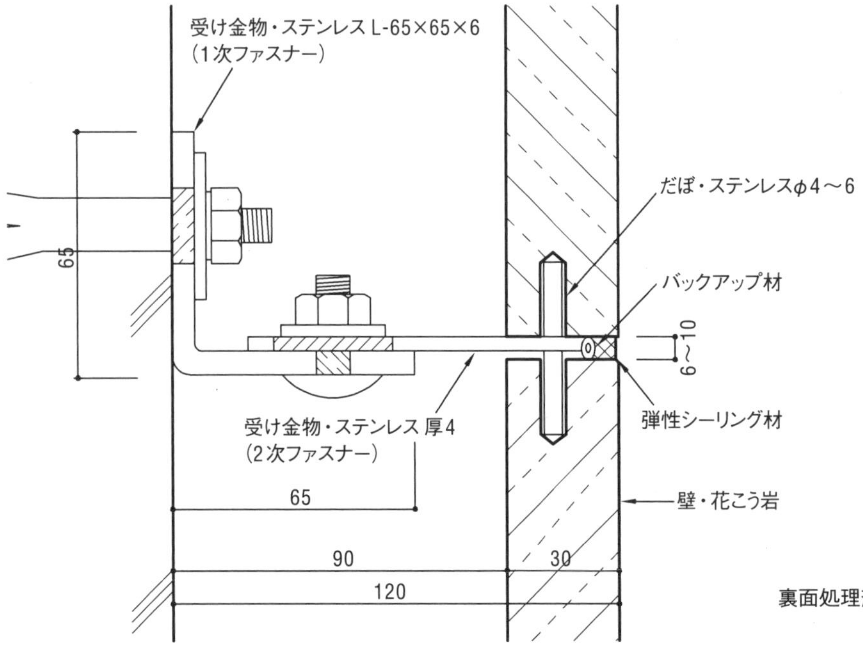

〔断　面〕

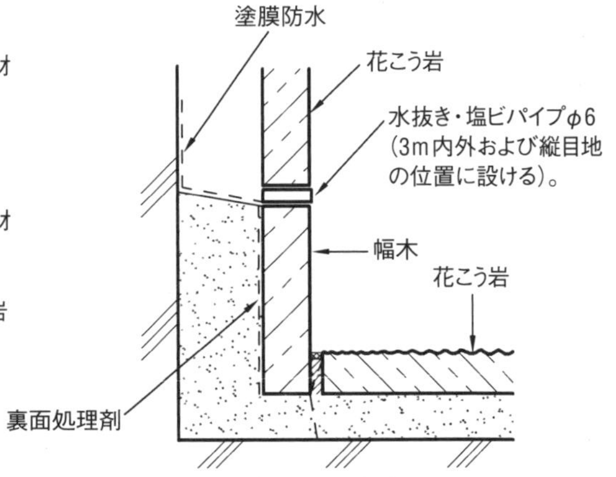

〔幅木部断面〕

ファスナーの種類と特徴

タイプ	A	B	C	D
姿　図	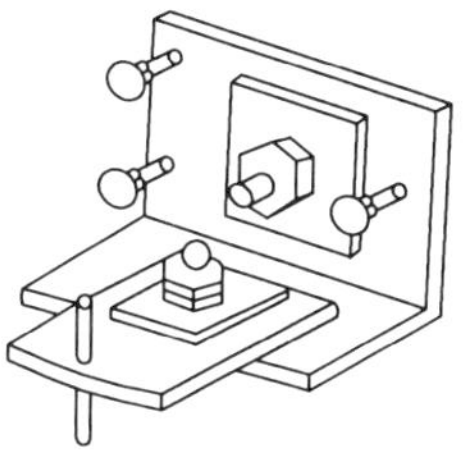	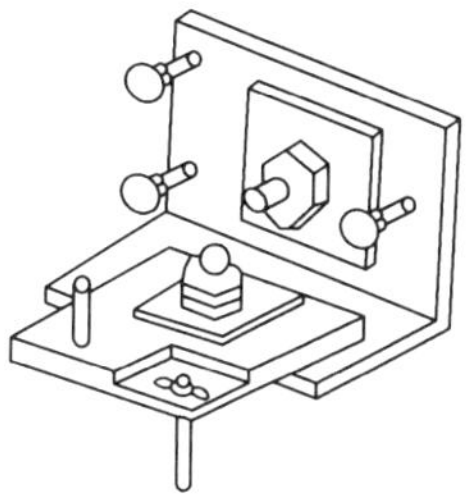	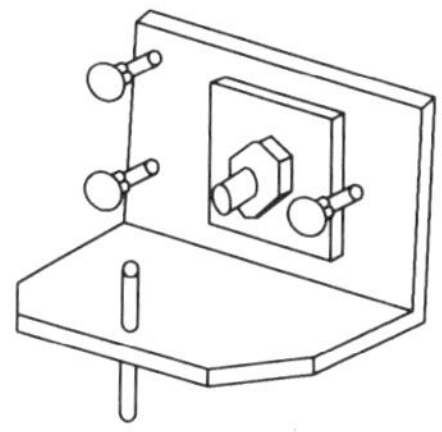	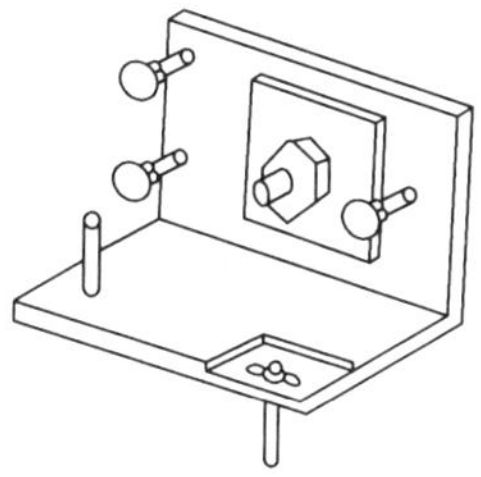
取付け代目安	85mm	85mm	65mm	65mm
構　成	1次・2次によるダブルファスナー 上石・下石通しだぼ 出入り調整ボルト付き	1次・2次によるダブルファスナー 上石・下石通しだぼ 出入り調整ボルト付き	シングルファスナー 上石・下石通しだぼ 出入り調整ボルト付き	シングルファスナー 上石・下石通しだぼ 出入り調整ボルト付き
変位追従性	ファスナーの上下方向の変形と、だぼ取付け材料の変形による、ロッキング（回転）主体	2次ファスナーのだぼ穴を、面内方向のルーズホールとする、スライド主体	ファスナーの上下方向の変形と、だぼ取付け材料の変形による、ロッキング（回転）主体	2次ファスナーのだぼ穴を、面内方向のルーズホールとする、スライド主体
適用条件目安	層間変位1/300以下	層間変位1/150以下	層間変位1/300以下	層間変位1/150以下

1 外壁

湿式工法の場合

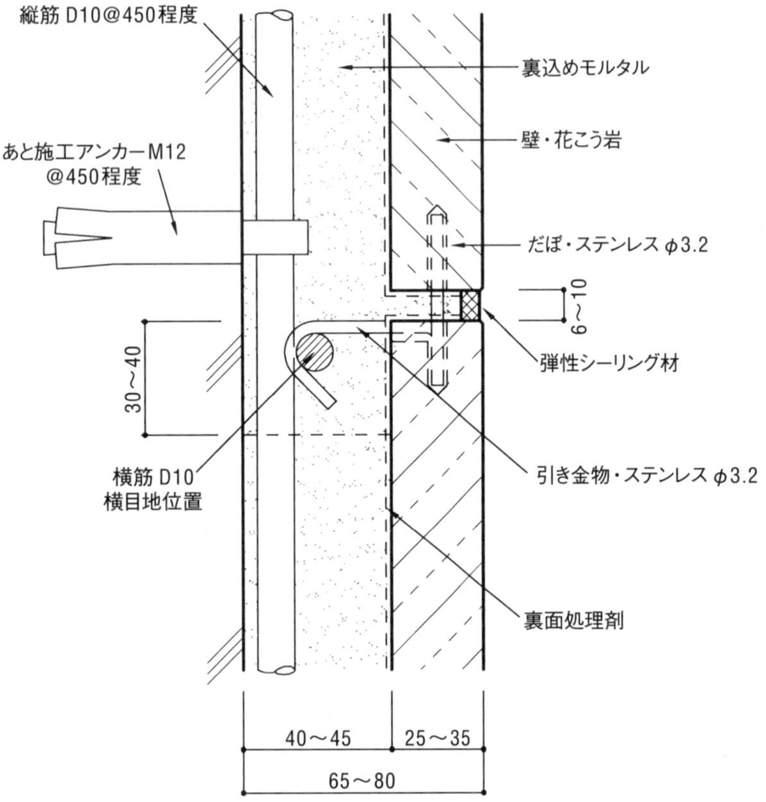
縦筋 D10@450程度
裏込めモルタル
壁・花こう岩
あと施工アンカーM12
@450程度
だぼ・ステンレス φ3.2
6～10
30～40
弾性シーリング材
横筋 D10
横目地位置
引き金物・ステンレス φ3.2
裏面処理剤
40～45
25～35
65～80

〔断　面〕

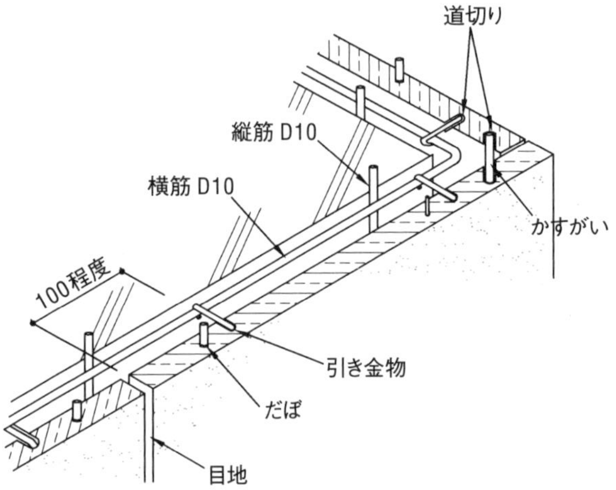
道切り
縦筋 D10
横筋 D10
かすがい
100程度
引き金物
だぼ
目地

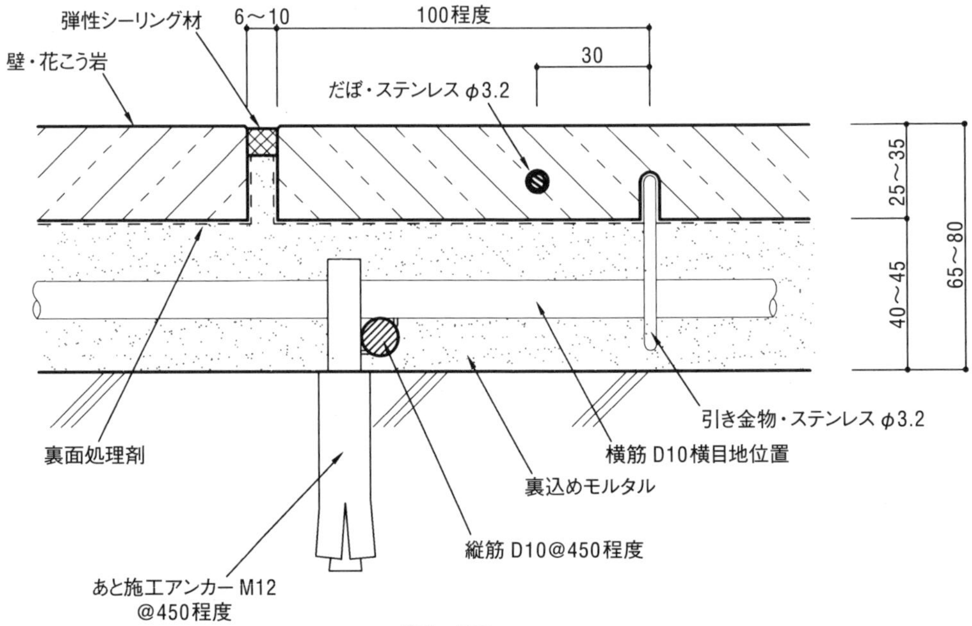
弾性シーリング材
6～10
100程度
壁・花こう岩
30
だぼ・ステンレス φ3.2
25～35
40～45
65～80
引き金物・ステンレス φ3.2
裏面処理剤
横筋 D10横目地位置
裏込めモルタル
縦筋 D10@450程度
あと施工アンカー M12
@450程度

〔平　面〕

2 内壁

◆花こう岩張り

内壁空積工法の場合

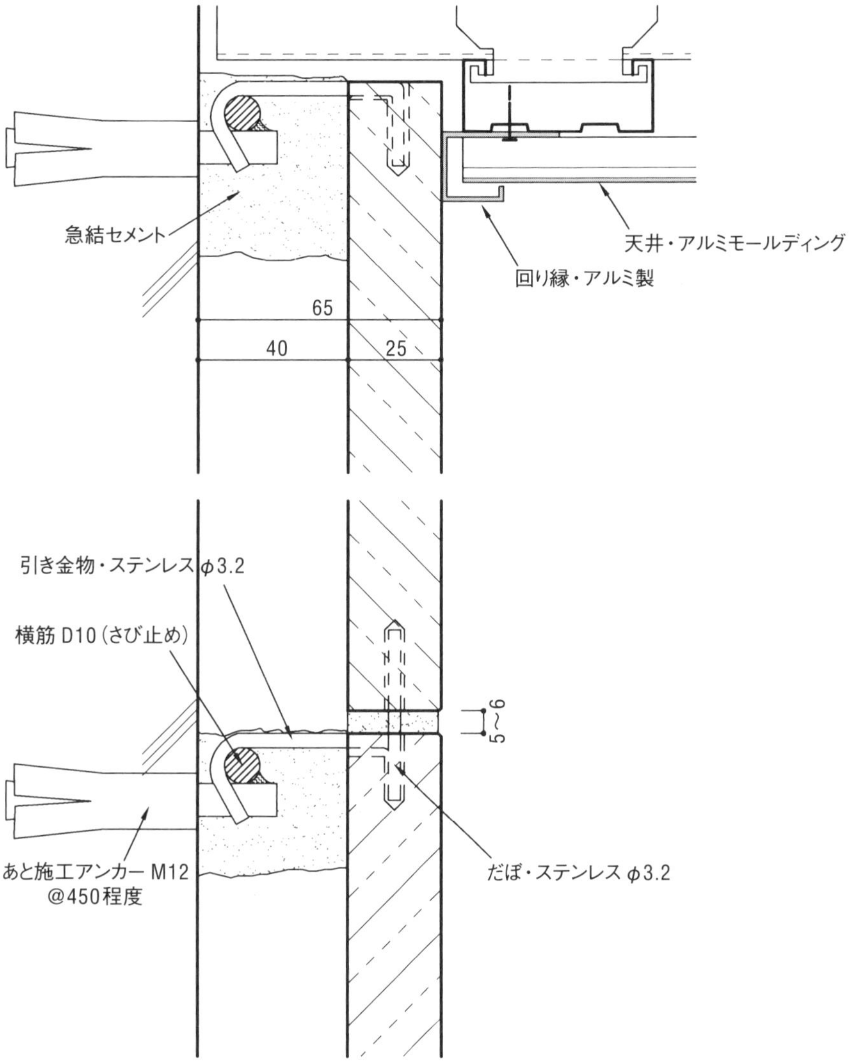
急結セメント
天井・アルミモールディング
回り縁・アルミ製
65
40
25
引き金物・ステンレス φ3.2
横筋 D10（さび止め）
5～6
あと施工アンカー M12
@450程度
だぼ・ステンレス φ3.2

〔断　面〕

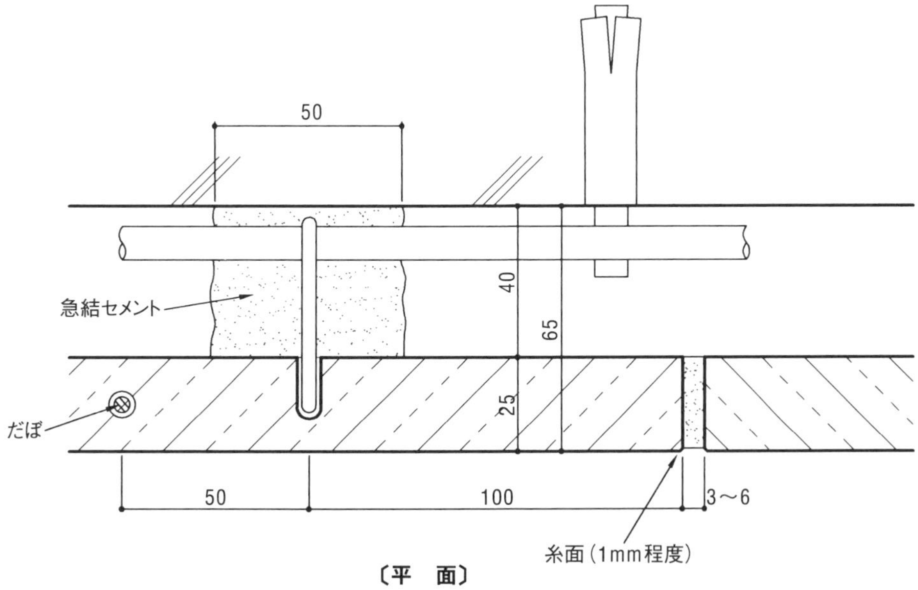

〔平　面〕

乾式工法の場合

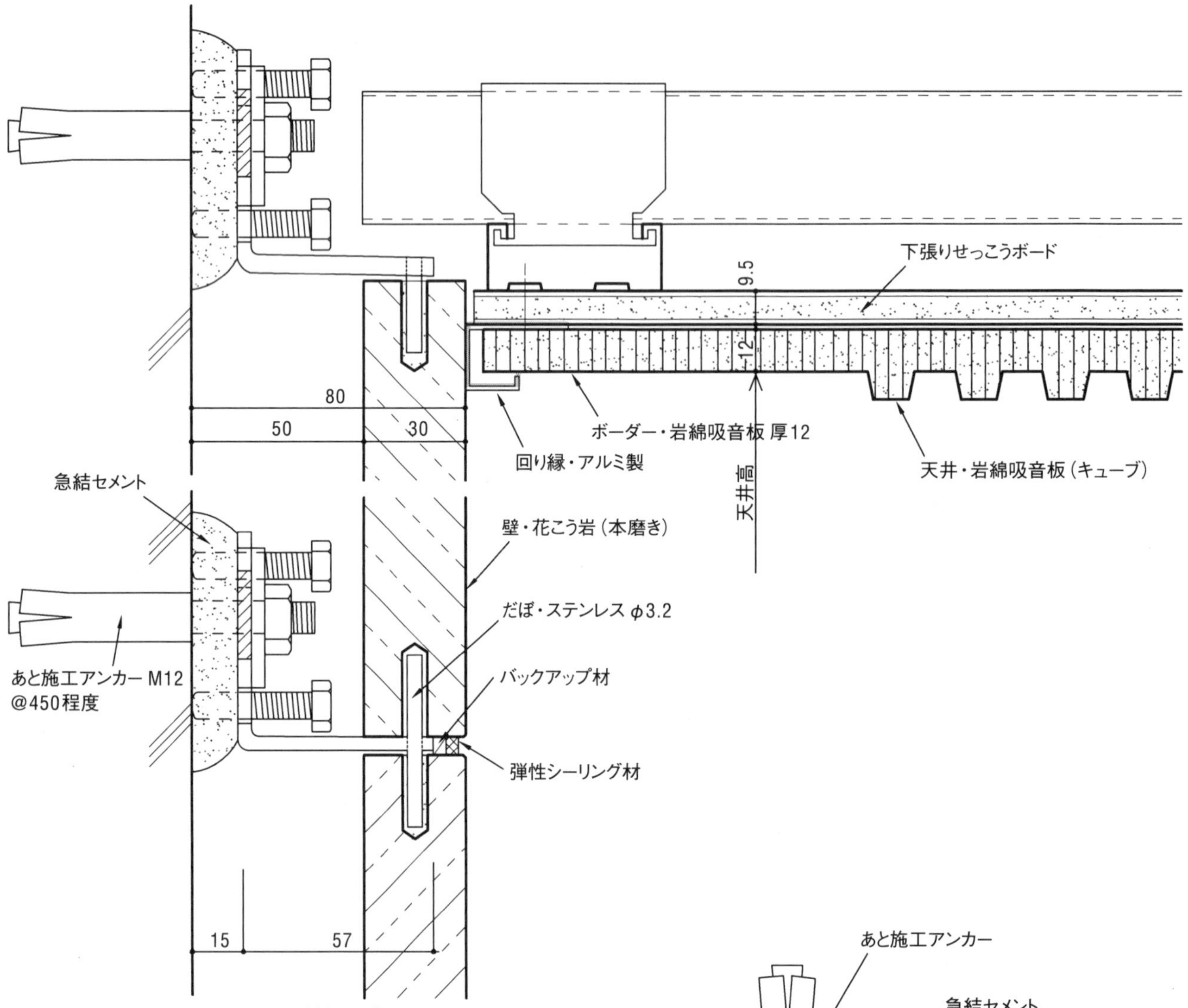
下張りせっこうボード
9.5
12
80
50
30
ボーダー・岩綿吸音板 厚12
回り縁・アルミ製
天井・岩綿吸音板（キューブ）
天井高
急結セメント
壁・花こう岩（本磨き）
だぼ・ステンレス φ3.2
バックアップ材
あと施工アンカー M12
@450程度
弾性シーリング材
15
57

〔断　面〕

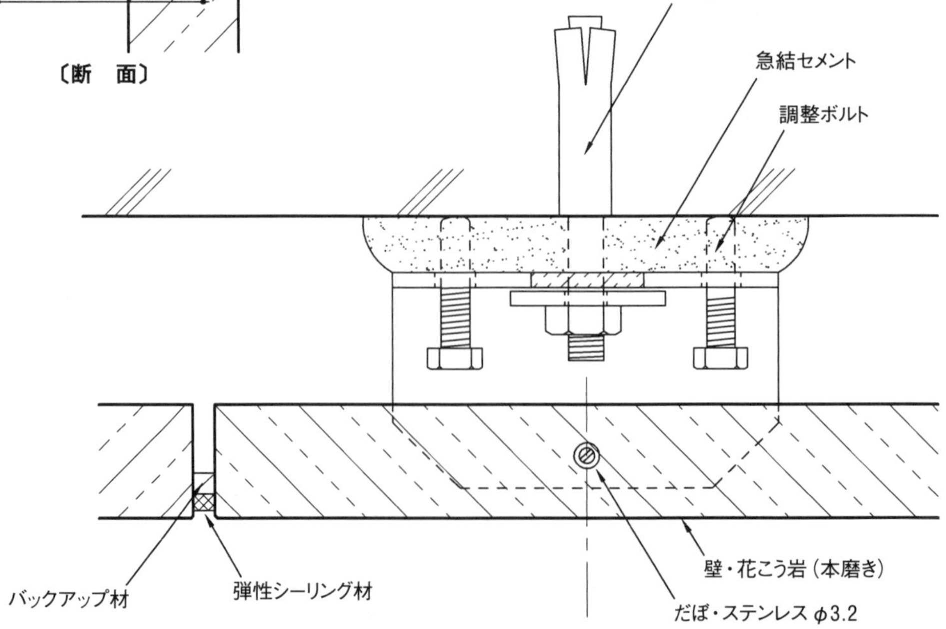
あと施工アンカー
急結セメント
調整ボルト
壁・花こう岩（本磨き）
バックアップ材
弾性シーリング材
だぼ・ステンレス φ3.2

〔平　面〕

◆大理石張り

内壁空積工法の場合

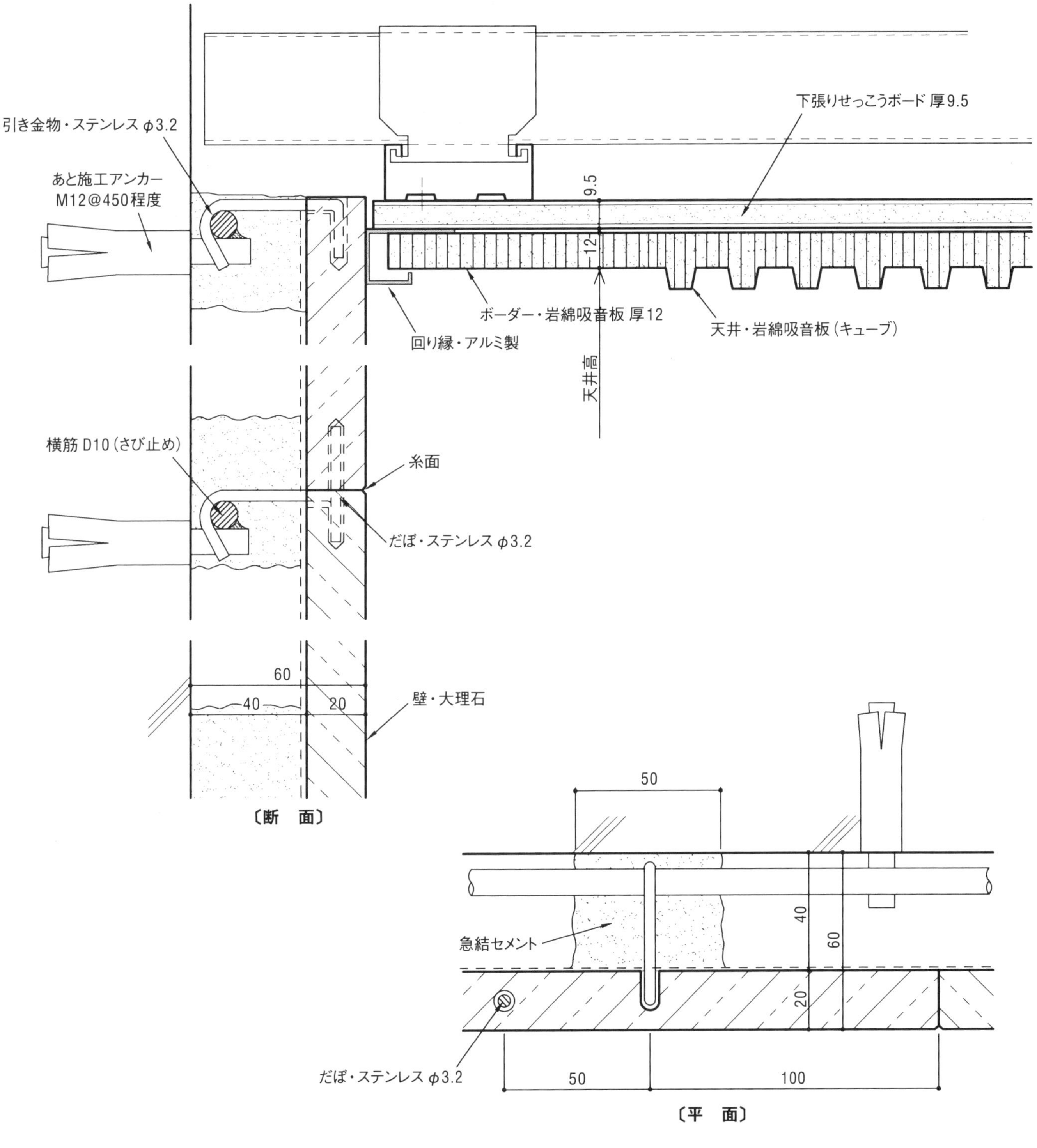

引き金物・ステンレス φ3.2
あと施工アンカー
M12@450程度
下張りせっこうボード 厚9.5
9.5
12
ボーダー・岩綿吸音板 厚12
天井・岩綿吸音板（キューブ）
回り縁・アルミ製
天井高
横筋 D10（さび止め）
糸面
だぼ・ステンレス φ3.2
60
40
20
壁・大理石
〔断　面〕
50
急結セメント
40
60
20
だぼ・ステンレス φ3.2
50
100
〔平　面〕

◆内壁タイル張り

コンクリート下地の場合

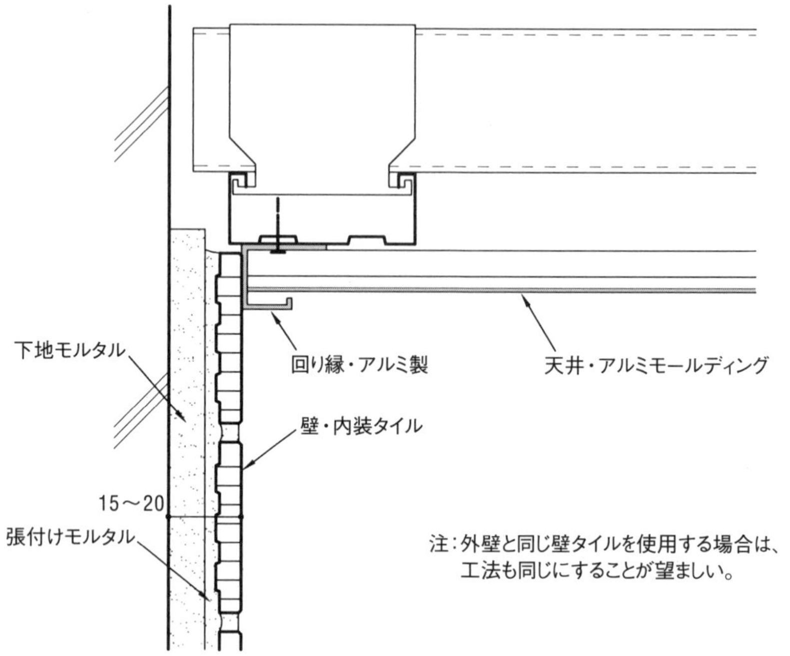
下地モルタル
回り縁・アルミ製
天井・アルミモールディング
壁・内装タイル
15～20
張付けモルタル
注：外壁と同じ壁タイルを使用する場合は、
工法も同じにすることが望ましい。

せっこうボード下地の場合

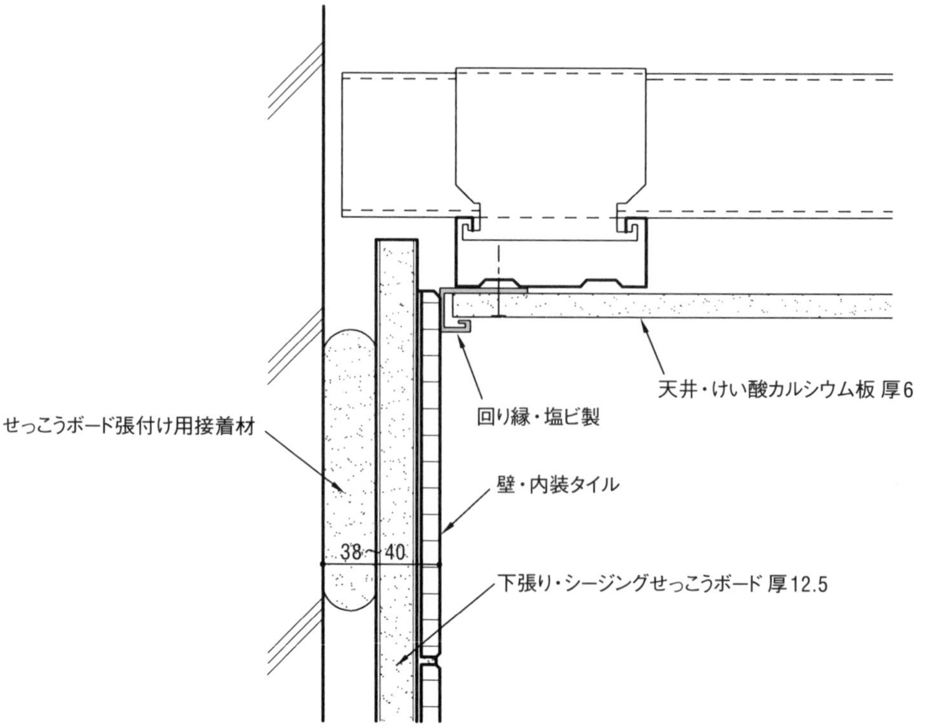
天井・けい酸カルシウム板 厚6
回り縁・塩ビ製
せっこうボード張付け用接着材
壁・内装タイル
38～40
下張り・シージングせっこうボード 厚12.5

◆結晶化ガラス張り

コンクリート下地の場合

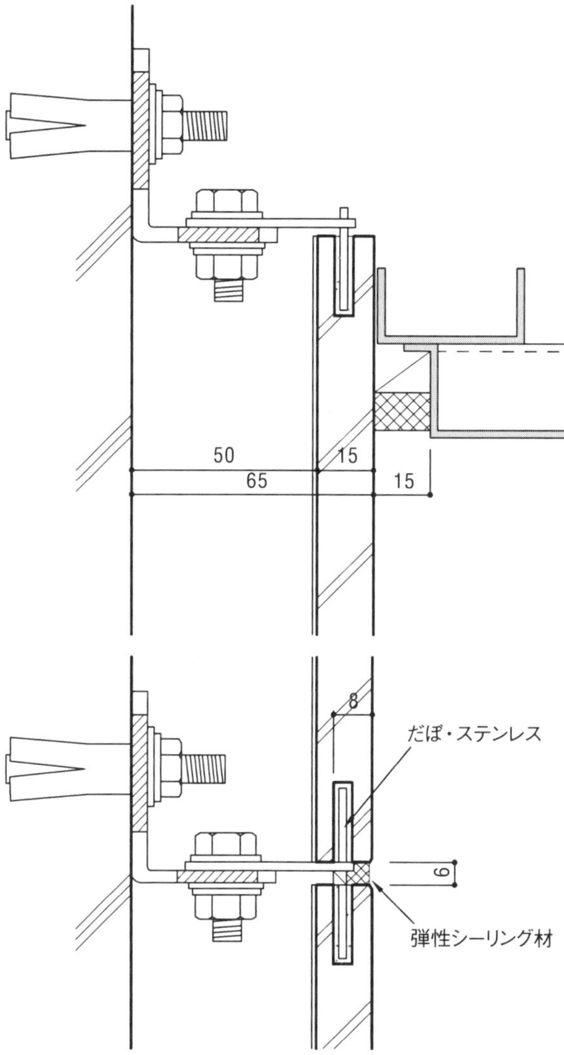

〔断　面〕

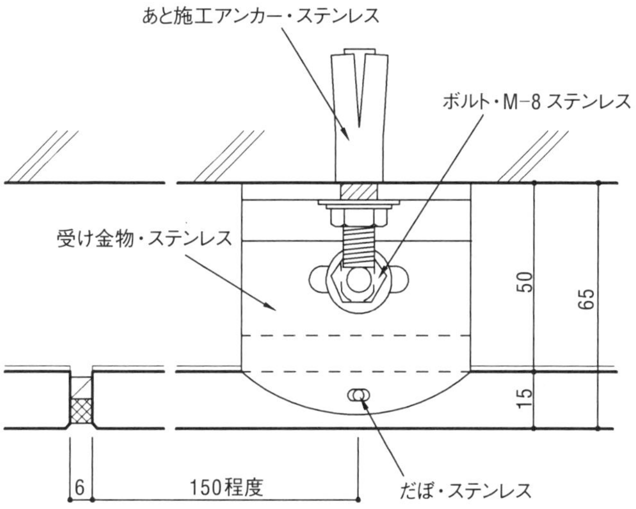
あと施工アンカー・ステンレス
ボルト・M-8 ステンレス
受け金物・ステンレス
50
65
15
6
150程度
だぼ・ステンレス

〔平　面〕

◆せっこうボード張り

接着工法の場合

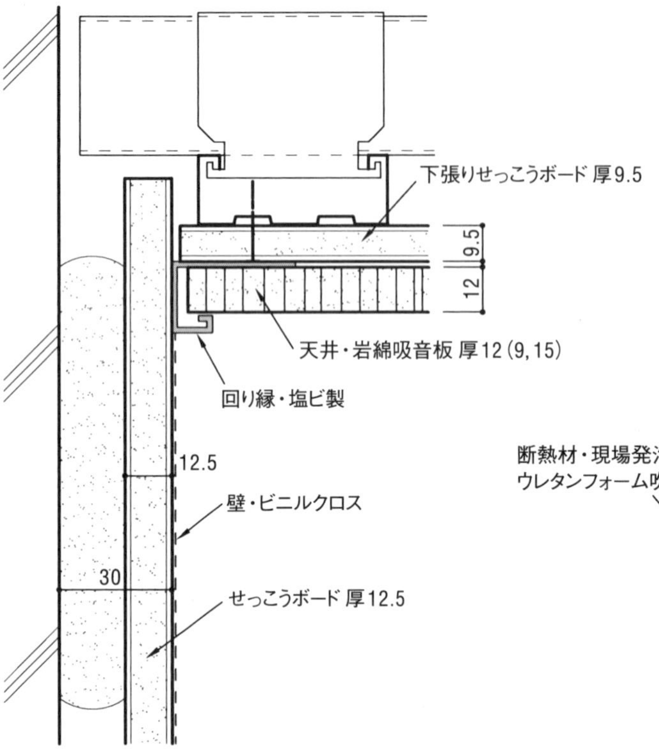
下張りせっこうボード 厚9.5
9.5
12
天井・岩綿吸音板 厚12(9,15)
回り縁・塩ビ製
12.5
壁・ビニルクロス
30
せっこうボード 厚12.5

断熱材＋接着工法の場合

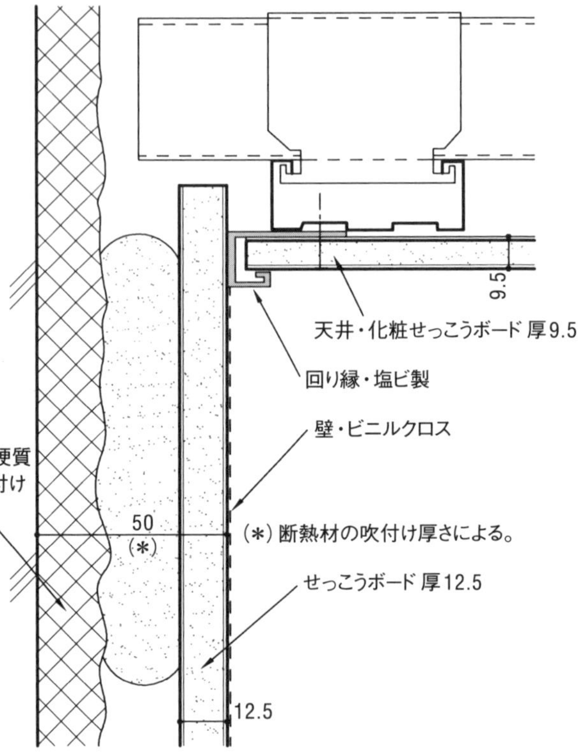
9.5
天井・化粧せっこうボード 厚9.5
回り縁・塩ビ製
壁・ビニルクロス
断熱材・現場発泡硬質
ウレタンフォーム吹付け
50
(*)
(*)断熱材の吹付け厚さによる。
せっこうボード 厚12.5
12.5

軽量鉄骨下地の場合

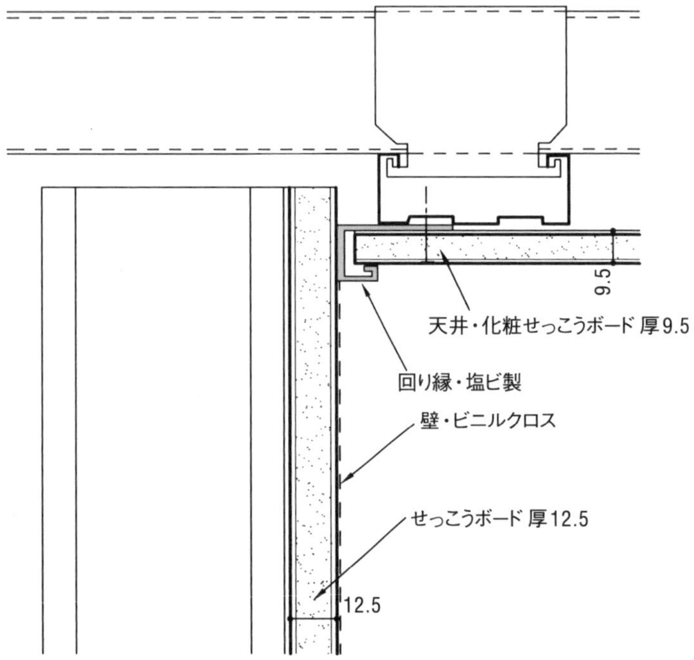
9.5
天井・化粧せっこうボード 厚9.5
回り縁・塩ビ製
壁・ビニルクロス
せっこうボード 厚12.5
12.5

◆天然木化粧合板張り

木下地の場合

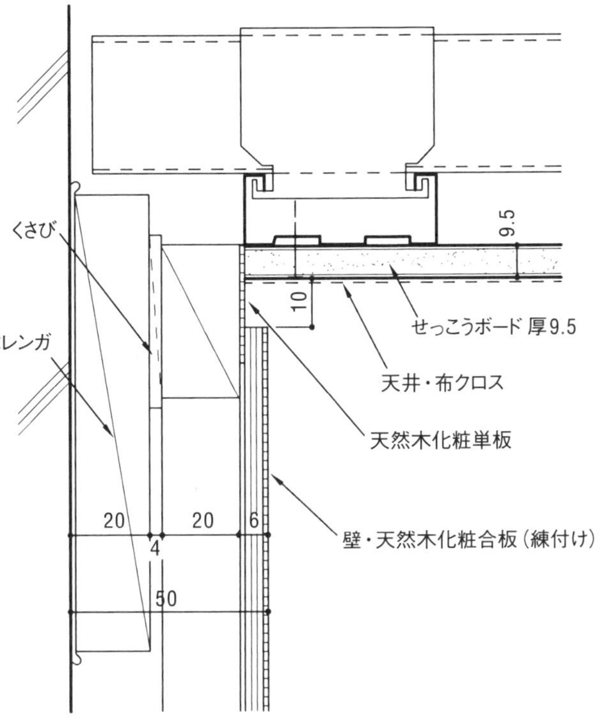

くさび
木レンガ
9.5
10
せっこうボード 厚9.5
天井・布クロス
天然木化粧単板
20
20
6
4
50
壁・天然木化粧合板（練付け）

軽量鉄骨下地の場合

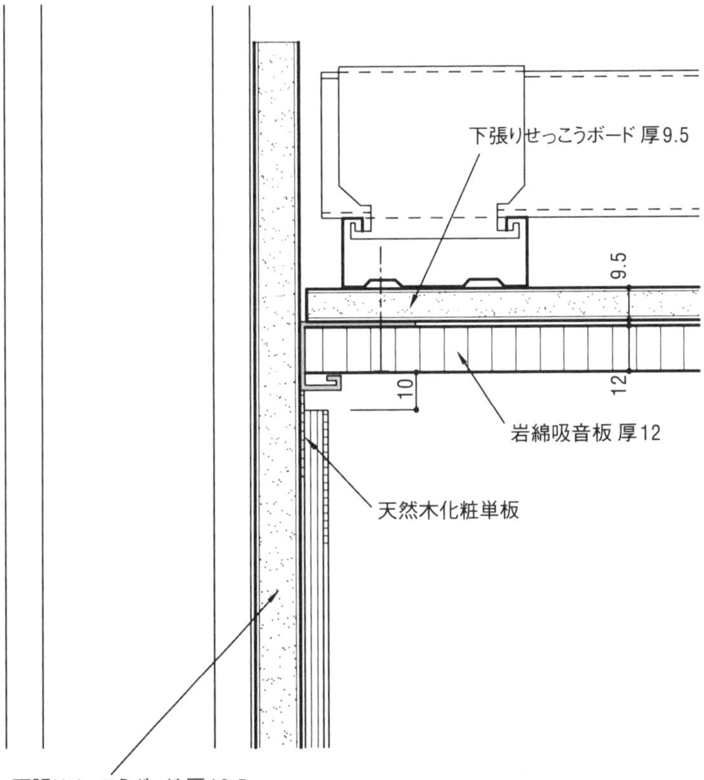

下張りせっこうボード 厚9.5
9.5
10
12
岩綿吸音板 厚12
天然木化粧単板
下張りせっこうボード 厚12.5

3 床

◆花こう岩張り

バーナー仕上げの場合

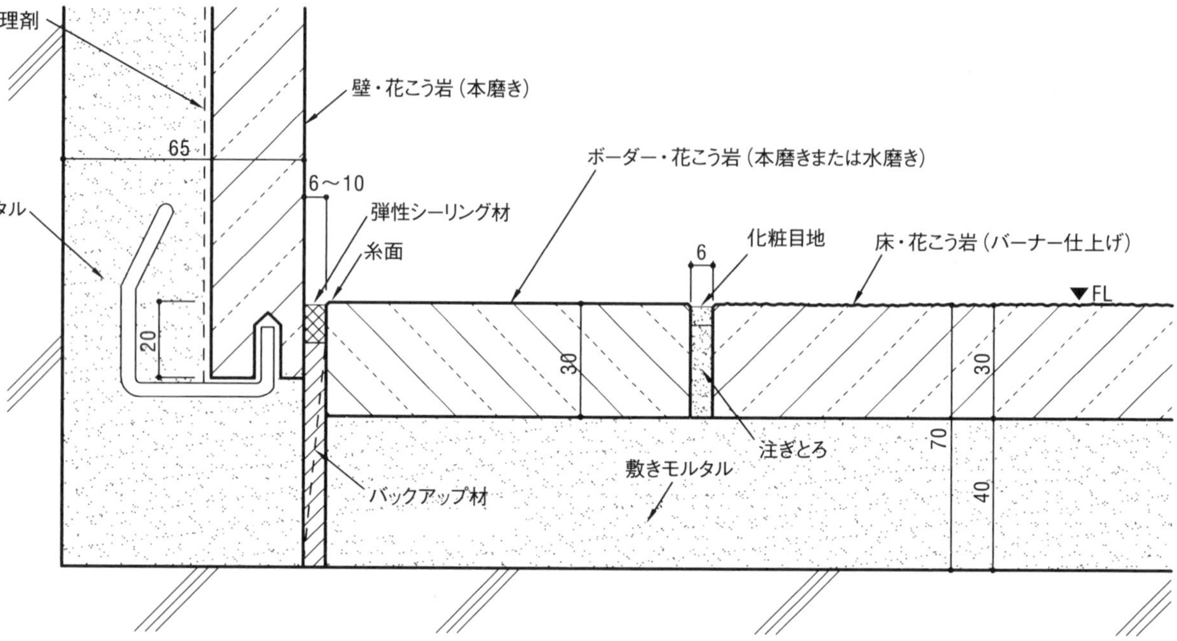

裏面処理剤
壁・花こう岩（本磨き）
65
6〜10
裏込めモルタル
ボーダー・花こう岩（本磨きまたは水磨き）
弾性シーリング材
糸面
6
化粧目地
床・花こう岩（バーナー仕上げ）
▼FL
20
30
30
70
40
注ぎとろ
敷きモルタル
バックアップ材

◆大理石張り

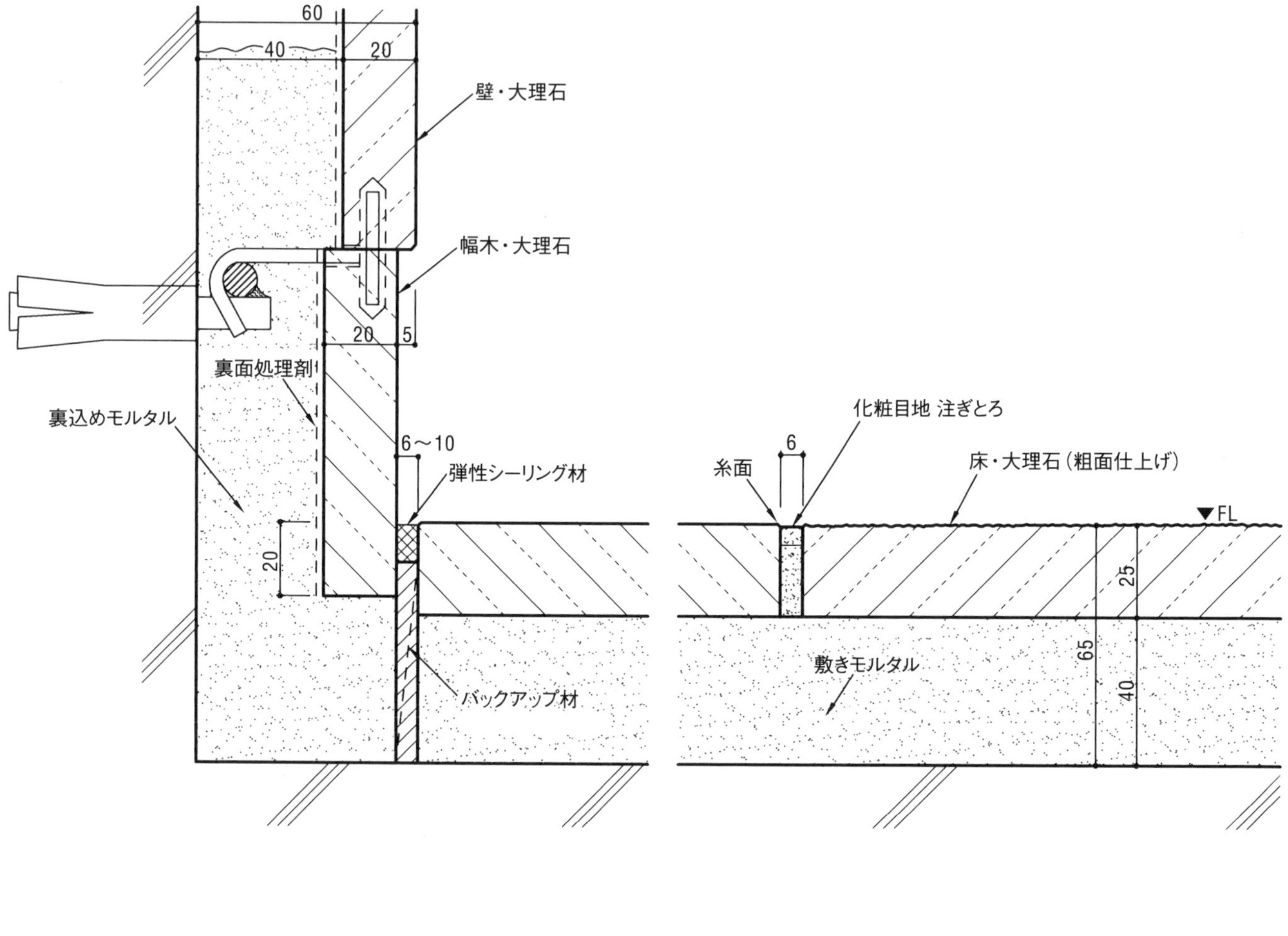

◆床タイル張り

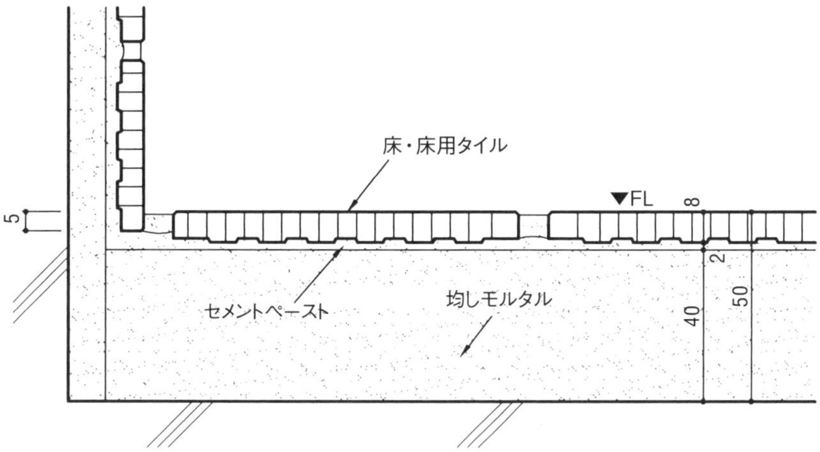

床・床用タイル
▼FL
8
5
2
セメントペースト
均しモルタル
40
50

◆ビニル床タイル張り

コンクリート直下地の場合

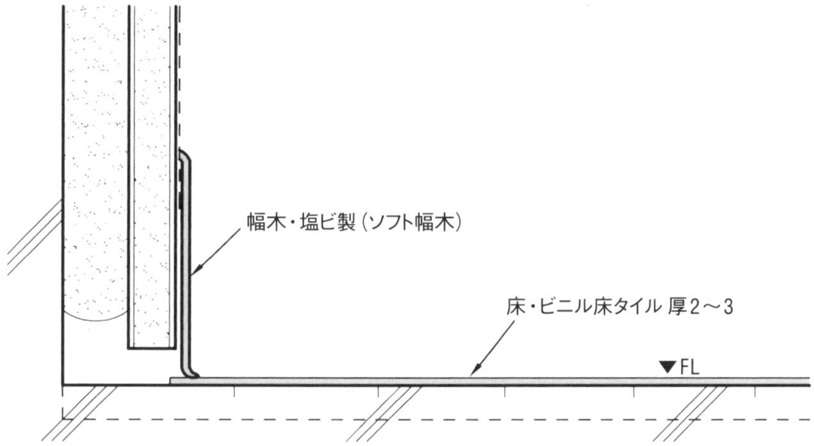

幅木・塩ビ製（ソフト幅木）
床・ビニル床タイル 厚2～3
▼FL

◆ビニル床シート張り

コンクリート直下地の場合

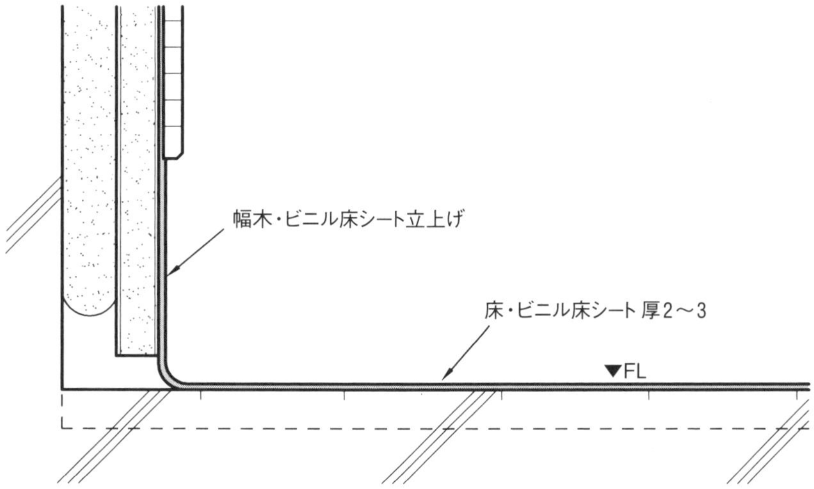

幅木・ビニル床シート立上げ
床・ビニル床シート 厚2～3
▼FL

3 床

◆タイルカーペット張り

二重床下地の場合

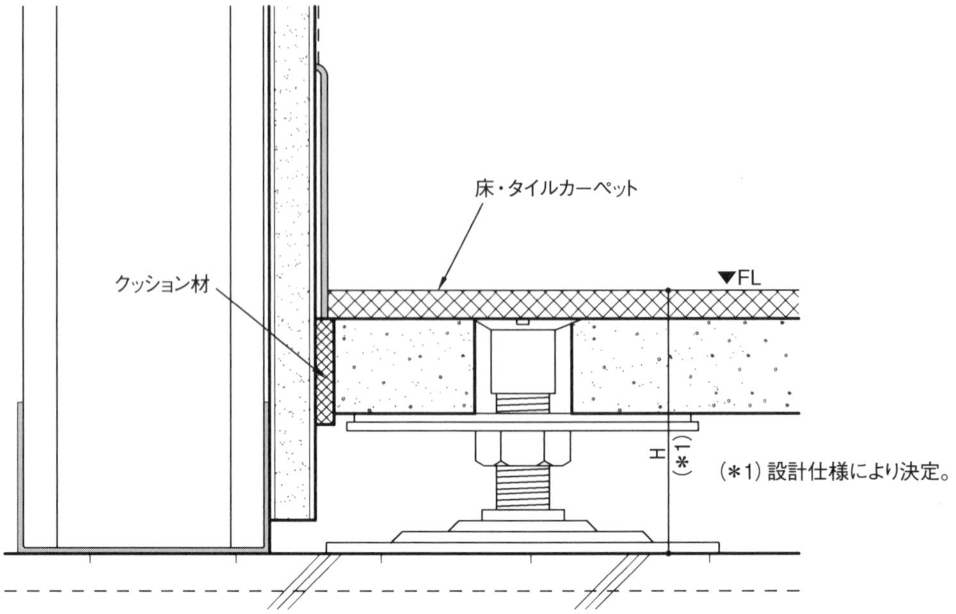

床・タイルカーペット
クッション材
▼FL
H
(＊1)
(＊1) 設計仕様により決定。

コンクリート直下地の場合

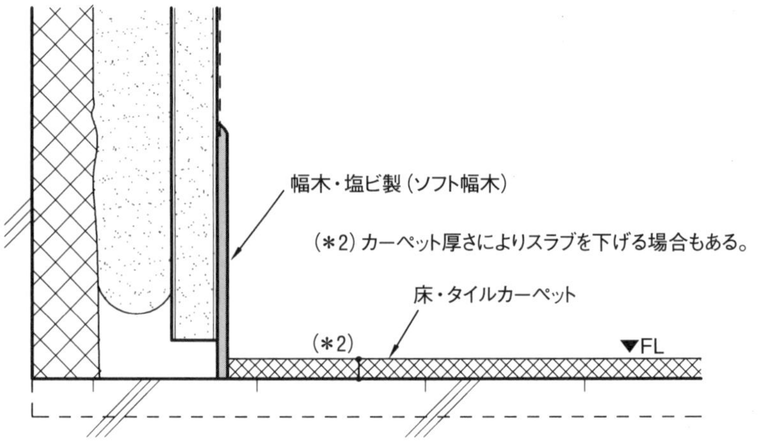

幅木・塩ビ製(ソフト幅木)
(＊2) カーペット厚さによりスラブを下げる場合もある。
床・タイルカーペット
(＊2)
▼FL

◆カーペット張り

コンクリート直下地の場合

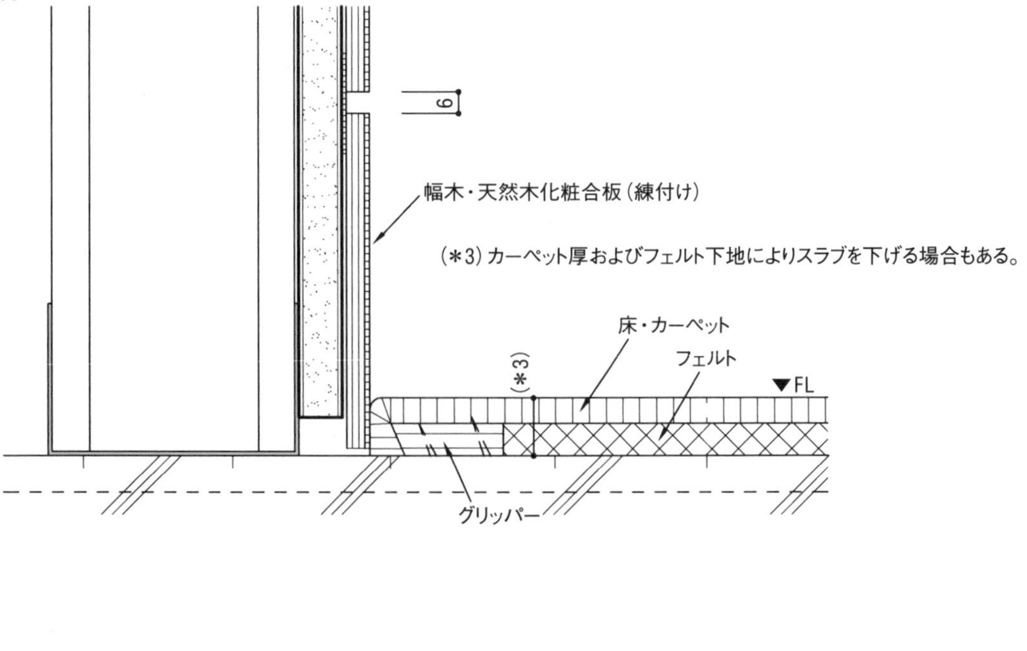

9
幅木・天然木化粧合板(練付け)
(＊3) カーペット厚およびフェルト下地によりスラブを下げる場合もある。
床・カーペット
フェルト
(＊3)
▼FL
グリッパー

付表

降水量と樋

表　1時間および10分間の最大降水量

（出典：平成20年版理科年表・文部科学省国立天文台編）

地点	日降水量					1時間降水量					10分間降水量				
	mm	年	月	日	統計開始年	mm	年	月	日	統計開始年	mm	年	月	日	統計開始年
札幌	207.0	1981	8	23	1876	50.2	1913	8	28	1889	19.4	1953	8	14	1937
函館	176.0	1939	8	25	1873	63.2	1939	8	25	1889	21.3	1959	9	11	1940
旭川	184.2	1955	8	17	1888	57.3	1912	8	14	1908	29.0	2000	7	25	1937
釧路	182.4	1941	9	6	1910	55.9	1947	8	26	1940	21.8	1952	6	20	1940
帯広	174.0	1988	11	24	1892	56.5	1975	7	17	1919	26.1	1943	8	9	1938
網走	163.0	1992	9	11	1890	36.8	1925	8	27	1919	23.0	1969	8	1	1937
留萌	147.5	1973	8	18	1943	57.5	1988	8	25	1943	15.6	1953	7	31	1943
稚内	155.5	1970	10	25	1938	64.0	1938	9	1	1938	21.0	1995	8	31	1938
根室	211.5	1992	9	11	1889	52.6	1955	10	15	1889	18.0	1993	9	1	1940
寿都	206.3	1962	8	3	1884	57.5	1990	7	25	1938	15.5	1997	9	27	1938
浦河	190.0	1981	8	5	1927	43.5	1958	7	31	1939	19.5	1984	8	3	1939
青森	187.9	1935	8	22	1886	67.5	2000	7	25	1937	20.5	2000	7	25	1937
盛岡	189.6	1938	8	15	1923	62.7	1938	8	15	1923	22.0	1953	8	1	1940
宮古	319.0	2000	7	8	1884	63.6	1959	10	11	1937	22.7	1959	10	10	1940
仙台	328.5	1948	9	16	1926	94.3	1948	9	16	1937	30.0	1950	7	19	1937
秋田	186.8	1937	8	31	1886	72.4	1964	8	13	1938	27.0	1964	8	13	1942
山形	217.6	1913	8	27	1891	74.5	1981	8	3	1940	29.0	1958	8	2	1940
酒田	168.4	1937	7	30	1937	77.8	1949	8	24	1937	23.7	1965	9	5	1937
福島	169.5	1986	8	5	1890	70.6	1966	8	12	1940	26.8	1966	8	12	1940
小名浜	227.2	1966	6	28	1910	61.8	1963	8	30	1940	19.6	1966	7	22	1940
水戸	276.6	1938	6	29	1897	81.7	1947	9	15	1906	36.3	1959	7	7	1937
宇都宮	219.4	1957	8	7	1891	100.5	1957	8	7	1930	35.5	1982	6	21	1938
前橋	357.4	1947	9	15	1897	114.5	1997	9	11	1912	32.0	2001	7	25	1940
熊谷	301.5	1982	9	12	1897	88.5	1943	9	3	1915	35.8	1943	9	3	1940
銚子	311.4	1947	8	28	1887	140.0	1947	8	28	1912	31.2	1957	10	6	1937
東京	371.9	1958	9	26	1876	88.7	1939	7	31	1886	35.0	1966	6	7	1940
大島	473.0	1982	9	12	1938	107.5	1980	10	14	1938	29.0	2003	7	24	1938
八丈島	438.9	1941	9	19	1907	129.5	1999	9	4	1937	32.5	1999	9	4	1937
横浜	287.2	1958	9	26	1897	92.0	1998	7	30	1940	39.0	1995	6	20	1940
新潟	265.0	1998	8	4	1886	97.0	1998	8	4	1914	24.0	1967	8	28	1937
高田	176.0	1985	7	8	1923	91.0	2006	10	29	1923	33.0	2006	10	29	1937
相川	240.0	2002	7	15	1911	79.8	1961	8	4	1925	25.0	1999	9	1	1937
富山	207.7	1948	7	25	1939	75.0	1970	8	23	1939	33.0	1970	8	23	1939
金沢	234.4	1964	7	18	1886	77.3	1950	9	18	1937	29.0	1953	8	24	1937
輪島	218.8	1966	7	12	1930	73.7	1936	9	15	1930	24.9	1967	8	24	1930
福井	201.4	1933	7	26	1897	75.0	2004	7	18	1940	20.5	2004	9	14	1940
敦賀	211.2	1965	9	17	1898	57.9	1956	8	4	1937	23.4	1963	7	24	1937
甲府	244.5	1945	10	5	1895	78.0	2004	8	7	1937	26.0	2004	8	7	1937
長野	124.5	2004	10	20	1889	63.0	1933	8	13	1903	26.5	1947	8	17	1937
松本	155.9	1911	8	4	1898	59.0	1981	7	18	1936	24.3	1947	8	28	1937
富士山															
飯田	325.3	1961	6	27	1898	79.7	1960	8	5	1929	22.0	1973	8	4	1937
軽井沢	318.8	1949	8	31	1925	69.4	1960	8	2	1931	38.5	1960	8	2	1937
岐阜	260.2	1961	6	26	1883	99.6	1914	7	24	1903	28.5	1975	7	24	1937
高山	266.1	1910	9	7	1899	57.0	2004	10	20	1914	24.5	1975	6	15	1937
静岡	368.0	2004	6	30	1940	113.0	2003	7	4	1940	29.0	2003	7	4	1940
浜松	344.1	1910	8	9	1886	87.5	1982	11	30	1940	31.5	1982	11	30	1940
名古屋	428.0	2000	9	11	1891	97.0	2000	9	11	1891	29.0	1988	9	20	1940
津	427.0	2004	9	29	1889	118.0	1999	9	4	1916	30.0	1946	10	12	1913
尾鷲	806.0	1968	9	26	1940	139.0	1972	9	14	1940	36.1	1960	10	7	1940
彦根	596.9	1896	9	7	1894	63.5	2001	7	17	1894	27.5	2001	7	17	1940
京都	288.6	1959	8	13	1881	88.0	1980	8	26	1906	26.0	1980	8	26	1938
大阪	250.7	1957	6	26	1883	77.5	1979	9	30	1889	24.5	1997	8	5	1937
神戸	319.4	1967	7	9	1897	87.7	1939	8	1	1897	28.0	1958	9	11	1937
奈良	182.3	1959	8	13	1953	79.0	2000	5	13	1953	24.7	1959	8	6	1953
和歌山	353.5	2000	9	11	1879	99.0	1952	7	10	1940	34.5	1950	4	5	1940
潮岬	420.7	1939	10	17	1913	145.0	1972	11	14	1937	38.0	1972	11	14	1940
鳥取	187.5	1976	9	10	1943	68.0	1981	7	3	1943	23.5	1969	9	7	1943
松江	263.8	1964	7	18	1940	77.9	1944	8	25	1940	25.6	1958	8	1	1940
浜田	394.5	1988	7	15	1893	91.0	1983	7	23	1912	27.4	1963	8	30	1940
西郷	236.0	1991	9	14	1939	93.0	1988	9	27	1939	26.0	1994	9	22	1939
岡山	177.4	1892	7	23	1891	73.5	1994	7	7	1940	26.7	1961	7	9	1940
広島	339.6	1926	9	11	1879	79.2	1926	9	11	1888	26.0	1987	8	13	1937
下関	336.7	1904	6	25	1883	77.4	1953	6	28	1908	32.5	2004	9	16	1937
徳島	471.5	1891	8	2	1891	86.9	1950	9	3	1901	32.0	1983	9	7	1937
高松	210.5	2004	10	20	1941	68.5	1998	9	22	1941	23.0	1947	7	15	1941
松山	215.1	1943	7	23	1890	60.5	1992	8	2	1937	21.5	1992	8	2	1937
高知	628.5	1998	9	24	1886	129.5	1998	9	24	1940	28.5	1998	9	24	1940
室戸岬	446.3	1949	7	5	1920	149.0	2006	11	26	1925	38.0	1942	9	17	1940
清水	421.0	1980	8	4	1941	150.0	1944	10	17	1941	49.0	1946	9	13	1941
福岡	307.8	1953	6	25	1890	96.5	1997	7	28	1890	23.5	1997	7	28	1890
佐賀	366.5	1953	6	25	1890	101.5	1937	7	25	1926	26.9	1950	8	6	1926
長崎	448.0	1982	7	23	1878	127.5	1982	7	23	1897	36.0	1959	7	8	1940
厳原	392.5	1916	9	24	1888	116.0	2003	7	23	1904	29.4	1927	9	2	1904
福江	432.5	2005	9	10	1962	113.5	1967	7	9	1962	28.5	1989	9	21	1962
熊本	480.5	1957	7	25	1891	86.5	2006	6	26	1891	27.0	1991	6	30	1937
大分	443.7	1908	8	10	1887	81.5	1993	9	3	1937	29.0	1948	8	16	1941
宮崎	587.2	1939	10	16	1886	139.5	1995	9	30	1924	38.5	1995	9	30	1937
鹿児島	324.0	1995	8	11	1883	104.5	1995	8	11	1902	33.0	1998	10	7	1939
名瀬	547.1	1903	5	29	1896	116.4	1949	10	21	1896	28.0	1968	9	23	1937
那覇	468.9	1959	10	16	1890	110.5	1998	7	17	1900	29.5	1979	6	11	1941
昭和(南極)															

富士山では降水量を測定していない。

昭和（南極）では降水量を測定していない。

ルーフドレインはコンクリートに埋め込むため、事前の計画が重要である。
ルーフドレイン1個当たりの屋根の負担面積は、次の算定式によって求める。

屋根の配水管の負担面積＝下表の数値×（180／当該地域の時間当たりの最大降水量）

表　ドレイン管径と負担可能な屋根面積（最大降水量180mm/hrの場合）

管径（呼び径）(mm)	最大屋根面積（m^2）		
	縦型ドレイン＋縦管	横型ドレイン＋横引き管	横引き管
80	110	70	50
100	240	160	110
125	430	280	200
150	690	460	330
200	1,500	1,000	700

注1：当表は、一つのドレインが1本の縦管に接続する場合に適用し、2カ所以上のドレインが縦管に合流する場合には、流量計算による。
2：近年の集中豪雨を考慮し、次の計算式を用いることが望ましい。

時間当たりの最大降水量＝10分間降水量の最大記録×6

3：計算の対象範囲に壁がある場合、当該壁範囲の1/2を屋根面積に加える。
4：塩ビ管の場合、管径80mmでは75mmに読み替える。

シーリング、線膨張率

シーリング

止水効果を確実にするためには、コンクリート躯体の形状が重要である。
下図のように、三面接着とした場合、ムーブメント（挙動）によってシーリング材が破断するおそれがある。
よって、ムーブメントの大きな場所では、バックアップ材やボンドブレーカーを用いて二面接着とする。
なお、ムーブメントの小さい打継目地や収縮目地（ひび割れ誘発目地）、あるいはサッシ回りなどの場合は三面接着としてもよい。

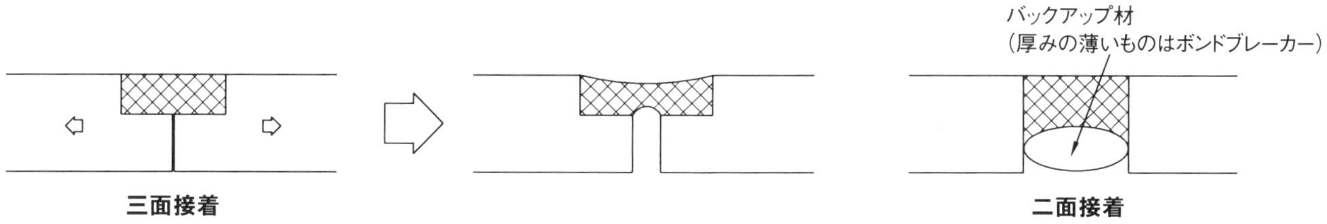
バックアップ材
（厚みの薄いものはボンドブレーカー）
三面接着
二面接着

ワーキングジョイントの設計目地幅の許容範囲

シーリング材の種類（主成分）	目地幅の許容範囲	
	最大幅（mm）	最小幅（mm）
シリコーン系	40	10
ポリイソブチレン系		
変成シリコーン系		
ポリサルファイド系		
変成ポリサルファイド系		
アクリルウレタン系		
ポリウレタン系		
アクリル系	20	

ノンワーキングジョイントの目地幅と目地深さの許容範囲

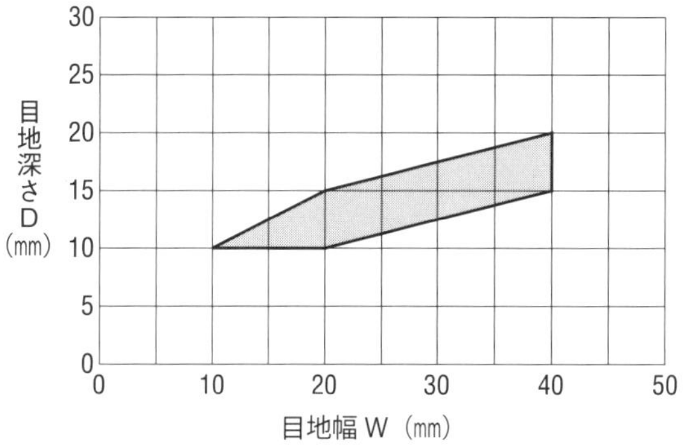

ノンワーキングジョイントの目地幅と目地深さの許容範囲

	最大幅	最小幅
目地幅（mm）	40	10
目地深さ（mm）	20	10

注：ノンワーキングジョイントとはコンクリート躯体のように、動きが少ない目地のことをいう。

線膨張率

物体は、温度が上昇すると体積や長さが膨張する。
そして、二つの材料で建築物の部位が構成されている場合、それぞれの性質が異なると動きにズレが生じて応力が発生し、不具合につながることになる。このため、そのような場所では、あらかじめ隙間を作っておくなどの策を講じる必要がある。
下表は、建築物で用いられることの多い材料の線膨張率を示している。事前検討の際に活用するとよい。

主な材料の線膨張率（出典：平成20年版理科年表・文部科学省国立天文台編）

材料名	線膨張率（$\times10^{-6}$/℃）
コンクリート	7～14
アルミニウム	23.1
鉄	11.8
銅	16.5
ステンレス鋼	14.7
花こう岩（みかげ石）	4～10
大理石	3～15
ガラス	8～10
弾性ゴム	77
スレート	5～12
磁器	2～6
レンガ	3～10
木材（繊維に直角）	3～6
木材（繊維に平行）	35～60

> 鉄筋コンクリート造では、コンクリートと鉄筋との線膨張率がほぼ等しいので、温度変化があっても、両者は一体で伸び縮みすることになるという特徴がある。

計算例：屋上の金属製笠木は、日射によって70～80℃にまで達することがある。
例えば、長さ10mのアルミニウム製笠木はこの状態で、
10,000mm×70℃×（23.1×10^{-6}/℃）＝16.2mmも伸びることになる。

チェックリスト

大項目	No.	チェックの要点	頁
1. 作図要領	1)	躯体図はどのように見る（描く）のか?	8
	2)	躯体図で使う記号は?	9
2. 地下階および基礎	1)	基礎伏図・床伏図には特別な描き方がある?	14
	2)	基礎と杭芯との関係は?	20
	3)	基礎伏図で特に気をつけることは?	21
	4)	人通孔・通気管・連通管はどのように配置するか?	24
	5)	マンホールの作り方は?	27
	6)	地下階躯体図・基礎伏図の出来型は?	28
3. 1階	1)	外壁が打放しの場合、窓回りの躯体形状は?	35
	2)	外壁がタイル張りの場合、窓回りの躯体形状は?	40
	3)	窓回りの基本的な躯体形状は?	42
	4)	外壁がタイルの場合、躯体にどのような影響があるか?	38
	5)	シャッターと躯体との関係は?	43
	6)	ドアと躯体との関係は?	44
	7)	防火扉と躯体との関係は?	50
	8)	エレベータシャフト回りで気をつけることは?	52
	9)	アウトレットボックス（コンセントボックス）について気をつけることは?	53
	10)	配線ピットで気をつけることは?	54
	11)	境界石や犬走りと躯体との関係は?	55
	12)	靴ふきマットと躯体との関係は?	55
	13)	1階躯体図の出来型は?	56
4. 基準階	1)	階段で気をつけることは?	61
	2)	便所で気をつけることは?	66
	3)	パイプシャフトで気をつけることは?	67
	4)	消火器ボックスで気をつけることは?	67
	5)	梁に関して、どのようなポイントがあるか?	68
	6)	ひび割れ誘発目地（収縮目地）は、どのように配置すればよいか?	71
	7)	躯体の収縮目地と仕上げ面の目地（伸縮調整目地）との関係は?	73
	8)	基準階躯体図の出来型は?	74
5. 最上階および屋上	1)	スラブの水勾配はどのようにしてとるか?	80
	2)	出入口回りで気をつけることは?	82
	3)	パラペットの一般的な形状は?	84
	4)	外壁がタイルの場合のパラペットの形状は?	86
	5)	ルーフドレイン回りで気をつけることは?	87
	6)	ハト小屋の形状は?	89
	7)	設備架台の形状は?	89
	8)	丸環と躯体との関係は?	91
	9)	防水アゴではなく水切りを用いた場合、躯体はどうするか?	91
	10)	最上階躯体図の出来型は?	92
	11)	屋根伏図の出来型は?	96
6. その他	1)	構造スリットの考え方は?	88
	2)	バルコニーはどのような形状か?	102
	3)	非常用脱出口（避難ハッチ）はどのように取り付けるか?	103
	4)	浴室はどのように造るか?	104
7. 仕上げ代	1)	仕上げ材料によって、躯体にどのような影響があるか?	108
8. 付表	1)	樋の大きさはどのように決めればよいか?	124
	2)	シーリングに関して必要な基礎的知識は?	125
	3)	材料の線膨張率は?	125

索引

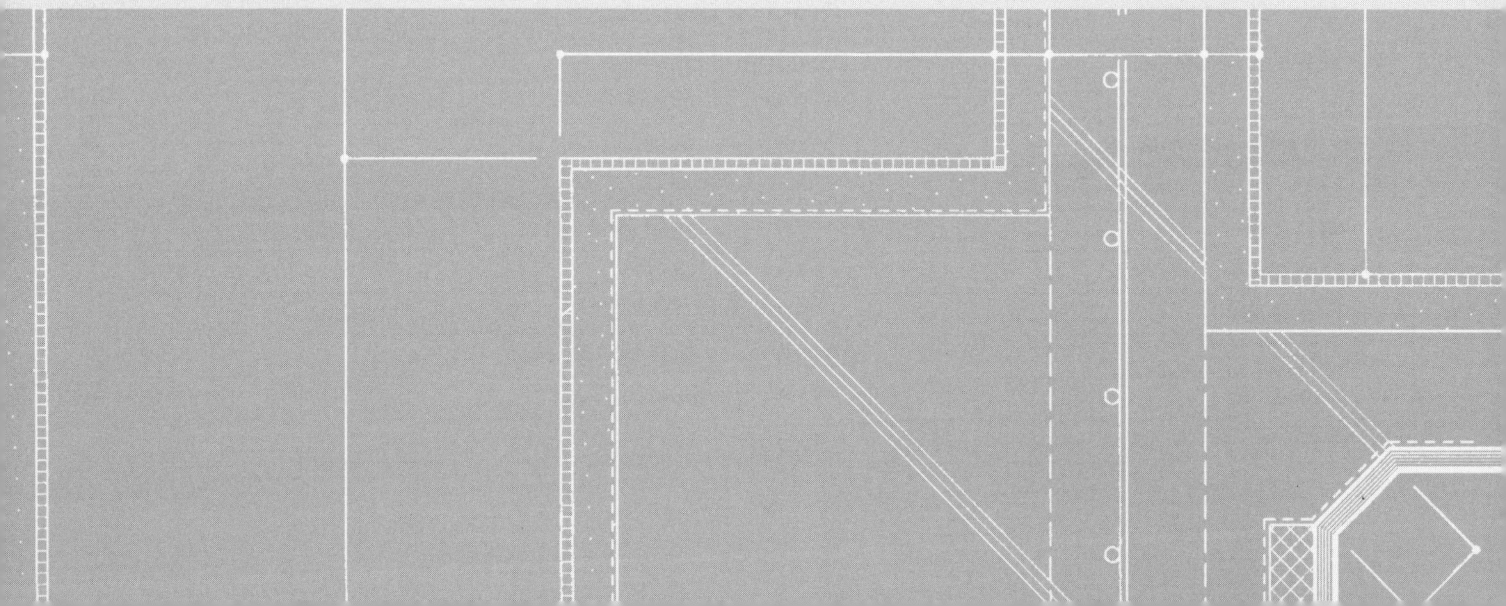

索引（50音順）

躯体図で学ぶ施工図の見かた描きかた

2008年11月30日　第1版発　行
2019年 9 月10日　第1版 第3刷

著作権者との協定により検印省略

編著者　「施工図の見かた描きかた」委員会
発行者　下　出　雅　徳
発行所　株　式　会　社　彰　国　社

162-0067　東京都新宿区富久町8-21
電話　03-3359-3231(大代表)
振替口座　00160-2-173401

自然科学書協会会員
工学書協会会員

Printed in Japan

印刷：真興社　製本：誠幸堂

ISBN978-4-395-11537-2　C3052　http://www.shokokusha.co.jp